Counseling Children and Guidance

이론과 실제

아동상담

안영진 지음

동 문 사

머 리 말

P/R/E/F/A/C/E

21세기를 맞이하여 현대사회는 급격한 변화와 물질문명, 기계화 등으로 물질적으로는 풍요하나 정신적으로는 메마른 사회로 변하게 되었다. 이로 인해 성인뿐만 아니라 유·아동에게도 스트레스와 정서적 불안, 부적응 등이 매우 심각한 문제로 대두되고 있다. 유·아동의 교육 프로그램에는 많은 연구자들이 시간과 경비를 들이면서도 유·아동의 내면적인 안성과 부적응지도에는 거의 무관심한 것이 사실이다. 심지어 유·아동과 관련하여 직접적으로 현장에서 일하는 교사마저도 그러하다. 그동안 유아교육을 전공하는 학교현장에 몸담아오면서 유·아동의 정신적인 내면세계를 이해하고 지도하려 할 때, 교사, 전공자, 부모들을 위한 새로운 안내서가 부족함을 느껴왔다. 본 서는 아동상담의 이론과 실제를 담아 새로운 교재로 수록하였다.

이 책의 1장은 아동상담의 기초로 상담의 기본적인 원리를 다루었다. 제2장은 상담이론을 가능한 한 쉽고 간략하게 의의, 상담절차로 나누어 개괄적으로 설명하였다. 제3장은 부적응 행동의 이해를 다루었다. 신체적, 사회적, 정서적 행동에서의 부적응 행동을 다루어 설명하였다. 제4장은 부적응 행동의 치료 및 상담 방법으로 음악치료, 미술치료, 놀이치료, 행동수정으로 나누어 다루었다. 제5장은 아동 집단상담과 부모 및 가족상담으로 아동의 긍정적인 변화를 도울 수 있는 방법을 기술하였다. 제6장은 아동상담과 심리검사에 대해 설명하였고, 이를 결과 해석 및 교육현장에서 어떻게 활용할 수 있을지에 대해 다루었다.

늘 그렇듯이 집필에 앞서서는 그 마음이 거창한 듯 하나 출판을 앞두고 나면 부끄러움이 끝없이 밀려온다. 이러한 부끄러움도 학문적인 성장을 위한 계기로 생각하고 더욱 교육 현장에서 정진할 것이다. 은사 및 선배, 동료 학자들의 많은 지도편달도 바라는 마음이 간절하다.

이 책을 통해 예비 유아교사, 예비 보육교사들이 아동상담에 관한 초보적 단계에서의 접근과 치료에 관해 이해하고 교사로서 현장에서 어떠한 것을 준비하고 계획하고, 아이들에게 다가설지에 대해 고민할 수 있길 바라는 마음이다. 또한 유아교육기관, 보육기관의 교사는 물론, 초등학교 교사, 학부모, 일반인 등에게도 조금이나마 아이들을 이해하는 데 도움이 되는 지침서가 되었으면 하는 바람이다.

이 책이 출판되기까지 함께 도와주신 여러분들께 깊은 감사를 드린다.

또한 동문사 사장님과 직접 관련된 편집부 직원 선생님들께도 감사의 뜻을 전하며 옆에서 늘 나의 버팀목이 되어 준 가족들에게도 고마움을 표한다.

2015년 8월

행원동산에서 저자 안 영 진

차 례

C/O/N/T/E/N/T/S

Chapter 01

아동상담의 기초

1 _ 유아교육과 상담
2 _ 상담의 의미
3 _ 아동상담의 문제와 목표
4 _ 상담관계에 대한 이해
5 _ 상담자의 역할과 자질
6 _ 상담의 기본원리

Chapter 01

아동상담의 기초

1 유아교육과 상담

유아교육에서 아동상담에 대한 인식이 고조되고 있다. 아동상담은 부모들이 자녀의 진로나 교육문제에 대해서 의논하고 이야기를 나누는 것이 아니라, 전문가가 아동을 돕기 위한 전문적인 활동으로 자리를 잡아가고 있다. 많은 대학의 유아교육학과에서 상담이론과 실제를 전공과목으로 개설하고 있고, 많은 아동상담소들과 미술치료, 놀이치료, 음악치료실이 생겨나고 있다.

이와 같은 현상은 우리나라의 유아교육에 대한 개념 변화와 관련되어 있다. 한임순(1999)은 우리나라 유아교육에 대한 변천과정에서 나타나는 특징을 다음과 같이 세 가지로 요약하면서 그 문제점을 지적하고 있다.

첫째, 교육보다는 보육의 의미가 컸었다. 1991년 12월 31일 법률 제86호로 33차 개정이 이루어지기 전까지는 교육법에서도 제146조에 "유치원은 유아를 보육하고 적당한 환경을 주어 심신의 발육을 조장하는 것을 목적으로 한다"라고 되어 있었다.

유아교육 담당자도 보모로, 유아교육교사 양성기관의 학과도 보육과로 불리어 왔다. 이는 전통적인 교육에 따른 이유로 일본 보육관의 영향 때문이었다. 유치원 또한 유아의 건전한 성장 발달을 도모하는 학습장소라는 인식보다 가정에서의 보육적 역할을 대행하는 곳이라는 인식이 컸다.

둘째, 상급교육기관의 준비단계로 보았다. 유치원을 초등학교 교육의 준비단계로 보아 이 시기 유아의 발달 특징을 무시한 채 문자교육, 수교육, 그리기, 일일학습지 공부 등을 중요하게 생각했다. 심한 경우는 유아가 얼마나 글을 잘 읽고 쓰느냐에 따라 유치원 교육의 결과를 평가하기도 했다. 그러나 초등학교 교육이 중학교를 가기 위한 준비교육이 될 수 없듯이 유아교육 역시 준비교육으로서의 의미는 옳지 못하다.

인간발달에서 그 시기만이 갖는 적기성이 있기에 그 시기가 중요한 것인지 후기 발달을 위한 준비단계가 아니다. 마찬가지로 인간의 삶도 현재를 무시한 채 미래의 준비만을 위해 산다는 것은 잘못되었다고 보아질 때 교육도 유아가 처한 그 시기의 적기성에 큰 의미를 두어야 한다. 비단 문자뿐 아니라 예술분야의 기능이나 외국어의 습득도 어린시절의 환경이나 자극을 무시한 채 조기에 교육하지 않으면 장차 좋은 결과를 이루지 못한다는 생각은 지나치다. 즉 유아교육은 어느 특정 영역의 발달보다는 전인발달에 그 목적을 두어야 한다.

셋째, 훈육으로서의 의미가 컸다. 문자를 통한 체계적 지식전달이 어려운 시기에 교사중심 교육과정에 의해 진행되는 교육활동은 유아의 흥미와 학습적 동기를 상실하게 한다. 뿐만 아니라 교사의 지시에 대해 거부하거나 비능률적인 반응을 보이게 된다. 이러한 결과는 교사의 목적을 위한 교육방법으로 훈육을 하게 되고, 결과적으로는 유아의 창의력과 생동감 있는 욕구를 저지시키게 된다.

그러나 오늘날에 와서는 유아의 전인적인 성장발달이라는 측면에서 유아교육은 평생교육의 일환으로 보며, 인생의 기초와 터전을 튼튼하게 마련하는 것으로 본다. 따라서 유아교육 현장에서는 유아들의 전인적 성장발달에 관심을 갖게 되었고, 그 관심은 전인적 성장발달을 꾀하지 못하는 부적응 유아에 대한 보다 전문적인 지도방안을 요구하게 되었다. 모든 유아들이 전인적으로 성장발달할 수 있도록 돕는 보다 전문적인 상담활동과 심리치료 활동의 필요성이 부각된 것이다.

사실 신체적, 지적, 정서적으로 아직까지 형성과정에 있는 유아들은 그들의 발달과업에 개인차가 크다. 그것은 곧 유치원이나 학교, 가정이나 또래사회에서 적응문제가 많이 야기될 수 있음을 직접적으로 나타내어 준다. 이런 사실들은 유아교육의 장에서 보다 전문적인 상담활동이 필요함을 나타내어 준다.

2 상담의 의미

1) 상담의 정의

상담이란 라틴어의 consulere에서 유래된 것으로 '고려하다'(to consider), '반성하다'(to reflect), '깊이 생각하다'(to think), '조언을 받거나 구하다'(to take or to ask counsel) 등의 의미를 가진 것이라 한다. 상담이라는 말은 원래 법률이나 경제, 또는 종교 등의 분야에서 주로 사용되었는데, 1939년 Williamson이 그의 저서 『*How to Counsel Student*』에서 상담이란 용어를 학교 교육과 관련지어 사용함으로써 교육계에서 널리 쓰이게 되었으며, 1950년대 이후 임상심리학의 한 분야로 취급되어 왔던 상담심리학이 독자적인 영역으로 분리됨으로써 상담이 새로운 전문분야로 등장하게 되었다.

상담에 대한 정의는 학자에 따라 차이가 많이 나타난다. L. E. Tyler는 내담자가 일상생활 중에 합리적인 선택을 통하여 개인적 발전을 도모할 수 있도록 도와주는 것이 상담이라면서, 상담이란 한 개인의 발달의 방향에 있어 현명한 선택이 이루어지도록 촉진하는 것이란 정의를 내리고 있으며, J. J. Pietrofesa와 G. E. Piettrofesa, 그리고 W. Van Hoose는 상담의 과정을 중시하여 상담이란 내담자의 자기이해, 의사결정 및 문제해결이 이루어지도록 상담자가 전문적으로 도와주는 과정이라고 정의내리고 있다.

또한 G. Warenn은 상담이란 상담자와 내담자와의 역동적이고 유목적적인 관계이며, 내담자의 자기명료화(self-clarification)와 자기 결정에 초점을 두고 상담자와 내담자가 언제나 같이 참여하는 과정이라고 정의내리고 있다.

한편, 인간은 자기 스스로 성장할 가능성이 있다는 것을 그의 이론의 전제 조건으로 삼고 있는 C. R. Rogers는 내담자의 내면적인 심리의 변화, 즉 자아 개념을 변화시켜 주는 과정이 상담의 요체가 된다면서 "상담이란 상담자와의 긴장이 없는 안전한 분위기에서 과거에 부정했던 경험을 다시 통합하여 새로운 자기로 변화하는 과정이다"라는 정의를 내리고 있다.

정원식과 박성수는 포괄적인 개념으로써 상담에 대한 정의를 내리고 있는데, 그들에 의하면 "상담이란 도움을 필요로 하는 사람과 도움을 줄 수 있는 사람 사이의 개별적인 관계를 통하여 새로운 학습이 이루어지는 과정"이라는 것이다. 이장호는 상담이 하나의 학습과정임을 강조하면서 "상담이란 도움을 필요로 하는 사람(내담자)이 전문적 훈련을 받은 사람(상담자)과의 대면관계에서 생활 과제의 해결과 사고, 행동 및 감정 측면의 인간적 성장을 위해 노력하는 학습과정이다"라고 정의내리고 있다. 또한 Shertzer와 Stone(1980) 역시 "상담은 자기와 환경에 대한 의미있는 이해를 촉진시키고 장래 행동의 목표나 가치관을 확립해서 명료화하도록 하는 상호작용의 과정"이라고 하여 자신과 환경에 대한 의미있는 학습을 강조하고 있다.

한편, 김계현(2000)은 현대의 상담에는 '면 대 면'의 직접적인 상호작용이 아닌 인터넷이나 전자메일 등을 활용한 상담과 컴퓨터 프로그램에 의한 상담 등 새로운 테크놀로지가 활용되고 있음을 설명하고 있다.

이와 같이 상담에 대한 정의는 인간관이나 인간의 본성에 대한 이해가 이론이나 학자들마다 다르기 때문에 서로 차이가 나타난다. 그러나 여기서 살펴본 여러 학자들의 정의를 바탕으로 상담의 기본적인 성격을 추출해 내면 다음과 같다.

첫째, 상담은 도움을 필요로 하는 내담자와 도움을 주는 상담자가 있어야 성립이 된다. 상담은 내담자나 상담자 중 어느 한 사람만 있어도 성립되지 않는다. 상담자와 내담자가 개인 혹은 집단이란 어떤 형태를 유지하든 서로 존재할 때 상담은 성립할 수 있다.

둘째, 상담은 전문적인 교육과 훈련을 받은 상담자에 의해서 제공되는 전문적인 활동이다. 상담자는 내담자를 긍정적이고 바람직한 방향으로 변화시킬 책임을 지고 수행하는 전문적인 관계이다. 따라서 상담자는 상담에 대한 폭넓

고도 전문적인 지식과 기술을 갖춰야 한다.

셋째, 상담이란 언어나 문자를 매개로 하여 내담자와 상담자와의 일 대 일의 대면관계(face to face)에서 시작된다.

넷째, 상담에서의 내담자와 상담자와의 관계는 상호 깊은 신뢰가 바탕이 된 관계이어야 하며, 그런 관계가 상담이 원만하게 진행되어 나가는데 있어서의 기저가 된다. 상담은 개인 존중에 기초한 상담자와 내담자의 상호협력 활동이다.

다섯째, 상담은 내담자의 문제와 필요를 중심으로 진행되어야 하며, 내담자 자신이 상담 진행 중에 경험되어진 통찰(insight)을 통해 자기의 문제를 자기가 해결해 나가게끔 상담의 책임을 내담자가 질 수 있도록 하여야 한다.

여섯째, 상담이 진행됨에 따라 내담자는 자기가 상담 전에 가졌던 생각이나 느낌, 또는 행동 등에서 변화가 이뤄지고 생활 과정상의 여러 문제가 구체적으로 해결되며, 인간적 성장이 이뤄지고 있음을 경험하게 된다. 즉 상담은 의사결정과 문제해결에 관여한다. 나아가 상담은 내담자로 하여금 새로운 행동을 학습하거나 새로운 태도를 형성하도록 돕는다.

일곱째, 상담은 한두 번의 면접으로 종료되는 것이 아니라 적어도 7, 8회 이상의 면접을 통해 진행되는 하나의 과정이다.

2) 상담의 유형

상담은 내담자의 어떤 방식으로 만나느냐에 따라서 대면상담과 통신상담으로 구분할 수 있고, 상담자와 내담자가 만나는 형태에 따라서 개인상담, 집단상담, 가족상담으로 구분할 수 있다.

(1) 상담방식에 따른 분류

상담은 상담자와 내담자가 어떻게 만나느냐에 따라 크게 대면상담과 통신상담으로 구분할 수 있다.

1 대면상담

대면상담은 전통적으로 실시해 오던 형태의 상담으로 상담자와 내담자가 직접 대면하여 심리적 문제를 다루어 나가는 개인상담, 집단상담, 그리고 가족상담 등을 말한다. 또한 놀이치료, 음악치료, 미술치료 등은 각각 놀이, 음악, 미술을 매개로 하는 대면상담 방법으로 볼 수 있다.

2 통신상담

통신상담은 과학기술이 점차로 발전함에 따라 의사소통의 과정에 서신, 전화, 팩스, 그리고 컴퓨터를 활용하게 됨으로써 발전하게 되었다. 특히 최근에는 정보통신 분야의 발달로 컴퓨터가 급속도로 보급되면서 전화뿐만 아니라 컴퓨터도 하나의 중요한 매체로서 상담에 활용되기에 이르렀다. 현재 우리나라의 전 가정에는 전화가 보급되었을 뿐만 아니라 2,000만대 정도의 이동전화기도 보급되었다. 컴퓨터의 보급도 급성장하여 초등학교 학생들 사이에서도 컴퓨터 활용이 증가하고 있으며, 이제는 컴퓨터를 대화매체로 하여 '사이버 상담'도 가능하게 되었다.

사이버 상담은 컴퓨터 통신이 단순한 정보교환이나 의사소통의 수준을 넘어서서 인간의 내면세계까지 다루게 된 결과, 내담자의 문제를 해결하고 성장을 촉진하는 것을 돕는 과정까지 가능해졌다. 사이버 상담은 전화상담과 마찬가지로 편리성, 경제성, 신속성, 시공의 제약극복 등의 특징을 지닌다. 그러나 실제적인 관계를 통한 상담이 아니라는 것과 단회적인 상담으로 흐르게 되는 점, 그리고 기계라는 한계 등 다양한 문제점을 갖고 있다.

현재 실시되고 있는 사이버 상담의 현황을 보면 한국 내담자 상담원을 위시하여 시·도 내담자 종합상담실, 사랑의 전화, 생명의 전화, 인터넷 스쿨, 내담자 세계, 등대, 아동의 전화, 함께 배우는 성과 사랑, 내담자 정보마을 등 내담자들을 대상으로 하는 사이트들이 개설되어 운영되고 있다(오익수 외, 1999).

(2) 상담형태에 따른 분류

상담은 그것이 이루어지는 형태에 따라서 몇 가지로 나누어 볼 수 있다. 도움을 받는 사람(내담자)이 한 명인가 혹은 여러 명인가에 의해서 개인상담과 집단상담으로 구분할 수 있다.

1 개인상담

개인상담이란 한 명의 상담자와 한 명의 내담자가 직접 대면하든지 혹은 매체를 통하여 간접적으로 만나서 상담관계를 형성하고, 내담자가 자기 자신과 환경에 대해 이해를 증진하도록 함으로써, 내담자의 성장과 발전을 촉진하는 심리적인 조력의 과정을 말한다. 이 때 상담자는 내담자를 존중하고 수용하며, 상담자 자신의 생각과 감정에 솔직해야 한다. 이와 같은 상담의 촉진적인 관계 속에서 내담자는 스스로 효율적인 의사결정을 하고 여러 심리적인 특성들을 긍정적인 방향으로 변화시키도록 도움을 받게 된다. 그리하여 결과적으로 내담자의 성장과 발전을 촉진하게 된다.

이장호와 김정희(1998)에 의하면, 개인상담은 일반적으로 상담자와 내담자가 각각 한 명인 것이 집단상담과 다르다. 따라서 개인상담은 내담자의 문제가 위급하며 원인과 해결이 복잡하고, 내담자 자신과 관련하여 신상을 보호할 필요가 있는 경우, 그리고 집단에서 공개적으로 발언하는 것을 두려워하는 내담자에게 적당하다.

2 집단상담

집단상담이란, 한 명 혹은 그 이상의 상담자와 여러 명의 집단 구성원이 일정기간 동안 정기적으로 만나면서 일상생활에서 부딪치는 문제에 대한 그들의 태도와 행동을 점검하고 변화시키기 위한 목적으로 현실에 대한 방향점검, 감정정화, 상호신뢰, 이해, 수용, 지지, 허용 등과 같은 치료적 기능을 포함한 의식적 사고와 행동에 초점을 둔 역동적 인간 상호관계의 과정이다(Hansen, Warner & Smith, 1980). 여기에서 집단상담의 대상은 다양한 관심을 지닌 정상인이며, 집단 내에서 상호작용을 하면서 자신의 가치와 삶의 목적을 이해하고 수용하며 어떤 태도와 행동을 새롭게 변화시키거나 학습하게 된다.

집단상담은 여러 사람들을 보다 잘 이해해야 할 필요가 있는 내담자나 다른 사람들이 자기를 어떻게 보고 있는지를 알아야 할 것으로 판단되는 내담자에게 적합하다. 그리고 사회적 기술이 필요한 내담자나 다른 사람과의 유대감, 소속감 및 협동심의 향상이 필요한 내담자에게도 적합하다. 뿐만 아니라 자기의 관심사나 문제에 대해서 다른 사람의 반응이나 조언이 필요한 내담자, 그리고 동료 혹은 타인의 이해와 지지가 도움이 되리라고 판단되는 내담자에게도 역시 적합하다(이장호 · 김정희, 1998).

Berkovitz와 Sugar(1975)에 의하면 집단상담은 특히 내담자들을 대상으로 할 때 개인상담에 비해서 다음의 몇 가지 장점들을 갖는다.

첫째, 집단상담은 '나만이 특이하다'는 생각에 도전하다. 내담자들은 자주 자기가 가지고 있는 감정을 아무도 가지고 있지 않을 것이라고 느끼고, 자신이 경험한 것을 아무도 경험하지 못했을 것이라고 느끼며, 자기가 현재 겪고 있는 것을 아무도 이해하지 못할 것이라고 느낀다. 따라서 이러한 감정과 경험을 타인들과 서로 나눌 수 있다는 사실을 아는 것 자체로 그들은 힘을 얻을 수 있으며, 특히 그 사람들이 자기의 또래집단이라는 사실을 알면 더욱 힘을 얻게 된다.

둘째, 집단상담은 내담자들에게 그들의 힘과 독립심을 주장하도록 허용하면서 동시에 그들이 원하는 지도력을 제공해 준다. 집단은 의존성과 독립성을 연습할 수 있는 무대가 된다. 리더의 권위는 강력하여 안전한 분위기를 제공하지만, 또한 약할 때에는 십대들의 자신감을 증진시킨다. 집단상담에서는 리더가 제공하는 안전한 구조 속에서 독립적 행동을 연습할 기회를 갖는다.

셋째, 집단상담은 개인상담시의 성인 · 아이 관계에서 갖는 불편감을 감소시켜 준다. 개인상담에서는 내담자들이 불편하고 심지어는 위협적이다. 왜냐하면 상담을 받기 위해서 찾아온 내담자들 중에는 어른들의 권위에 대하여 별로 좋지 않은 감정을 유지하기 때문이다. 그들의 부모들과의 유대관계가 여러 가지 이유로 인해서 부적절하고, 또한 교사나 경찰관 등에 대해서는 혐오스러운 경험을 가지고 있다. 그들의 눈에는 어른들이 적으로 보일 수도 있다. 따라서 집단에 의해서 주어지는 힘의 균형은 불신감과 두려움을 감소시켜 준다.

넷째, 집단상담은 내담자의 자기애적 사고에 도전하다. 집단상담에 있어서는 무엇보다도 동료 집단원들은 자기에게 주의가 집중되기를 원하고 다른 사람과 오랫동안 무대를 공유하려 하지 않는다. 집단원들은 관심을 보이지 않음으로써 자기애적인 사람을 상대한다. 이러한 방식은 상황을 독점하고자 하는 사람의 행동을 충분히 고칠 수 있다.

다섯째, 집단상담은 내담자에게 새로운 사회적 기술을 연습할 수 있도록 해준다. 집단상황은 내담자들이 새로운 사회적 기술을 배우도록 하는 교실이며 동시에 실천의 장소이다. 개인상담은 이런 기술을 가르쳐 주는 역할에 제한을 받지만, 집단에서는 상담자가 집단원 간의 상호작용을 관찰할 수 있고 필요하다면 즉각적으로 개입할 수도 있다. 집단토의를 하는 방법, 친구들에게 자신을 주장하는 방법, 그리고 지루하고 화나며 슬픈 것을 다루는 방법 등을 연습하게 된다. 더욱더 추상화된 사회적 기술, 예컨대 감정이입, 존중, 상대방에 대한 관심 등을 배울 수도 있다.

여섯째, 집단상담은 집단원들의 자아강도를 높일 수 있는 기회를 제공해 준다. 동료 간의 수용은 내담자에게 지대한 관심사이다. 또한 집단원들 사이에서 형성되는 유대관계는 내담자들이 처음으로 경험하는 동료 간 수용일 수 있다. 집단 응집력은 우연히 생기는 것이 아니다. 그것은 마치 관현악 연주가 지휘자에게 달려있는 것처럼 집단 상담자에게 달려 있다. 동료들로부터 수용되는 감정을 경험하는 것은 상담자 한 사람에 의해서 수용되는 것보다 훨씬 강력한 것이다.

3 가족상담

가족상담은 한 명 혹은 그 이상의 상담자가 가족 전체를 하나의 단위(가족체계)로 하여 가족 간의 관계에 초점을 맞추고, 조화로운 관계를 유지하기 위해서 현재의 관계를 수정해 나가는 과정이다(Foley, 1984). 가족 구성원 개인이 나타내는 정신적 증상이나 문제행동은 가족을 구하기 위한 구조신호로 간주된다. 가족상담에서는 일차적으로 가족을 하나의 체계로 보고 그 체계 내의 어느 개인이 가족체계나 부부관계 또는 부모－자녀관계를 방해하는 상황을 치유하도록 한다. 그러므로 가족체계가 변화에 저항하는 상황을 다루는 데에는 가족상담이 특히 유용하다.

김유숙(1999)은 가족상담은 개인상담과 다음과 같은 차이가 있음을 지적하고 있다.

첫째, 병리적인 초점이 서로 다르다. 개인상담에서는 문제의 원인을 개인에게 두고 개인의 내적 심리과정에 보다 많은 관심을 기울여 왔다. 그러나 가족상담에서는 개인을 둘러싼 가족이나 사회체계에 관심을 둔다. 왜냐하면 사회적 맥락 속에서 의미있는 사람과의 역기능적 관계가 문제를 유발한다고 보기 때문이다.

둘째, 상담의 대상이 서로 다르다. 개인상담에서는 일반적으로 개인이 상담의 대상이다. 따라서 상담의 단위도 개인이 된다. 그러나 가족상담에서는 가족체계가 상담의 대상이 되고 가족체계 내의 많은 구성원이 상담의 단위가 된다. 따라서 가족 상담자는 문제행동을 보이는 내담자와 다른 가족과의 관계에 초점을 맞추고, 가족체계 안에 존재하는 대인관계의 양상을 변화시키려고 노력한다. 가족상담은 내담자의 문제를 이해하는 데 있어서 내담자와 가족과의 관계적 형태가 어떻게 만들어졌으며, 앞으로 이러한 관계가 어떤 모양으로 발전해 나갈 것인가에 대해서 과학적이고 합리적인 관점을 제공해 준다.

3 아동상담의 문제와 목표

1) 아동상담에서 다루는 문제

아동이나 내담자 또는 부모가 상담을 요청해 올 때는 그들의 문제는 매우 다양하게 나타난다. 김영숙과 이재연(1993)은 아동상담의 문제를 다음과 같이 구분한다.

① 대인관계 갈등에 관련된 문제이다. 아동들은 자기의 부모, 형제, 교사 및 또래 아동들과의 관계에서 어려움을 겪고 있으며 좀더 좋은 관계를 원한다.

② 개인의 내적인 갈등 혹은 자기 자신과의 갈등에 관련된 문제이다. 아동은 의사결정상의 문제를 가지고 있으며, 그 갈등의 결과와 대안을 명료하게 하는 데 도움을 필요로 한다.

③ 자기 자신의 정보에 관한 문제이다. 아동은 자신의 능력, 장점, 관심, 가치에 대해 학습할 필요가 있다.

④ 환경에 대한 정보를 요구하는 문제이다. 아동은 성공적인 학교생활에 관한 정보나 직업교육에 관한 정보를 필요로 한다.

⑤ 기술 부족으로 인한 문제이다. 아동은 효율적인 학습방법, 주장적인 행동, 경험기술이나 친구 사귀는 방법 같은 구체적인 기술에 대해 학습할 필요가 있다.

인지적 행동치료자 Lazarus(1981, 1984)는 아동상담에서 자주 다루는 문제를 7가지로 구분하여 BASIC ID 모델을 개발하였다.

B : 행동(behavior) – 싸움, 방해, 훔치기, 떠들기, 미루는 버릇
A : 정서(affect) – 분노의 표현, 불안, 공포, 우울
S : 감각 · 학교(sensation · school) – 두통, 요통과 복통, 학교에서의 부적응
I : 심상(image) – 악몽, 낮은 자아개념, 거부에 대한 공포, 지나친 공상과 환상
C : 인지(cognition) – 비합리적 사고, 의사결정에 대한 어려움, 문제해결의 어려움, 목표설정의 어려움
I : 대인관계(interpersonal relationships) – 다른 사람 앞에서의 위축(수줍음, 성인과 갈등, 또래와 갈등, 가족문제)
D : 약물 · 체중조절(drug · diet) – 체중조절, 약물남용, 담배, 술, 그 외의 약물의 상용

이상과 같은 아동 내담자의 문제는 상담을 통해 긍정적인 행동변화, 부정적인 감정의 감소 및 해소, 문제해결, 의사결정, 인격의 성장 및 교정이 될 것으로 기대된다. 결국 아동 내담자는 다른 상담자가 필요없게 되는, 즉 스스로 자기 자신의 상담자가 되어 자기조력이 가능하게 되는 것이다.

2) 아동상담의 목표

상담이란 도움을 필요로 하는 아동이 전문적인 훈련을 받은 사람과의 상호작용적 관계 속에서 문제를 해결하고, 인지적·정서적·행동적으로 변화하도록 노력하여 과거보다 더 적절한 삶을 자율적으로 살 수 있도록 하는 과정이다. 그러므로 상담을 통해 궁극적으로 기대할 수 있는 것은 아동의 성장발달의 촉진이라고 볼 수 있다.

Shertzer와 Stone(1974)은 아동 내담자의 성장, 발달이라는 상담의 목표를 달성하기 위해 최종적으로 기대할 수 있는 것(최종상담의 목표), 아동 내담자가 호소하는 구체적인 문제나 증상을 개선시키고자 하는 구체적인 상담의 기대치(구체적 상담목표) 사이에 중간 과정적인 목표를 생각할 수 있다고 주장하였다. 여기에는 행동의 변화, 정신건강의 증진, 문제해결, 효과적인 효율성의 증진 및 효과적인 의사결정이 포함되며 다음과 같다(박성수, 1995).

(1) 행동의 변화

상담은 개인의 좀더 생산적이고 행복한 생활을 하는 데 방해가 되는 행동을 감소키시거나 제거시키고, 만족스럽고 성공적인 생활을 사는 데 도움이 되는 행동을 형성시키거나 증가시키는 것을 목표로 한다. 변화가 필요한 행동은 구체적으로 표현할 수도 있다. 타인과의 관계, 학업성취, 직업상의 적응, 일상생활 습관 등과 같은 영역에서 변화가 필요한가에 따라 상담의 목표가 결정된다. 지적인 능력에 비해 성적이 낮은 학생의 학업성적을 향상시킨다든가 형제 간의 갈등을 해소하여 서로 사이가 좋아지는 것이 바로 그 예에 해당된다.

또한 상담의 목표를 요구좌절 상황에 대한 태도나 다른 사람에 대한 태도를 변화시키는 것같이 덜 구체적이고 비가시적인 것에 둘 수 있다. Rogers는 상담의 목표를 위협과 불안을 덜 느끼며, 이상적 자아와 자아 사이의 조화를 이루는 것이라고 하였다. 따라서 상담의 목표는 보다 현실적으로 적응된 태도, 자기 자신에 대한 보다 편안한 감정같이 보이지 않는 추상적인 것이 될수도 있다.

(2) 정신건강의 증진

상담의 목표는 단순히 부적응 행동의 수정이나 치료보다 적극적으로 정신건강을 촉진하는 데 있다. 정신적으로 건강한 사람은 책임감이 있고, 독립적이며, 인격적으로 성숙한 사람이다. 그러므로 상담에서는 정신질환의 원인이 되는 여러 가지 병리적인 요소를 제고하고 수정하고자 노력한다.

그러나 병리적 요소의 제거 내지 수정보다 상담에서 더 중요하게 다루는 것은 정신건강을 증진시키기 위해 아동의 정상적인 성장 · 발달을 촉진시키는 것이다. 정상적인 대다수 아동들의 성장과 발달을 촉진할 수 있는 다양한 프로그램을 도입함으로써 비교적 소수의 부적응 아동뿐만 아니라 다수의 정상 학생들의 문제나 부적응에 빠지는 것을 사전에 예방하도록 하여 전체 정신건강을 증진시키는 것을 목표로 한다.

(3) 문제의 해결

아동들에게 상담이 필요한 것은 그들에게 스스로 해결하기 어려운 문제가 있기 때문이다. 상담자를 찾아오는 사람은 자신의 문제해결에 상담자가 도움이 될 수 있다고 믿는 사람들이다. 그러므로 상담은 아동의 문제를 해결하는 것을 목표로 하여야 한다.

그러나 모든 아동 내담자들이 자신의 문제가 무엇인지 혹은 자신이 불편해하고 괴로워하는 문제가 무엇 때문인지 명확히 알고 있는 경우란 많지 않다. 그러나 상담이란 어디까지나 내담자의 자발적 요구에 의해 이루어지는 것이 원칙이므로 내담자가 호소하는 문제에 해결이란 필수적인 것이다. 만약 상담자와 내담자의 문제에 대한 시각이 불일치한다면 상담과정에서 해결해야 할 문제(즉 상담의 목표)에 대해 합의해야 한다. 효과적인 상담이란 내담자와 상담자 간의 협력관계에 의해서만 가능하기 때문이다.

(4) 개인적 효율성의 증진

Blocher(1966)는 효율적인 인간이란 "경제적 · 심리적 · 신체적 모험을 계획하고 이를 위해 시간과 정열을 투자하기 위해 자신을 헌신하며 그러한 모험을 기꺼이 감수한다"고 하였다. 효율적인 인간은 문제를 인지하고 해결할 수 있는 능력을 지니고 있으며, 독창적으로 사고할 수 있고, 자신의 행동을 통제할 수 있으며, 좌절이나 적대적인 애매한 상황에서 적절하게 반응할 수 있다고 한다.

따라서 상담에 의해 생산적인 사고를 증진시키고 적응적인 인간관계를 형성하며, 다양한 문제상황에 효과적으로 대처할 수 있는 능력을 기르게 되면, 개인의 효율성은 증진될 수 있다.

(5) 현명한 의사결정

상담에서는 개인이 선택하고 결정하기 위해 필요한 정보를 제공하고, 의사결정에 영향을 줄 수 있는 정서적인 문제나 심리적인 특성을 확인하고 분석하며, 장애가 되는 면은 극복하도록 돕는다. 이러한 관점에서 상담이란 의사결정이 합리적이고 효율적으로 이루어질 수 있도록 원조하는 것을 목표로 한다. 어떤 선택을 계획하고 평가하며 실천하는 것은 진로상담에서 특히 많이 나타난다.

그러므로 상담에서는 선택과 결정의 필요를 내담자가 인식하여 이에 요구되는 정보를 수집하고 평가하여 선택하는 인식의 기능을 증진시키며, 이에 관련된 정서적인 태도를 함양할 것을 강조하게 된다. 결과적으로 현재 부딪치고 있는 선택이나 결정을 합리적으로 하도록 할 뿐만 아니라 미래에 직면하게 될 선택과 결정을 효율적으로 할 수 있도록 원조하는 것이 목표이다.

그러나 상담의 목표나 상담을 통해 기대할 수 없는 것도 있다. 즉 상담자가 자신의 입장에서 내담자의 문제를 해결해 준다든지, 내담자의 자기 자신이나 환경에 대한 이해 없이 만족감만을 목표로 한다든지, 주위 상황에 수동적으로 적응하게 한다든지 하는 것은 상담의 목표가 될 수 없다. 왜냐하면, 상담이란 어디까지나 아동 내담자의 측면에서 그의 성장·발달과 일치하는 방향으로 조력하는 것이기 때문이다.

(6) 잠재능력의 개발

상담은 내담자의 타고난 잠재능력을 개발하여 저마다 자기를 실현하는 사람이 되도록 돕는 것이다. 인간은 무한한 잠재력이 있지만 극히 일부만 활용하고 있다. 상담은 내담자로 하여금 자기탐색의 기회를 갖도록 한다. 자기탐색의 과정을 거쳐서 자신의 능력과 특성을 발견할 수 있는 것이다.

(7) 긍정적 자아개념의 형성

상담은 내담자로 하여금 긍정적 자아개념을 형성하도록 하는 것이다. 긍정적 자아개념을 갖게 되면 매사에 자신감을 갖고 행동할 수 있으며 타인과도 원만한 관계를 유지할 수 있다. 또한 긍정적 자아개념은 삶을 보다 긍정적으로 바라보게 만든다. 문제행동을 보이는 많은 내담자들은 일반적으로 부정적 자아개념을 지니고 있으며 자신감이 부족한 것을 볼 수 있다. 따라서 내담자들을 대상으로 상담할 때에는 그들로 하여금 자아상과 자아개념을 형성하도록 해야 한다.

4 상담관계에 대한 이해

1) 상담관계의 특징

상담은 행동, 정서, 성격 등에 관련된 장애를 제거하거나 감소시킬 뿐만 아니라 심리적으로 건전하고 사회적으로 효율적인 특성을 학습하도록 돕는 심리적인 조력의 과정이다. 따라서 상담관계란 심리적인 조력관계이다. 이와 같은 심리적인 조력관계의 특징에는 다음과 같은 특성이 있다.

① 심리적인 조력관계는 의미 있고 가치 있는 관계이다. 심리적으로 도움을 주는 전문적인 인간관계는 대부분의 사람들이 개인적인 관계 속에서 심리적인 세계를 심층적이고 과학적으로 다루기 때문에 가치 있고 의미 있는 것으로 생각한다. 도움을 주는 사람이나 받는 사람이 다같이 만남을 의미 있게 하려고 헌신적인 태도를 취하는 것이 특징이다.

② 심리적인 조력관계에서는 정의가 두드러지게 나타나고 명백히 드러나는데, 그것은 심리적인 조력과정에서는 자아를 노출하고 자아에 몰입하며 피조력자의 정서와 심리적인 동기에 예민하게 반응하기 때문에 이루어진다. 상담에서는 개인의 주관적인 지각, 정보, 태도 등이 아무리 독특하고 애매한 것이라도 이의 표현이 이루어지기 때문에 심리적인 긴장과 불안이 생기게 마련이다. 인지의 내용도 물론 다루어지나 상담을 포함한 심리적인 조력관계에서는 정의적인 요소에 강조점을 두는 것이 특징이다.

③ 심리적인 조력관계에는 인간의 종합성이 강조되어야 한다. 상담이나 그 밖의 모든 심리적인 조력에서는 인간의 전체성과 통합성을 강조한다. 조력의 과정에 참여하고 있는 사람들은 다같이 서로 간에 지적으로만이 아니라 정서적으로 솔직하다. 아동이나 모든 인간은 다같이 존중받아야 될 존재이기 때문에 모든 사람이 한 인간으로서 존경되는 것이 심리적으로 조력관계의 특징이다. 또한 인간의 심리적인 문제의 한 측면에만

치중하는 것이 아니라, 인지·정의·행위의 모든 측면을 하나의 전체 속에서 균형 있게 다루는 것이 특징이라고 하겠다.

④ 심리적인 조력관계는 관련된 사람들 간의 상호 동의가 이루어짐으로써 형성되고 유지된다. 동의는 문화나 관행, 필요 등에 따라 묵시적으로 이루어질 수도 있고 명백한 대화에 의해서 이루어질 수도 있다. 동의나 합의가 이루어지는 것은 상담관계의 발전을 위하여 무척 도움이 되는 것이다. 여기에서 유의하여야 될 점은 심리적인 조력관계에는 강요나 외부의 압력이 있어서는 안 된다는 것이다. 이 점은 상담자의 입장에서나 아동의 입장에서나 다 같은 것이라고 할 수 있다. 아동이나 피조력자에게 도움이 되리라 강요할 수는 없는 문제이며, 또 조력을 받으라고 하는 것도 억지로 되는 것이 아니다.

⑤ 심리적인 조력관계는 피조력자, 즉 아동이나 내담자가 조력자로부터 정보, 교수, 충고, 원조, 이해, 치료 등을 받을 필요가 있기 때문에 형성되는 것이다. 도움을 요구하는 사람은 지식이나 기능이 모자란다고 생각하거나 또는 불안, 무력감, 부적합감, 갈등 등을 느끼고 있기 때문에 도움을 주는 사람을 찾아오게 된다. 심리적인 조력을 주는 사람은 피조력자의 필요를 명백하게 지각하고 문제해결을 통하여 피조력자의 전인적인 성장과 발달을 촉진하기 위해서 필요한 성격적인 성숙과 전문적 지식, 그리고 전문적인 기능을 지니고 있어야 한다. 그러므로 전문적이고 심리적인 조력에서는 조력자가 문제에 관련된 충분한 권위와 인간적인 매력을 전문적인 자질 이외에도 지니고 있어야 할 필요가 있다.

⑥ 심리적인 조력관계는 커뮤니케이션(communication)과 상호작용을 통해서 이루어지고 유지된다. 상담이나 다른 심리적인 조력에 관련된 사람들은 다른 사람의 언어적인 혹은 비언어적인 커뮤니케이션에 의해 서로 영향을 주고 받는다. 조력자나 피조력자가 다같이 상대방의 흥미나 관심에 민감하게 반응한다. 이러한 상호작용에서는 언어로 표현된 내용만이 아니라 몸놀림, 얼굴의 표정, 제스처 등과 같은 비언어적인 표현에도 주의를 기울이며 여기에 합의된 정서나 무의식적인 동기도 중시된다. 그러므로 심리적인 조력관계는 정의·인지·행위의 측면이 모두 커뮤니

케이션의 대상이 되며 의식과 무의식이 모두 다루어지는 것이 특징이라고 하겠다.

⑦ 심리적인 조력관계에는 명백한 구조가 있다. 심리적인 조력의 과정에서 무엇이 다루어질 수 있으며, 조력자와 피조력자가 서로 어떠한 자극과 반응을 기대할 수 있는지를 분명히 할 필요가 있다. 심리적인 조력의 결과로 무엇이 획득될 수 있으며, 어떠한 책임과 한계가 따르는 것인지도 명료하게 규정되어야 한다. 그러므로 심리적인 조력이 어떤 구조 속에서 이루어질 것인지를 조력자와 피조력자가 결정하는 것이 특징이라고 하겠다.

⑧ 협동적인 노력이 심리적인 조력의 특징이다. 조력자나 피조력자가 다같이 설정된 목표를 향하여 노력하는 것이 상담과 다른 심리적인 조력의 공통점이다. 아동이나 피조력자가 조력자의 제언이나 해석을 거부할 수도 있다. 피조력자의 거부적인 태도가 있음에도 불구하고 피조력자의 존엄과 가치를 존중하고 피조력자의 자율성과 주도성을 인정하면서 관계를 더욱 깊이하고 이를 통해 성장과 발달의 체험을 하게 한다. 상담은 피조력자가 그 자신의 관점과 견해를 가지고 자신의 문제를 해결할 수 있도록 돕는 것이며, 어떠한 심리적인 조력에서도 상담자 자신의 가치나 신념을 아동이나 내담자에게 주입시키거나 교화시킬 수 없는 것이다. 그러므로 심리적인 조력의 관계에서는 도움을 주는 사람과 받는 사람이 공통의 목표를 향하여 공동의 노력을 하고 있는 것이라고 할 수 있다.

⑨ 조력자는 하나의 인간으로서 접근이 가능하고 안정되어 있어야 한다. 조력자는 다른 사람들이 늘 자유스럽게 가까이 할 수 있다는 점에서 접촉이 용이하여야 한다. 조력자는 다른 사람, 상념, 제언, 조처 등에 대하여 수용적이어야 하며 비합리적인 공포, 의심, 불안 등이 없어야 한다. 조력자는 항상성과 일관성을 유지하여야 한다. 따라서 심리적인 조력관계는 조력자가 이러한 특징을 지니고 있을 때 성공적일 수 있는 것이다.

⑩ 변화는 심리적인 조력관계의 목표이다. 모든 심리적인 조력은 피조력자에게 변화를 초래하려고 하는 것이 특징이다. 변화의 내용은 사고나 신념의 변화일 수도 있으며 증오나 불안의 감소일 수도 있고, 손톱을 깨무

는 버릇의 교정일 수도 있다. 그러므로 심리적인 조력은 긍정적인 방향으로 변화를 촉진하는 것을 목표로 하고 있는 점이 특징이라고 하겠다.

이상으로 심리적인 조력관계가 지니고 있는 특징을 열 가지로 분류하여 보았는데, 이러한 특징들은 모두가 상호관련성을 가지고 있기 때문에 엄격하게 구분짓기는 어려운 것이다.

2) 상담관계의 기본적 조건

상담은 인간관계 중에서 가장 심층적이고 온정적이며 또 깊이 있는 심리적인 지식을 필요로 하는 전문활동이기 때문에, 다른 심리적인 조력관계에서보다는 더욱 강조되어야 하는 몇 가지 특징들이 있다. 이와 같은 특징으로는 상담자와 내담자 간의 일치, 공감적 이해, 수용이 이루어지는 인간관계가 있다.

(1) 수 용

수용은 인간의 가치와 존엄에 대한 인식에서 출발된다. 상담자를 찾아오는 사람들 하나하나가 어떤 문제를 지니고 있건, 또는 어떤 인간적인 결점을 지니고 있건, 혹은 어떤 죄악과 과오를 범하였건 관계 없이 그를 한 인간으로서 존재하고 성장하며 발달하여야 할 필요가 있는 귀중한 한 개체로 존중하는 것에 수용은 뿌리를 박고 있다. 내담자의 존재 · 성장 · 발달이 지니고 있는 가치를 인정하고 가능한 한 최선을 다하여 내담자가 새로운 학습을 통하여 그러한 가치를 구현하여야 할 심리적인 필요와 현실적인 필요가 있는데, 이러한 필요를 충족하기 위한 가능한 조건을 제공하려는 마음의 태세를 가리켜 수용이라고 할 수 있다.

내담자를 수용한다는 것은 내담자를 한 사람의 인간으로서 지니고 있는 가치를 인정하는 것이다. 이는 다음과 같이 세분하여 살펴볼 수가 있다.

첫째로, 존재 그 자체를 수용하는 것이다. 내담자가 현재 어떠한 훌륭한 성취를 하고 있건, 반대로 실패와 과오를 연속적으로 범하고 있건, 그는 살아있고 지금보다 더 향상되고 발전되어야 할 가치와 필요가 있음을 존중하는 것이다. 이를 뒤집어 생각하면 어떠한 집단에서 제거되거나 저주받게 되거나 없는 편이 더 낫다고 판단할 수 있는 사람은 아무도 없다는 인도주의적인 철학이라고 할 수도 있을 것이다.

둘째로, 인간의 제특성을 수용하는 것이다. 내담자가 지니고 있는 여러 가지 신체적인 특징, 성격적인 특징, 지적 또는 도덕적 특징을 현재 있는 그대로 수용하는 것을 가리킨다. 인간의 특수성을 수용하기 위해서 상담자는 두 가지 점에 유념하여야 한다.

그 하나는 사람들은 저마다 서로 다른 특징을 지니고 있으며, 개인 간의 차이는 흔히 상식적으로 상상하는 것을 훨씬 넘어설 정도로 크다는 점이다. 지능의 예를 보아도 IQ가 180이 훨씬 넘는 천재아동이 있는가 하면, 대·소변을 제대로 가누지 못하고 죽을 때까지 돌봐주지 않으면 안 되는 IQ 25 이하의 어린이가 있다. 상담에서는 이들 모두를 다루게 된다.

다른 하나는 모든 사람의 생각과 감정은 상황과 시간에 따라 다르기 때문에 개인 간에 존재하는 차이뿐만 아니라 개인 내의 차이도 엄청나게 크다는 사실이다. 예를 들면, 중·고교 시절이나 아동기에 세계를 놀라게 할만한 천재가 성인이 되어서는 보통 이하의 능력을 지니게 되거나, 또는 정신질환으로 폐인이 되는 경우도 있다. 상담자는 개인과 개인 사이에 그리고 한 개인 안에 존재하는 이 커다란 인간특성의 변화와 차이를 인식하고, 이에 대해 객관적이고 비소유적 온정을 지니고 대할 수 있어야 한다.

셋째로, 인간의 구체적인 행동을 수용하는 것이다. 구체적인 행동을 수용한다는 것은 행동을 칭찬하는 것이나 그런 대로 괜찮다고 승인 내지 묵인하는 것을 가리키는 것이 아니라, 구체적인 행동의 수용은 그 행동의 잘잘못을 떠나서 그러한 행동이 있었음을 과장하거나 왜곡하지 않고 하나의 사실로 받아들이는 것을 가리킨다. 따라서 수용이란 잘한 행동이건 잘못한 행동이건 간에 관계 없이 행동의 원인과 귀결을 객관적으로 내담자의 존재·성장·발달이라는 장기적인 조망 속에서 생각하고 의논할 수 있는 마음의 자세라고 할수도 있다. 잘못한 행위에 대해서는 용서하는 태도를, 그리고 잘한 행위에 대해서는 겸허한 자세의 중요성을 부드럽게 전달하는 태도가 여기에 포함된다.

(2) 공감적 이해

공감적 이해는 감정이입적 이해 또는 내적 준거체제에 의한 이해라고 부르기도 한다. 이것과 대립되는 개념으로는 외적인 준거에 의한 이해나 객관적인 사실에 의한 이해, 또는 이론적인 이해와 같은 것을 들 수 있다. 공감적인 이해는 과학적인 이론만으로 사람을 이해하거나 밖으로 나타난 행위 그 자체를 이해하는 것과는 달리, 인간의 심리적인 세계에서 주관적으로 움직이는 내면세계를 이해하는 것과 관련된다.

이해라고 하는 말은 어떤 이치를 해득하는 것과 같이 주로 지적인 과정에 중심을 둔 개념이다. 물론 상담에서는 객관적이고 과학적인 방법에 의해서 인간행농을 이해하는 것을 중시하나 그것만으로는 충분하다고 생각하지 않는다. 그 이유는 상담의 과정에서 중요하게 다뤄져야 할 것은 바로 내담자의 마음속에서 주관적으로 작용하고 있는 지각, 감정, 동기, 갈등, 목표와 같은 것이기 때문이다.

이러한 수관적인 심리작용을 도외시하면 상담은 성공하기 어렵기 때문이다. 이러한 점들 때문에 상담에서는 이해라는 말 대신에 공감 또는 공감적인 이해라는 말을 쓰며 이에 중요한 의미를 부여한다. 공감적인 이해는 내담자의 입장이 되어서 그를 이해하는 것이다. 내담자의 입장이 되어 그가 서 있는 자리에서 보는 것이다. 상담자는 내담자가 지닌, 감정, 의견, 가치, 이상, 고민, 갈등을 가지고 그가 처해 있는 여러 상황에서 보는 것이다. 이렇게 공감적으로 이해하는 것은 실제적인 측면에서 다음과 같은 여러 가지 측면을 포함하고 있다.

첫째로, 상담자는 내담자가 하는 말의 내용을 표현된 언어의 의미를 넘어서 말의 이면에 포함된 감정적인 의미까지 이해하여야 한다. 내담자의 말에 포함되어 있는 정서, 의도, 동기, 갈등, 고통 등을 이해하지 못한다면 상담은 성공하기 어렵다. 그래서 상담자는 "제3의 귀를 가지고 들어라"라고 하는 표현을 한다. 소리로 들리는 음성만이 아니라 가슴에 있는 '소리없는 소리' 또는 '마음의 소리'를 듣는 제3의 귀가 필요하다.

둘째로, 상담자는 내담자가 말로 표현하지 못하고 있는 마음의 소리가 행동이나 자세 또는 음의 고저나 색깔 등을 통해서 표현되는 경향이 있기 때문에 내담자의 비언어적인 표현에 담겨진 의미와 감정을 이해하여야 한다. 인간은 언어보다 비언어적인 수단을 통해서 자신을 보다 정확하게 그리고 보다 많이 표현하는 경우가 많다. 신체적인 언어를 통해서 나타난 분노, 시기, 질투, 사랑, 금지 등의 감정만이 아니라 그러한 감정을 지니게 된 이유와 그러한 감정이 초래하게 된 결과에 대해서 어느 정도 이해하여야 한다.

셋째로, 내담자의 행동을 통해 추구하는 궁극적인 동기가 어떤 것인가를 이해하여야 한다. 내담자는 자신이 어떠한 행동을 어떠한 이유 때문에 무엇을 얻기 위해서 하였는지, 그 행동에 포함된 의미를 충분하게 이해하고 있지 못한 경우가 거의 대부분이다.

적지 않은 경우 내담자의 갈등과 고통은 목적이 잘못된 것에 기인되기보다 선택된 행위가 잘못되어 생기게 된다. 내담자가 추구하는 궁극적인 동기 내지 긍정적인 동기를 이해하게 되면 수단과 목적을 혼동해서 생기는 심리적인 문제를 해결하고 문제를 현실적으로 해결할 수 있는 실마리를 찾을 수 있게 된다.

(3) 일 치

일치(一致)란 내적인 경험과 그에 관한 인식의 합일(合一)을 가리킨다. 한 걸음 더 나아가 내면적인 심리세계의 경험과 그에 대한 인식만이 아니라 그에 관한 표현이 모두 합치되는 것이다. 갓난아기들을 보면 어떠한 신체적 체험이나 심리적인 고통은 그 표현이 일치되는 것을 알 수 있다.

그러나 성인의 경우 내면적인 경험과 그 표현이 서로 일치되지 않는 경우가 많다. 여럿이 모여 이야기할 때 누군가가 얼굴이 상기되면서 화난 목소리로 손으로 삿대질을 하면서 이야기하는 경우가 있다. 이럴 때 옆에 있던 사람이 그 일을 가지고 무얼 그렇게 화를 내느냐고 하면 화를 냈던 사람은 아주 진지해지면서 "아냐, 난 화내지 않았어. 그런 일에 내가 왜 화를 내겠어. 난 다만 그렇다는 사실을 말하는 것이야"라는 식으로 말하는 예가 더러 있다. 이러한 경우 화를 낸 사람은 자기의 내면에서 또는 생리적인 수준에서 분노를 경험하고 있으나, 인식이나 의사소통에 의한 표현은 그와 합치되지 않는 것이다.

이와 같이 상담자의 내적인 경험과 외적인 경험이 일치되지 않으면 상담은 성공적으로 진행되기 어렵다고 할 수 있다. 그러나 이러한 입장은 일치의 개념을 파괴적인 경우에도 그대로 표현하라고 주장하는 것은 결코 아니다. 일치 또는 명료성에는 파괴적 측면과 건설적 측면이 다같이 존재한다. 상담자가 짜증, 분노, 죄책감 등의 감정이 있을 때 이를 있는 그대로 표현하면 오히려 상담관계를 해롭게 할 경우도 있다. 상담자는 이러한 부정적 감정을 건설적으로 활용할 수 있는 의사소통의 기능을 지니고 있어야 한다. 즉 이 파괴적 경험을 숨김 없이 명료하게 하되 이것을 통해서 상담관계를 향상시키고, 내담자가 부정적 감정이나 경험을 삶의 과정에서 어떻게 표현하여야 하는가를 학습할 수 있는 조건을 이루고 새로운 학습이 가능하게 해야 된다는 것이라고 하겠다.

일치가 상담자 안에서만 필요한 것은 아니다. 이는 상담자와 내담자, 그리고 상담의 목적 등에도 필요하다. 상담자와 내담자 사이의 일치는 우선 내담자의 상담 목표와 동기가 상담자의 그것과 일치되어야 한다. 상담을 통해서 성취하려는 궁극적인 목표나 중간수준의 목표, 또는 구체적이고 실제적인 행동 수준의 목표가 일치될 때 상담은 효과적으로 이루어지게 된다. 상담자와 내담자가 상담을 통해서 도달하려는 목표가 일치되지 않거나 대립되는 경우 상담은 중단되거나 실패할 수밖에 없다.

5 상담자의 역할과 자질

1) 상담자의 역할

상담자란 아동의 삶에서 특별하고 독특한 성인이다. 특별하고 독특하다는 이유는 상담자가 다른 성인과는 크게 다르다는 의미이다. 일반적으로 성인들은 아동에게 지시하고 가르치려고 하지 않고 아동이 스스로 자신의 안내를 따를 수 있도록 자유롭게 허용하며, 내담 아동이라는 개인에 초점으로 맞추어 인간적으로 존중해 주며 반응하기 때문이다. 다음의 예를 보면 아동에게 대하는 상담자의 독특한 반응형태를 알 수 있다.

아 동 : 하늘은 무슨 색을 칠할까요?
상담자 : 이 방에서는 하늘을 그리고 싶으면 무슨 색이든 네 마음대로 할 수 있어.
아 동 : 글쎄요. 노란색 하늘은 어때요? 노란 하늘도 있지요?
상담자 : 하늘을 노란색으로 칠하고 싶은데 그렇게 해도 되는지 궁금하구나.
아 동 : 네, 무슨 색으로 색칠할지 가르쳐 주세요.
상담자 : 내가 네 대신 결정해 주기를 바라는구나.
대부분 어른들이 네가 어떻게 해줄꺼라고 생각하는구나. 그러나 여기서는 무슨 색으로 칠하든 모두 네 마음대로 결정할 수 있어.
아 동 : 난 노란 하늘을 그릴꺼예요. 재미있지요?

이상과 같은 상담자의 반응은 지금까지 아동과 만났던 어떤 성인과도 다른 독특한 반응이다. 독특한 반응을 통해 아동은 스스로 자신을 표현하고 자기 안내에 따라 자신을 성장시킬 것이다. 아동은 이런 상담자의 반응을 통해 상담자를 다른 성인과 차별하게 되고 상담자와 독특한 인간관계를 맺어간다. 아동은 상담자는 재미있는 사람이라고 인식하게 되며 다른 어른들과 나눌 수 없었던 의사소통을 하게 된다. 이렇게 아동은 상담자를 다른 성인과는 다른 독특한 성인으로 느끼게 되어야 치료적 관계가 성립된다.

상담자가 아동을 수용한다는 것은 아동의 독특함을 인정해 준다는 것을 의미한다. 또한 아동의 감정에 대한 예민함은 아동이 상담자를 독특한 어른으로 여기게 하는 요소이다. 즉 상담자는 아동을 독특한 생각이나 감정, 신념, 아이디어, 욕구, 상상력, 존중받을 만한 사고력을 가진 개인으로 존중한다. 많은 어른들은 아동의 많은 면을 보지 못하고 놓치는데, 상담자는 이런 다양한 면을 발견하고 지지해 주는 사람이다. 상담실 안에서의 시간은 아동에게 집중되며 아동의 감정과 놀이활동에 순수한 관심이 집중된다. 이렇게 헌신적으로 아동에게 집중된 시간을 투자하는 상담자는 아동에게 특별한 사람이 될 수밖에 없다.

상담자는 아동과 함께 하면서도 아동과 분리될 수 있어야 한다. 아동을 충분히 공감하면서도 아동이 보지 못하는 면, 지각하지 못하는 면을 지각하고 비추어 볼 수 있어야 한다. 감정에 동요되지 않으면서 아동의 감정을 공감할 수 있는 균형있는 심리적 상태를 유지해야 한다. 또한 아동이 무엇이든지 자유롭게 표현할 수 있는 것과는 달리 상담자의 아동이 치료적 관계를 유지할 수 있도록 분위기를 만들기 위해 노력해야 한다.

효과적인 상담자는 아동이 놀이의 세계로 들어가도록 격려하고 아동이 주도하도록 도우며, 아동에게 선택과 책임을 돌려주는 사람이다. 상담자는 객관적이면서 폐쇄된 마음이 아니라 개방된 마음을 갖고 있어야 한다. 상담의 초심자들 중에는 상담자의 가치관에 어긋나는 행동이나 감정을 아동이 표현할 때 갈등을 일으키고 불편해 하는 경우들이 있다. 상담자 자신이 평가하고 판단하는 역할에서 벗어나려는 역할에서 벗어나지 못했기 때문이다. 상담자가 아동을 평가하고 비판하지 않음으로써 아동이 스스로 자신을 안내하는 힘이 커지는 경험을 통해서 상담자도 확신을 갖게 된다.

상담자는 아동이 성장하고 있다는 점을 잊지 많아야 한다. 아동은 지난번 상담시간의 자리에 머물러 있는 것이 아니라, 지금 이 순간에도 변하고 있다는 것을 잊지 말아야 한다. 상담자는 항상 아동이 서 있는 지금의 이 시점에 함께 하고 있어야 한다. 아동이 원하지 않는데 과거의 순간에 대해 탐색하는 것은 바람직하지 못하다. 아동이 지금 이 순간에 느끼고 경험하는 것에 초점을 맞추어야 한다.

바람직한 상담자란 실수를 인정할 수 있어야 한다. 자신의 실수를 인정함으로써, 사람의 지각은 부정확할 수 있다는 것은 인정하고 있는 그대로의 자신을 받아들여야 한다. 때로는 아동이 상담자에게 한 말이나 행동 때문에 상처를 받는 상담 초보자들도 있다. 어떤 상담 초보자는 아동이 상담자 자신의 결점이라고 생각하는 것을 물을 때 곤란해 하고 아동과 심리적 줄다리기를 반복하게 되었다. 즉 자기 개방에 어려움을 갖는 상담자는 그만큼 자신을 방어하기 위해 에너지를 과도하게 사용하며 심리적으로 불편해 하고, 그런 상황에 놓이게 된 원인을 아동의 탓으로 돌리기 때문에 치료적 관계를 그르친다.

유능한 상담자란 개인적으로 안정되어 있으며 개인의 한계를 인식하고 수용할 수 있어야 한다. 어떤 상담자는 아동을 도와주어야 한다는 생각에만 몰입되어 있어 자신이 감당하기에 힘든 아동을 맡고 있다. 그러나 상담자가 다루기에 힘든 정서적 문제를 갖는 아동은 다른 상담자나 다른 기관에 의뢰하는 것이 더 바람직하다.

또한, 상담자는 유머감각을 갖고 있어야 한다. 상담자가 유머감각을 갖고 있어야 아동과 함께 즐길 수 있고 어려운 문제를 여유를 갖고 풀어갈 수 있다. 상담자가 아동을 비웃으면 안 되며 아동과 전적으로 함께 즐길 수 있는 유머감각이 필요하다.

어떤 사람이 상담자가 되는가 하는 질문에는 많은 이야기들이 있지만 대부분 자신의 심리적 어려움의 비중이 컸던 사람들이 자신의 문제를 극복하기 위해 매달리다 보니 전문가의 길을 걷게 된다는 이야기가 많다. 특히 아동을 상담하는 사람들은 아동기에 심리적 어려움이 컸던 사람들로 자신의 문제를 극복했을 때 상담자가 된다고 한다. 어쨌든 모든 상담자는 연령에 상관 없이 자신의 욕구, 동기, 편견, 개인적 갈등, 개인적인 문제, 정서적 갈등에 대한 통찰력을 가져야 한다.

마지막으로, 상담자는 자신의 욕구를 아동과의 관계로부터 구분하여 완전히 분리시킬 수 없다는 것을 인정하여야 한다. 상담자도 인간이기 때문에 개인의 가치나 욕구가 상담자 자신의 일부분이며, 따라서 관계의 일부가 된다는 것을 인정해야 한다. 따라서 상담자의 책임은 자기이해를 촉진하는 자기탐색 과정을 가져야 하며, 아동에게 영향을 미치는 것은 최소화되도록 노력해야 한다. 자기이해를 돕기 위해서는 개인치료나 집단치료에 참여할 수 있고 슈퍼비전을 받을 수도 있다.

Landreth(1991)는 자기이해를 증진시키기 위해 다음의 질문에 답해 보기를 제안했다.

- 놀이치료에서 충족되는 나의 욕구는 무엇인가?
- 충족되어야 할 나의 욕구는 얼마나 강한 것인가?
- 나는 이 아동을 좋아하는가?
- 나는 이 아동과 함께 있고 싶어 하는가?

- 나의 태도와 감정이 이 아동에게 어떤 영향을 주는가?
- 이 아동은 나를 어떻게 지각하는가?

상담자가 자신의 욕구나 갈등, 편견, 정서적 욕구, 개인적인 스트레스, 불안, 자기와 타인에 대한 기대 등을 인식하지 못하는 상담자들은 아동의 이런 측면을 효과적으로 느끼지 못할 것이다. 아동이 상담자를 좋아해 주길 바라는 욕구, 거부에 대한 두려움, 제한설정에 대한 두려움, 제한설정에 대한 죄의식, 칭찬받고 싶은 욕구 등을 상담자가 인식하지 못하면 아동의 탐색과 표현을 제한하며 미묘한 갈등을 일으키게 된다. 상담자가 아동과 함께 상담실에 들어간다면 상담자의 성격도 함께 들어가는 것이다. 그러므로 상담자의 성격이나 욕구는 치료과정의 일부가 된다. 이 때 상담자가 자신에 대한 통찰이 있어야 아동에게 미치는 부정적인 영향을 최소화할 수 있다.

우리는 유사 이래의 큰 변화 속에 살고 있다. 상담자의 역할과 기능에서도 변화를 염두에 두고 생각해 봐야 할 것이다. 닥쳐 올 미래의 상담자 역할과 기능에 대해서 Tyler(1969), Walz(1978), Warenn(1962) 등의 여러 학자들이 말하고 있는 중요한 몇 가지 점을 들어 본다.

첫째로, 상담자의 역할을 전통적인 상담자에서 원조제공자의 역할로 바뀌게 된다는 것이다. 즉 자기－원조 과정(self-helping process)에 열중하고 있는 많은 사람들에 대한 원조제공자라는 역할로 옮겨가게 될 것이라고 보고 있다. 이같은 경향으로 옮겨 가게 될 것으로 기대하는 데는 그럴만한 충분한 근거가 있다고 한다. 앞으로의 상담자는 원조제공자로서 역할을 능히 해낼 수 있을 정도로 훈련을 받게 될 것이며, 자기 원조과정에 몰두하는 사람들에 대한 관심이 계속 증대하게 될 것으로 상담자들은 믿고 있기 때문이라고 한다. 그리고 무엇보다도 큰 근거는 전통적인 상담 활동에 드는 비용과 시간, 그리고 상담자의 부족 등에서 찾아볼 수 있다. 원조제공자로서의 상담자의 역할이 강조되어야 할 기본적인 가정은 내담자들로 하여금 그들의 환경에 적응하도록 기대시킬 것이 아니라 환경을 내담자의 성장에 도움이 되도록 변화시키려 하는 데 있다. 원조제공자로서의 상담자는 내담자 개개인의 성장과 함께 기관의 변화에 영향을 줄 수 있도록 준비되어져야 한다.

둘째로, 상담자의 역할에서 생길 변화는 발달에 대한 관심이다. 상담자들의 발달에 대한 주된 관심은 청년기를 기점으로 성년 전기까지의 단계에 있는 사람들에게 집중되었다. 앞으로의 상담자는 이같은 편협된 관심에서 벗어나 발달적 관점에 입각한 전생애의 각 단계를 각각 대상으로 한 상담을 해야 할 것이다. 이와 함께 앞으로의 상담자는 원조제공자로서 남녀의 역할 변화, 직업, 연령 증가에 따르는 여러 문제 등에 관한 영역에서 원조 활동을 할 수 있도록 충분한 준비를 갖추어야 한다.

2) 상담자의 책임

우리 사회에 닥쳐 올 미래가 어떤 것이며, 그 사회에 알맞는 상담이 어떠해야 할 것인지는 계속 연구하지 않으면 안 될 중요한 문제이다. 상담분야의 전문가들은 우리 사회에서 바라고 필요로 하는 상담의 철학, 기법 그리고 상담자(카운슬러)의 역할이 어떤 것인지를 우리의 시각에서 찾는 노력을 해야 한다. 상담분야에서 연구하지 않으면 안 될 과제는 상담이론의 토착화에서부터 시작하여 상담의 평가에 이르기까지 산적하여 있다. 그 많은 과제 중에서 무엇보다 먼저 해결해야 할 문제는 우리의 문화와 한국인에게 알맞는 상담이론과 기법을 탐색하고 발전시키는 일이다. 상담분야의 전문가에 따라서는 이같은 생각에 동조하지 않을 수도 있겠지만, 그들도 이 영역의 연구가 가장 미진한 상태에 있다는 사실은 인정할 것이다.

상담이란 결국 사회와 문화적인 가치활동이라고 말할 수 있다. 이같은 견지에서 볼 때 우리 상담은 한국 사람들이 지니고 있는 고유한 성격적인 특징, 문화와 가치를 떠나서는 생각할 수 없다. 비록 외국의 상담이론과 기법을 사용하여 상담을 한다고 하더라도 내담자와 상담자가 모두 한국 사람이라면, 그들이 태어나고 성장하면서 몸과 마음의 부분이 되어버린 한국사회와 문화적인 가치를 격리시킬 수 있는 방법을 찾을 수는 없다.

외국의 상담이론과 기법이 우리에게 소개되고 실천되기 시작한지는 이미 40년 가까운 긴 세월이 지났다. 이제는 그같은 이론과 기법을 우리의 실정에 알맞게 적용시키는 문제를 연구해야 할 때를 맞이했다. 이같은 문제에 대한 관심이 최근에 와서 몇몇 학자에 의해 논의되기 시작한 것은 다행스러운 일이다.

우리가 잘 알고 있고 익숙한 외국의 상담이론들은 어떤 것이든지 내담자들이 그들의 생각과 문제를 숨김 없이 개방적으로 상담자에게 이야기할 수 있어야 한다는 전제에서 시작되고 진행된다. 그런데 우리 한국 사람들이 가지고 있는 성격적인 특징은 수동적이며 동조성(상호 의존적 경향)이 강하다고 할 수 있다. 이같은 특징은 자신을 덜 나타내는 겸손과 자기 억제의 모습을 띠게 만드는데, 상담이란 입장에서 보면 가장 비효과적인 내담자의 특징을 지니고 있는 셈이다.

폐쇄적인 한국 사람의 특징은 그들이 심리적 또는 정신적인 문제에 당면했을 때 도움을 받을 수 있는 정신건강 서비스기관을 찾지 않게 만든다. Atkinson과 Gim(1989)은 한국계, 중국계, 그리고 일본계인 아세안계 미국 대학생들을 상대로 그들의 문화 변용과 정신건강 서비스기관에 대한 이용의 관계를 연구하였다. 그들은 한국계를 비롯한 아세안계의 미국 대학생들은 소수민족이 경험하는 문화적 갈등과 시대적 갈등을 많이 갖고 있는데도 불구하고 정신건강 서비스기관에 대한 이용률이 부족하다고 보고하고 있다. 그들은 심리적 도움에 대한 개인적 욕구가 부족하며 인식도 덜되고 있다고 한다. 즉 심리적 도움과 관련된 부조화와 전문가에게 문제를 의논하려는 개방성이 부족하다는 것이다. 그리고 서비스기관을 이용한다고 하더라도 백인 대학생들보다 더 많이 좌절하여 기대하는 만큼 효과가 나타나지 않는다고 한다.

한국계를 비롯한 아세안계 미국 대학생들의 정신건강 서비스기관에 대한 이용률이 낮은 이유를 Ross(1985)는 다음과 같이 들고 있다.

첫째는, 동양계 대학생들의 가치관에서 본다면 정신건강 문제로 심리치료와 같은 서비스를 받는 것은 '가족의 불명예'에 해당되는 심각한 문제로 간주하게 된다는 것이다.

둘째로, 정신건강에 대한 개념의 차이를 들고 있다. 동양계 대학생들은 참다운 정신건강이란 나쁜 생각을 떨치는 일로, 그같은 어려운 과제는 강한 의지를 유지하며 스스로의 힘에 의해 해결해야 한다고 생각한다는 것이다.

마지막으로, 갈등의 내면화를 들고 있는데, 이같은 특징 때문에 동양계 대학생들은 그들의 문제(징후)를 많은 경우에 신체적으로 표현하여 일반적인 병원을 찾게 된다고 한다.

한국에 있는 한국의 젊은이들이 아닌 미국에서 공부하고 있는 동양계 대학생 집단에 대한 연구결과를 가지고 일반화하여 우리에게 적용시킬 수는 없다. 그러나 미국이란 이질적인 문화권 속에서 살고 있으면서도 백인들과는 다른 고유한 성격적 특징과 사고방식을 지니고 있기 때문에 심리적인 문제에 당면할 때 전문적인 기관의 도움을 덜 받게 될 뿐 아니라, 받더라도 기대한 만큼의 효과를 거두지 못한다는 사실은 우리에게 많은 시사점을 던져 주고 있다. Abe와 Zane(1990)은 아세안(한국, 중국, 일본, 필리핀 등)계와 백인계 대학생들의 심리적 부당적응에 관한 연구결과를 발표하여 관심을 끌고 있다. 그들의 연구에 의하면 동양계 대학생들은 사회적 선호, 자의식(공적 자의식 · 사적 자의식, 사회적 불안), 동조성 등에서 그들의 동료들인 백인계 미국 대학생들과 큰 차이를 나타내고 있다고 한다. 즉 심리적 부당적응을 초래하는 데 영향을 미치는 요소를 응답방식에 있어서의 사회적 선호, 성격양식에 있어서의 동조성 같은 것의 차이를 들고 있다.

우리의 상담전문가들은 한국이라는 고유한 문화적 배경을 받으며 탄생하고 성장한 한국인의 성격과 필요에 알맞은 상담을 주로 외국(주로 서구) 상담이론과 기법에서 찾아야 할 막중한 과제를 안고 있다. 그같은 어려운 시도를 김태호(1991)는 '외국 상담이론의 우리 사회의 적용문제'라는 글에서 구체적인 제안을 피하고 있다. 한편 박재황(1990)은 상담과 문화와 귀인 유형의 관계를 다룬 논문에서 한국인의 귀인유형을 미국인과 비교하여 발표하고 있다. 이같은 탐색과 기초적인 시도를 거듭하면서 한국인의 고유한 문화와 성격, 그리고 그같은 현실적인 사항 때문에 생기는 문제를 효과적으로 해결할 수 있는 '한국적인 상담'의 이론과 기법을 형성하고 발전시켜야 한다. 이같은 방향의 모색은 비단 전문가에게만 맡겨질 수 있는 것이 아니다. 상담에 관련된 인접 영역들의 도움, 나가서는 사회와 행정당국의 적극적인 뒷받침이 있을 때 가능해질 과업이다.

3) 상담자의 자질

상담자의 자질은 인간에 대한 전문적 이해능력을 요구한다. 즉 인간심리의 역동적 관계(psychodynamic), 진단(dignosis)과 그 밖에 인간을 이해하고 도울 수 있는 심리학적 배경을 요구하며 이에 관련된 학력 및 충분한 임상경험을 요구한다.

또한 아동은 발달단계 선상에 놓여 있으므로 상담자는 아동발달 및 발달병리에 대해 전문적인 지식을 갖추고 있어야 하는 것은 기본이다.

상담자의 자격을 갖추었다 하더라도 인간을 이해하고 수용하는 태도 못지않게 상담자 자신의 자아를 끊임 없이 성장시키려는 능력과 태도를 요구하므로 상담자로서의 인격적 성숙을 중요한 자실로 꼽고 있다.

C. R. Rogers는 상담자의 기본적인 자질로서 인간관계에 대한 민감성, 객관적인 태도와 정서적으로 격리된 태도, 자기 자신을 이해하며 자기 자신의 정서적인 제한점과 결점을 아는 능력, 개인에 대한 무조건적인 존중과 있는 그대로를 받아들일 줄 아는 노력 및 의욕, 인간행동의 이해 등 5가지를 들고 있으며, 정원식과 박성수는 상담자의 자질로서 인간적인 자질과 전문적인 자질로 구분하여 인간적인 자질로서, 자아의식(自我意識), 원숙한 적응상태, 인간문제에 대한 관심, 감정의 통제, 모델로서의 상담자를 전문적인 자질로서, 인성의 조직과 발달에 대한 지식, 사회환경에 대한 지식, 개인의 평가에 대한 지식, 카운슬링의 이론과 실제에 대한 지식, 카운슬링 실습, 연구방법과 통계적 지식에 관한 지식, 카운슬링이 적용하는 분야에 대한 이해를 들고 있다.

이와 같이 제시된 여러 이론을 놓고 볼 때 상담자에게는 다음과 같은 자질이 요구됨을 알 수 있다.

(1) 인간적 자질

- 인간의 성장·발달 가능성에 대한 확고한 신념은 물론 인간애(人間愛), 즉 인간에 대한 깊은 애정과 관심을 가지고 있어야 한다.
- 상담자는 자기 자신에 대한 객관적인 이해를 하고 있어야 하며 긍정적인 자아개념을 가지고 있어야 한다.

- 진취적이며 의욕적이고 능동적인 상태에서 살아가려는 태도, 즉 자발성(spontaneity) 또는 순수성을 지녀야 한다.
- 상담자는 성장해 가는 내담자의 자기이해(自己理解)와 자기수용(自己受用)을 도와주어야 한다.
- 자유로운 개발성(openness), 관대한 이해성(understanding)과 수용성(acceptance)을 지녀야 한다.
- 상담자는 내담자가 자기의 결점에 대한 책임을 지게 함으로써 성숙해질 수 있도록 자기책임감(自己責任感)을 높여 주어야 한다.
- 상담자는 내담자의 잠재된 능력의 다양성을 수용하고 고무(鼓舞)시켜 주어야 한다.

(2) 전문적 자질

- 상담자는 내담자가 현재의 자기(real self)와 장차 그렇게 되기를 바라는 자기(ideal self)에 대한 지각을 명료화시켜 줌으로써 교육적·직업적·신앙적인 선택을 현명하게 하도록 도와주어야 한다.
- 내담자의 감정을 명료화(clarification)시켜 줄 수 있는 상담의 기술을 지녀야 한다. 즉 상담에 사용되는 심리학적 도구나 기술에 숙달되어 있어야 한다.
- 상담자는 내담자에게 집단학습의 경험을 제공함으로써 타인의 반응 속에 비친 내담자 자신을 볼 수 있는 기회를 마련해 주어야 한다.
- 상담자는 내담자의 자기이해에 영향을 주는 제반 문화적 변화에 예민한 반응을 보여야 한다. 상담자는 내담자가 자기 성취감을 얻을 수 있고 자기의 생산성을 발휘할 수 있는 교육적·사회적·직업적 환경을 발견하도록 도와주어야 한다.
- 상담자는 자기에 대한 정체의식(正體意識)을 확립하여 심리적으로 성숙하고 자신이 하고 있는 일에 대한 확신이 있는 방향의식(方向意識)이 정립되어 있어야 한다.
- 변화하는 사회와 세계문화에 뒤지지 않고 앞을 내다 볼 줄 아는 능력을

지녀야 한다.

- 상담자는 상담이론은 물론 상담과 관련된 넓은 영역에 걸친 학문적 지식을 구비하고 있어야 한다.

6 상담의 기본원리

상담은 개인이 가진 문제를 해결하고 적응활동을 증진시킴으로써 건전한 자아형성을 통한 성장을 돕는 것이다.

전문적 소양을 가진 상담자가 상담을 전개할 때에는 반드시 일정한 원리에 바탕을 두고 시작하는 것이 좋다. 그러기 위해서는 인간의 기본적인 욕구를 정확히 이해하고 있어야 한다. 상담자로서 지녀야 할 기본적인 태도는 ① 인간가치의 존중, ② 인간의 가능성에 대한 신념, ③ 개인 선택의 자유와 책임을 인정하고 상담에 응해야 한다. 상담의 기본원리로 생각해야 할 사항은 다음의 김흥규가 인용한 Biesek의 이론을 요약하여 정리하고자 한다(김충기, 1998).

1) 개별화의 원리

인간은 개인차가 있으므로 개인의 욕구충족에 따른 행동의 권리를 갖고 의무를 다하는 개인을 존중하는 데 의미가 있다. 상담자는 개인의 개성과 개인차를 인정하는 범위 내에서 상담이 전개되어야 한다.

따라서 이 원리가 지켜지려면 아래와 같은 내용에 근거를 두고 상담을 진행한나.

① 상담자는 편견이나 선입관으로부터 탈피되어야 한다.
② 인간행동의 유형과 원리에 대해 전문적으로 이해하려고 해야 한다.
③ 내담자의 말을 경청하고 세밀히 관찰해야 한다.
④ 내담자의 보조에 맞추어 진행할 수 있어야 한다.

⑤ 인간의 감정변화를 민감하게 포착해야 한다.

⑥ 내담자와 견해차가 있을 때 앞을 내다보는 능력을 갖고 적절한 선택을 하여야 한다.

2) 의도적 감정표현의 원리

사람은 누구나 정당하고 잘한 일에 대하여는 떳떳하게 표현할 수 있다. 민주주의의 기본이념을 신봉하는 우리 나라는 의사표현의 자유가 있으며, 자기감정 또는 부정적 감정을 표현할 수 있다. 이러한 기본적인 원리 속에서 자유롭게 의도적인 표현을 보장받도록 온화한 분위기를 조성해 주어야 한다. 따라서 내담자에게 주어지는 효과는 ① 압력이나 긴장으로부터 내담자를 완화시켜 주며, ② 문제나 내담자 개인을 이해하게 해주고, ③ 심리 사회적인 지지의 형태인 동시에 그의 부정적인 감정표현 자체가 진정한 문제일 수도 있다.

그러므로 상담자는 내담자의 감정표현을 비난하거나 낙심시켜도 안 되고, 끝까지 인내로써 경청하도록 해야 한다. 내담자가 자기표현을 유감 없이 발휘할 수 있도록 상담자는 최선의 노력으로 감정표현에 민감해야 한다.

3) 통제된 정서관여의 원리

상담은 주로 정서면에 큰 비중을 두고 있으며, 내담자가 그의 감정을 표현하도록 권고한다. 내담자의 감정에 대한 상담자의 민감성과 감정이 의미하는 것의 이해와 내담자의 감정에 대한 의도적이고 정당한 반응이 필요하다. 상담에서 통제된 정서적 관여의 원리가 지켜지려면 상담자는 내담자 정서의 변화에 민감하게 반응하여 이해하고 적절한 대응책을 마련할 태세를 갖추며 적극적인 관여가 필요하다.

4) 수용의 원리

상담자는 내담자에게 따뜻하고 명랑하며 친절하면서 수용적이어야 한다. 내담자를 하나의 인격체로서 존중하고 말로나 행동으로 특히, 비언어적 단서인 얼굴표정으로 잘 전달하여야 한다. 상담자는 내담자의 의견에 동의하지 못할 경우에는 동의하지 않는다는 사실을 분명히 전달하되, 그 표현이나 자세는 어디까지나 온화해야 한다. 다시 말해서 상담자와 내담사 간에 의견이 일치하지 않은 것과, 내담자를 수용하지 않거나 거부하는 것과는 구별되어야 한다.

결국 내담자의 장·단점, 바람직한 성격과 그렇지 못한 성격, 긍정 및 부정적 감정, 건설적·파괴적 태도나 행동 등을 있는 그대로 이해하고, 그 인격의 가치에 대한 관념을 유지해 나가는 행동을 말한다. 상담자가 권위적이거나 강압적인 자세를 하면 상담관계는 깨어지고 만다. 따라서 내담자 중심으로 그들의 진정한 욕구와 권리를 존중하며 감정이나 태도를 적극적으로 이해할 수 있어야 한다.

5) 비심판적 태도와 원리

내담자는 자기의 잘못이나 문제에 대하여 결과를 나무라거나 책임을 추궁 또는 잘못을 질책하는 것을 두려워한다. 그들은 죄책감, 열등감, 불만감, 고독감 등을 가지고 있기 때문에 타인의 비판에 예민하며 그들 자신을 방어하여 안전을 추구하려고 하는 것은 당연한 일이다. 따라서 상담자는 내담자를 객관적으로 그의 행동·태도·가치관 등을 평가하여야 하며, 어떠한 문제에 대하여 '유죄이다, 무죄이다, 책임져야 한다, 나쁘다'는 등의 과격한 언어로 다루어서는 안 될 것이다. 이러한 태도의 원리를 지키려면,

① 상담자가 선입관의 지배를 받아서는 안 된다.
② 내담자의 보조에 맞추어 상담을 하지 않고, 내담자의 발언을 자주 가로막고 성급한 결론을 이끌어서는 안 된다.
③ 분화시키려는 자세를 취해서는 안 된다. 즉 어떠한 유형의 틀로 집어 넣으려는 인상을 갖지 말아야 한다.
④ 상담자에 대하여 적의를 품는 부정적 감정을 가질 수 있는 내담자도 있다는 것을 알고 있어야 한다.

6) 자기결정의 원리

상담은 상담자가 개인의 가치와 존엄성을 존중하고 자기 힘으로 문제를 해결해 나갈 수 있다는 신념에서 시작되어야 한다. 그리고 어떠한 지도와 충고가 있더라도 내담자는 무조건 응하기보다는 자기판단을 토대로 자기방향과 태도를 결정하여야 한다. 그렇게 하기 위해서는 상담자는 다음과 같은 자세를 가져야 한다.

① 내담자가 자기수용을 할 수 있도록 도와 주어야 하고,
② 내담자의 잠재능력, 즉 장점과 능력을 발견하고 활용함으로써 인격적 발달을 도모할 수 있도록 자극해 주어야 하며,
③ 내담자에게 법류, 제도, 사회시설 등의 광범위한 사회적 자원을 알게 함으로써 자기선택, 자기결정의 참고자료로 삼도록 해야 한다.

7) 비밀보장의 원리

상담과정 중 가장 중요하게 명심해야 할 사실은 상담자가 내담자와의 대화내용을 아무에게나 이야기하는 습관을 버리고 반드시 비밀을 지켜야 한다. 상담은 본질적으로 내담자가 상담자를 신뢰하고 믿는 데에서 이루어진다.

따라서 어떠한 경우에 놓여 있는 문제라도 개인의 명예훼손이나 누를 끼치는 일을 야기해서는 안 된다. 상담자는 비밀을 지켜줄 윤리적 의무가 있다. 상담자의 윤리 가운데 가장 중요한 것은 무조건 내담자의 비밀을 보장하는 것이다.

Chapter 02

상담이론의 이해

1 _ 정신분석적 상담

2 _ 특성중심적 상담

3 _ 인간중심적 상담

4 _ 행동주의적 상담

5 _ 현실주의적 상담

6 _ 합리적 · 정서적 상담

7 _ 인지적 · 정서적 · 행동적 상담

Chapter 02

상담이론의 이해

1 정신분석적 상담

정신분석적 상담(psychoanalytic counseling)에서 정신분석이론(psychoanalytic theory)은 현대 상담과 심리치료의 초석이요 기초가 된다. 오늘날 사용되고 있는 여러 수백 가지 상담치료 가운데 대부분은 정신분석 체계로부터 기초형성과 기술 또는 추진력이 파생되었다(Herink, 1980). 정신분석이론의 창시자 Freud는 1856년 5월 6일 체코슬로바키아 모라비아의 프라이부르크라는 곳에서 유태인 부모 슬하에서 태어나 1939년 런던에서 사망했다. 1881년 빈 대학에서 M.D. 학위를 받고 Ernst Bruck의 지도 하에 생리학을 공부하였다. 1874년에 출판된 『생리학강의』라는 그의 저서에 “살아 있는 유기체는 화학과 물리학의 법칙이 적용되는 하나의 역동체제”라는 견해에 Freud는 매료되었다(Hall, 1954). 1876년부터 15년 간 Freud는 신경학자로서 연구하였다. 그는 프랑스에서 히스테리와 기타 정신질환을 치료하기 위해 최면술을 사용했던 Jean Charcot와 처음으로 연구하였다. 여기서 Freud는 자유연상을 개발하였는데, 이것이 나중에 정신분석의 기본기술로 발전되었다(Arlow, 1979).

1) 의 의

고전적 정신분석이론에 따르면, 인간행동의 골격은 무의식적 동기와 생물학적 욕구 및 충동, 그리고 생후 약 5년 간의 생활경험에 의해 결정된다. 따라서 정신분석상담이론에서는 유년기 및 아동기의 경험에 그 뿌리가 있는 것으로 보여지는 미해결된 무의식적 갈등에 초점을 맞추게 된다. 다시 말하자면, 어렸을 때부터 생긴 무의식적 동기와 갈등의 근거를 자유연상, 해석 등의 기법을 통해 의식화시킴으로써, 환자들의 통찰을 가져오게 하는 것이 정신분석 상담이다(이장호 외, 1993).

(1) 성격의 위상

프로이드

Freud는 성격발달에 있어서 3가지의 상이한 의식수준(의식, 전의식, 무의식)의 존재를 주장했다. 의식(conscious)이란, 한 개인의 현재 각성하고 있는 모든 행위와 감정들을 포함하고 있다. 전의식(preconscious)은 이용 가능한 기억이라고 한다(Hjeller & Ziegler, 1981). 무의식(unconscious)은 마음의 실제적인 실체이다. 이것은 자신의 힘으로는 의식으로 떠올릴 수 없는 생각이나 감정을 포함하고 있으며 생각이나 충동들이 억압되어 있다. 상담자는 현재의 부적응적 행동의 원인이 되고 있는 무의식적 갈등을 의식화시키기 위하여 내담자의 무의식적 갈등 내용을 해석한다.

(2) 성격의 구조

Freud의 제안에 따르면 성격(인성)은 원초아(id), 자아(ego), 초자아(superego)라고 하는 세 가지 주요 부분으로 구성된다(Hall, 1954).

원초아(id)는 생득적인 것으로 기본적인 생물학적 반사 및 충동, 그리고 본능 등을 포함하고 있다. 원초아는 쾌락의 원리(pleasure principle)에 의해 지배된다. 자아(ego)는 현실적 사고과정을 통하여 통제하고 반응할 환경의 성질을

다. 꿈의 내용을 얘기하면 이에 따른 연상을 시키고 이를 의식적 경험과 결부하여 그 의미와 갈등을 해석하고 이해함으로 극복하여 돕는다. 결국 꿈의 분석은 꿈의 속성을 이용하여 무의식적 자료를 발굴하고 조명함으로써 내담자로 하여금 자신의 내면세계와 문제영역에 대해 통찰을 얻도록 도와주는 절차이다.

그래서 꿈의 분석은 자유연상을 통하여 왜곡된 현재몽의 내용을 분석하여 잠재몽이 가지고 있는 의미를 규명해 자신이 가지고 있는 갈등과 억압을 규명하는 수단으로 이용된다.

(4) 전 이

전이(transference)란, 과거에 주요한 타인에게 경험했던 감정, 욕망, 기대 등을 현재 상황에서 충족하려 하거나 과거에 불안을 야기했던 갈등이나 대인관계를 현재 상황에서 반복하는 것을 말한다. 이러한 전이의 현상은 내담자의 갈등이 대치되어서 나타나는 것이기 때문에 내적 갈등의 근원을 의식 내에 떠오르게 하여 설명하고 이해시킴으로써 해소시킨다. 상담자의 해석으로 전이감정이 해소되면 내담자는 과거의 영향으로부터 벗어나게 되며 정서적으로 성숙한 인간이 될 수 있을 것이다.

(5) 저 항

저항(resistance)이란, 상담 도중에 자신의 갈등을 의식화하기 꺼려서 그 반대되거나 억압된 행동을 하는 것을 말한다. 이것은 내담자가 죄의식, 불안, 수치와 같은 고통스러운 감정을 피하고 아직까지 사용해 오던 방어기제를 그대로 유지하려고 할 때 사용된다. 저항의 내용은 내담자가 의식 내에 표현함으로써 지나치게 고통을 주거나 사아를 불인하게 하는 것이다.

저항분석의 목적은 내담자가 그 저항을 처리할 수 있도록 하기 위해서 저항의 이유들을 각성할 수 있도록 도우려는 것이다.

그 밖에 정신분석이론에의 상담의 기술로써 사용되어지는 기법에는 ① 내담자의 존중, ② 수용성과 포용성, ③ 감수성 및 관찰력의 배양, ④ 공감, ⑤

직면, ⑥ 통찰이 있다.

정신분석학적 접근방법의 상담절차에 있어서의 몇 가지 중요한 단계를 구체적으로 살펴보면 다음과 같다(이장호 외, 1999).

① 내담자(환자)가 치료에 동의한 후에 상담자는 그에 관한 사례사(case history)를 작성하게 된다.
② 내담자는 상담자의 곁에 누워서 천장을 보고 마음에 떠오는 것을 연상되는 대로 자유롭게 말하게 하며, 이 때는 아무런 통제나 제지를 받지 않는다. 이것은 보다 깊은 곳에 있는 무의식적 동기나 원인을 알기 위해서이다. 때로는 자유연상과 함께 꿈을 분석하기도 한다.
③ 상담자는 내담자가 나타내는 저항을 해석하고 방어(defense)를 서서히 제거해 주며 무의식적 동기를 해석해 준다. 이 때 심한 저항을 받으면 다시 처음부터 되풀이한다. 상담자는 내담자를 지지하면서 안정감을 갖게 하고 자기방어를 풀어버리도록 한다.
④ 내담자는 방어를 풀고 차츰 자유롭게 이야기하는 동안에 억압된 감정을 상담자에게 발산하거나 연결짓는 전이를 하게 된다. 전이는 과거에 부모나 그와 유사한 사람들에게 지녔던 감정을 상담자에게 옮기게 되는 것을 의미한다. 때로는 상담자가 내담자에게 감정을 표시하는 역전이가 일어나기도 한다. 이렇게 해서 근본적인 정서적 문제가 표면화하기 시작하면 내담자는 자기이해와 통찰이 가능해지는 것이다.
⑤ 내담자는 상담자의 해석에 의해 자신을 통찰하게 되고 억압된 갈등이나 욕망이 해소되어 적응력을 갖게 된다.

2 특성중심적 상담

1) 의 의

특성중심적 상담(trait - centered counseling)에서 이 접근방법은 학교의 전통적인 상담활동에서 오랫동안 널리 사용해 오던 방법으로 Williamson이 1973년 『학생상담의 방법』이란 저서에서 나타낸 임상적 상담방법을 가리키고 있는 것이다. 특성중심적 접근은 지시적 접근이라고도 하고 상담자 중심접근이라고도 한다.

Williamson은 특성중심적 접근을 객관적인 측정 중심의 과정으로 보았고, 성격을 능력, 흥미, 기질과 같은 상호의존적인 특성 또는 원인의 체계로 보았다. 그러므로 이 접근방법에서는 심리검사의 중요성이 크게 강조되고 있다. 이 이론의 기본적인 가정은 인간은 선하게 될 수도 있고 악하게 될 수도 있는 양면적인 가능성을 가지고 태어나며, 선한 것을 추구하고 악한 것을 배제하거나 통제하는 데에 인간존재에 흥미가 있다고 보는 것이다.

따라서 인간이 타고난 자기의 잠재능력을 선의 방향으로 충분히 개발하여 자기완성을 해나가기 위해서는 자기 자신의 자율적인 능력만으로 되는 것이 아니라 타인의 도움을 필요로 한다고 보는 것이다. 그러므로 개인으로 하여금 자기 삶의 목적과 자기 지업에 관련된 자기 능력의 장점과 단점을 분석하게 하여 자기이해, 자기실현을 돕는 것을 중요시하는 것이다. 여기에는 다음과 같은 여섯 가지의 가정이 있다.

① 상담자는 명백히 내담자에게 영향을 주는 존재이다. 상담자는 내담자로 하여금 목표를 정하고 자료의 의미를 결정하며 계획하는 것을 능동적으로 돕는 존재이다.

② 상담자는 의사결정을 돕는 전문가로 인정되며, 또 그렇게 행동하는 존재이다.

③ 인간은 그 나름의 독특한 심리적 특성이 있다. 그것은 측정될 수 있는 것이나, 그 의미가 전인으로써의 한 개인에게 어떻게 작용하는가에 관련지어야 한다.

④ 인간은 이성적인 존재이다. 계획을 세우고 의사결정을 하는 과정에서 이성을 사용할 수 있다.

⑤ 인간은 어느 것이 바람직하고 어느 것이 바람직하지 않은가를 결정짓는 데 타인의 도움을 필요로 한다. 이 도움은 교육이라는 과정을 통하여 이루어진다. 상담도 그러한 기능 중의 하나인 것이다.

⑥ 교육과 상담을 통하여 수행하려고 하는 훌륭한 생활의 성취 속에는 개인의 가능성을 최대한으로 사용하는 것도 포함된다.

상담활동을 통하여 개인이 현재가 아닌 장래를 위하여 그의 가능성을 최대한으로 실현하는 것을 도울 수 있는 것이다.

2) 상담절차

이 접근방법의 절차에 있어서 상담자 자신이 주도적인 역할을 담당하고 내담자는 이러한 예정된 과정에서 그 지도를 충실하고 성실하게 따르는 것이다. 즉 말 그대로 상담자의 지시적인 요소가 다분히 포함되는 방법으로서 상담자는 내담자가 가진 문제의 성질을 규명하고 그것을 해결할 수 있는 대책을 세워서 내담자에게 그 방안을 지시하여 실천하게 하고, 추후 확인되는 것으로 상담자가 능동적인 역할을 하는 것이다.

Williamson은 상담을 내담자가 학교에서 또는 직장에서 성공하기 위해 자기능력을 발견하고 이를 최대한으로 발견할 수 있는 기회를 찾아내는 인지적 노력을 하도록 개인적으로 도와주는 과정이라 보고, 그 상담절차를 다음의 여섯 단계로 나누었다.

① **분석(analysis)** : 상담자는 내담자를 충분히 이해하기 위해 보다 많은 객관적인 자료를 수집한다.
② **종합(synthesis)** : 분석에 의하여 얻어진 자료를 바탕으로 하여 내담자의 장점, 단점, 적성 등을 구별하여 정리하고 진단단계에서 사용할 수 있도록 종합한다.
③ **진단(diagnosis)** : 상담자가 갖고 있는 문제의 성질과 원인을 규명하고 결단을 내린다.
④ **예진(prognosis)** : 내담자가 갖고 있는 문제가 앞으로 어떻게 발전할 것인지를 예측한다.
⑤ **상담(counseling)** : 내담자가 갖고 있는 문제를 해결하고 적응을 돕기 위하여 상담자와 내담자가 일 대 일의 관계로서 상담하고 내담자에게 조

언과 지지를 한다.

⑥ **추후(follow-up)** : 상담 후에도 내담자가 건전한 적응을 하고 있는가를 알아보기 위하여 계속 그 후의 경과를 관찰한다. 따라서 상담의 결과를 평가하고, 그 후 새로운 문제가 발생하는 경우 다시 그것을 돕는 데 강조를 둔다. 즉 상담자는 문제가 완전히 해결되었음을 확인해야 할 책임을 져야 한다.

또한 Williamson은 상담에 있어서 내담자의 적응을 도와주는 기술로 다음과 같이 5가지를 들었다.

① **타협의 강요** : 내담자로 하여금 환경에 타협하도록 타이른다. 예를 들면, 부모나 교사에 따라 직업이나 상급학교를 택하도록 충고하는 것과 같은 것이다. 때로는 도덕적 표준이나 관습에 따라서 행동하도록 타협을 강요할 수도 있다.

② **환경의 변경** : 내담자의 환경에서 문제의 원인이 되거나 될 가능성이 있는 일부를 변경시켜 준다. 예를 들면, 부모의 태도가 너무 완고할 경우 부모와 만나서 태도를 바꾸도록 종용하거나 교사와의 갈등이 있을 경우 반을 바꾸어 주거나 전학을 시키는 등의 일을 말한다.

③ **적당한 환경의 선택** : 환경에 있어서의 가장 적당한 요소들을 선택한다. 예를 들면, 자기를 정확히 알고 자기 특성에 적합한 환경을 찾도록 하는 것이다. 직업 선택, 상급학교 선택 등에 활용한다.

④ **필요한 기능의 학습** : 내담자로 하여금 보다 만족스런 적응을 하도록 기초적인 기능을 배우도록 종용한다. 예를 들면, 독해력이 부족하면 독해력에 대한 특별지도를 통하여 학습시키거나 과거의 잘못 배운 것에 대한 교정학습을 통하여 재학습시키거나 하는 일을 말한다.

⑤ **태도의 변경** : 내담자 자신의 태도를 변경시켜 그의 욕구와 환경의 필요 사이에 조화를 이루게 한다. 예를 들면, 학생이 지니고 있던 부모나 교사에 대한 부정적 감정을 이해시켜 긍정적 감정으로 바꾸도록 도와주는 것이다.

3 인간중심적 상담

칼 로저스

인간중심적 상담(person-centered counseling)은 Carl Rogers(1902~1987)에 의해서 창안된 상담방법으로 초창기에는 비지시적 상담(non-directive counseling) (1950년대), 중반기에는 내담자 중심 상담(client-centered counseling)(1960년대), 후반기에는 인간중심 상담(person-centered counseling)(1970년대 이후)으로 부르고 있다. 이 접근법은 상담이라는 전문적인 활동의 발전에 크게 공헌하고 지대한 영향을 끼쳤다. 이에 대한 연구와 임상적인 실천을 통해 개발한 기술은 오늘날 각급 학교나 병원, 일반 상담소에서 많이 활용되고 있다.

1) 의 의

인간중심 접근방법은 내담자의 중요한 문제를 결정하고 그들의 문제를 해결하도록 내담자의 능력을 강조하고 있다. 가장 중요한 상담관계의 최적의 방법은 따뜻하고 허용적이며, 내담자로 하여금 그들의 유일한 경험에 관련시켜 자아구조를 탐색할 수 있도록 그 풍토(climate)를 수용할 수 있는 분위기를 마련해 주도록 하여야 한다.

인간중심 상담과 자아이론(self-theory)의 기본적 이해는 자아개념과 성숙인의 개념 혹은 자아실현의 성장을 의미한다. 이 자아실현의 특징은 Patterson에 의하면 인간행동은 단순한 동기(motive)나 동인(drive)에 의하여 좌우되고 있다는 것이다.

Rogers가 주장하는 바는 인성은 기본적으로 사회적이며, 전지적 · 합리적이고 사실적이라고 본다. 인간은 본질적으로 비합리적이고 비사회적이며, 자신과 타인들을 파괴하는 것이 인간에 대한 보편적인 개념이다. 인간중심의 관점은 인간을 정반대, 즉 근본적으로 합리적이며 사회적이고 전진적이며, 자아실현의 의지와 선한 마음을 갖고 태어나며 현실적인 것으로 본다.

토마스 홉스

홉스(Hobbs, 1955)는 상담에 관하여는 인간중심 카운슬러의 활동을 다음과 같이 말하고 있다.

① 상담자는 내담자가 내용, 감정에 관련된 것과 상담자에게 중요한 것을 이해하고 이 이해를 내담자에게 의사소통을 하도록 한다.

② 상담자는 내담자가 표현한 감정을 요약 또는 종합한 것을 해석한다.

③ 상담자는 내담자가 언급한 암시를 이해하도록 단순히 수용한다.

④ 상담자는 문제가 내담자의 견해와 상관될 경우 치료관계의 성질, 사정의 기대, 상담자－내담자 관계의 한계를 구분한다.

⑤ 상담자는 제스처나 자세, 안면표현, 언어를 통할 뿐만 아니라, 내담자의 능력 범위 내에서 자기 문제를 조정하고, 수용과 신뢰감 속에서 내담자를 다루어야 한다.

⑥ 상담자는 적극적으로 치료사정에 참여하여 예민하게 감정의 뉘앙스를 찾아내고, 내담자가 말하고 느끼는 바를 이해하도록 확인할 필요가 있으면 내담자에게 설명한다.

2) 상담절차

인간중심 상담의 긍정적 목적은 충분히 기능하는 인간(fully functioning person)이 되도록 돕는 것이라 할 수 있다(Rogers, 1961; Patterson, 1980). 이는 상담의 과정에서 개인으로 하여금 방어적 행동을 하게 하는 가치 조건들의 해제를 도와 유기체적 경험에의 개방성을 증대시킬 수 있도록 돕고, 그 결과를 자아 혹은 자아개념과 유기체의 경험 간의 일치의 정도를 높일 수 있도록 돕는 것이라 할 수 있다.

Rogers는 '상담과 심리치료'에서 다음과 같이 상담단계를 11가지로 설명하고 있다(Shertzer & Stone, 1980).

① 개인은 도움을 받고자 온다.
② 상담이라는 상황을 언제나 정의한다.
③ 상담자는 문제에 관한 감정을 자유롭게 표현하도록 북돋아준다.
④ 개인의 부정적 감정이 완전히 표현된 다음에는 미약하고 잠정적이긴 하지만 성격성장에 보탬이 되는 긍정적 감정과 충동이 나타난다.
⑤ 상담자는 내담자가 부정적 감정을 받아들인 것과 마찬가지 방법으로 긍정적 감정을 인정하고 받아들인다.
⑥ 자기이해와 자기수용과 같은 이러한 통찰은 전체의 상담과정에서 다음으로 중요한 면이다.
⑦ 이러한 통찰의 과정과 뒤섞여서 통찰은 상담단계가 상호 배타적이거나 엄격한 질서 속에서 진행하지 말아야 한다는 것을 강조하고 있으며, 가능한 결정과 행동과정을 명료화시키는 과정이다.
⑧ 내담자는 치료상의 매혹적인 면과 순간의 시작이 이루어지지만 매우 중요하고 적극적인 행동을 취하게 된다.
⑨ 내담자가 자신의 행동에 대하여 더욱 심층적으로 볼 수 있는 용기를 얻게 됨에 따라서 보다 완전하고 정확한 자기이해를 할 수 있는 통찰의 진전을 가져오게 된다.
⑩ 내담자 편에 통합적인 적극적 행동이 일어나게 된다. 내담자는 의사결정에 두려움이 없어지고 자기행동 지향으로 더욱 자신을 갖게 된다.
⑪ 조력의 필요를 덜 느끼게 되고, 내담자는 치료관계를 끝마쳐야겠다는 생각을 하기에 이른다.

또한 상담의 방법으로 상담자가 내담자와의 상담관계에서 지켜야 할 필수적 조건으로는 ① 진실성, ② 무조건적인 긍정적 관심, ③ 정확한 공감적 이해 등이다. 이를 구체적으로 제시하면 다음과 같다.

① 진실성(genuineness) : Rogers는 상담자의 태도로서 진실성 또는 일치성의 조건을 중시하고 있다. 진실성이란 상담면접 동안에 상담자의 유기적 경험의 모든 면들이 자유롭게 각성될 수 있어서 그의 자아개념이 이 경험들과 일치하는 상태로 설명될 수 있기 때문이다.

② 무조건적인 긍정적 관심(unconditioned positive regard) : 상담관계에서 상담자가 내담자를 구별하거나 비교, 선택하는 과정으로 평가·판단하지 않고, 내담자의 모든 면을 있는 그대로 받아들여 소중히 여기고 존중하는 상담자의 태도를 말한다. 즉 진실한 반응을 의미한다.

③ 정확한 공감적 이해(accurate empathic understanding) : 상담과정에서 상호작용하는 동안 내담자의 경험과 감정, 상담의 과정 순간에서 내담자를 민감하고 정확하게 이해하는 노력을 말한다. 상담자는 인내심을 가지고 우애적으로, 그러나 지적으로는 비판적인 태도로서 내담자의 말에 귀를 기울여야 한다. 상담자는 어떤 종류의 권위도 과시해서는 안 되고, 도덕적 훈계를 해서도 안 되며, 내담자와 토론을 해서도 안 된다. 상담자는 상대에게 발언을 시키고자 하는 경우, 상담자와의 관계에서 느끼는 내담자의 걱정과 근심을 덜어 주기 위해 이와 같은 경우에만 질문 또는 발언을 해야 한다.

이와 같이 인간중심 상담은 내담자 활동의 우월함, 즉 내담자가 자기 문제를 대부분 말하는 데 특색이 있다. 상담자의 기본적 기술은 내담자로 하여금 명확하게 자기감정, 태도 및 반응형식을 인정, 이해하도록 원조하고 내담자가 그것들에 대해서 이야기하도록 장려해 주는 것이다. 상담자의 항목의 반은 이 범주에 속한다. 상담자는 내담자가 말하는 주제의 내용을 반복하고 선명히 함으로써 이 목적을 달성하게 되는 것인데, 내담자가 특수한 화제에 대해서 자기감정을 표현하기란 극히 드문 일이고, 자료를 얻을 수 있는 성질의 특수한 질문을 말하는 것은 거의 없다고 볼 수 있다.

때때로 그는 내담자의 장면에 관계 있는 자료나 설명을 주는 때도 있다. 아직 많이 사용되지 않는 형식의 기술이기는 하지만, 면접 장면은 근본적으로 내담자의 장면이라는 것을 새삼스럽게 신중히 결정함으로써 내담자 자신의 발전에 도움이 되도록 하는 것이다.

4 행동주의적 상담

행동주의적 상담(behavior counseling)의 행동주의적 접근의 의의 및 상담절차는 다음과 같다(민영순, 1984). 행동주의적 접근은 학습된 행동을 강조하는 행동주의 심리학이론을 상담이론에 도입한 것이다. 주로 미국에 있는 스탠포드대학의 크롬볼츠를 중심으로 한 여러 학자들에 의해서 개발되고 주창된 것으로, 1960년대에 와서 관심을 모으게 된 새로운 상담이론이다. 이 접근방법에서는 객관적으로 관찰할 수 있는 행동이 과학의 대상이 되는 것이기 때문에 Freud의 무의식이나 Rogers의 자아와 같은 가설적 구성개념은 배제한다.

행동수정적 접근에서는 개인상담이든 집단상담이든 정상행동과 이상행동이 모두 동일한 학습원리에 의해 학습된다는 점을 기본개념으로 삼고 있으며, 보다 새롭고 적응적인 행동과 인지를 학습시키고, 기능장애적인 행동과 인지를 없애거나 탈 학습시킨다는 이론을 바탕으로 하고 있다(이장호 외, 1993).

1) 의 의

행동주의적 접근방법은 매우 다양하나 행동이 학습된다는 사실에는 의견이 일치한다. 그러므로 행동은 학습조건의 조작과 새로운 학습조건을 마련함으로써 변형시킬 수 있는 것이다. 따라서 모든 부적응 행동도 조건형성의 여러 가지 법칙, 즉 강화, 소거, 일반화와 변별, 그 중에서도 강화 계획에 의하여 소거시킬 수 있으며, 바람직한 새로운 행동을 조형해 가는 것이다. 학습을 통하여 문제해결이나 성장을 촉진하고 새롭게 형성시킨 바람직한 행동을 발달시키는 것이다. 특히 조건화(conditioning)와 강화(reinforcement)의 과정을 중요시하고, 이것을 통하여 새로운 태도와 행동을 발달시키며 아울러 부적응 행동을 치료하는 것이 특징이다. 행동과학적 접근방법의 기본적인 원리로는 다음의 4가지를 들 수 있다.

첫째, 인간행동의 과학은 개인의 행동을 변화시켜 주는 데 필요한 기술(skills)을 마련한다.

둘째, 개인은 사회적 존재이므로 타인으로부터 많은 것을 배운다. 그리고 사회는 그의 가치를 결정한다.

셋째, 개인은 타인의 행동에 영향을 줄 수 있다. 따라서 그는 자신이 타인에게 주는 영향에 대한 책임을 지니고 있다.

넷째, 개인은 무엇이 자기를 위해 가장 좋은 것이며, 어떠한 결과가 인간으로서의 발달에 보다 나은 방향으로 기여할 것인가를 알 수 있다.

2) 상담절차

행동주의적 접근방법에서는 상담자가 먼저 내담자의 문제에 대한 자기 자신의 관심과 그 문제를 취급할 수 있는 자기의 능력, 그리고 그 문제에 대한 윤리적 고려 등에 대한 자기 판단을 내린 후 상담을 시작한다. 상담의 목표는 언제나 구체적이면서 관찰과 측정될 수 있는 행동으로 진술한다. 예를 들면, 내담자의 평균 성적을 몇 점까지 올리는 것을 목표로 한다든가 내담자가 동생과 논쟁하는 횟수를 얼마만큼 줄이는 것을 목표로 한다든가 하는 등의 진술형식으로 표현되어야 한다는 것이다.

행동주의적 접근방법에서의 치료의 과정을 살펴보면 불안을 일으키는 자극을 상징적으로 끄집어내어 불안을 소거해 주고 통찰을 발전시키는 과정, 즉 행동을 상징적으로 통제하는 것이다. 즉 반대조건 하에 의해 불안을 제거하거나 또는 내담자로 하여금 합리적 목표를 설정하여 거기에 도달하는 행동을 발견하도록 상담자가 조력하는 재교육의 과정이다. 행동과학적 접근방법에 있어서는 부적응 행동을 학습해 온 잘못된 습관으로 보고 이러한 학습에 의해 잘못 형성된 습관을 고치는 데 치료의 목적이 있는 것이다.

잘못 학습된 습관은 계속적인 강화에 의해서 지속되는 것이므로 이러한 강화적인 요소를 제거함으로써 자연적으로 약화 소거되어 간다. 그리고 내담자는 정신적으로 자기를 처리하여 가는 능력을 잃고 있는 경우가 많기 때문에 상담자가 그의 능력을 적절하게 보완하여 주면 내담자는 자기의 감정이나 경험을 충분히 파악하여 자기의 갈등을 의식적으로 적절히 처리하고 변별하여 갈 수 있게 된다. 또한 부적응 행동이 학습된 습관이므로 그 학습된 습관을 제거하기 위해 바람직하지 않은 반응을 제거할 수 있는 다른 바람직한 반응을 길러서 대치시키는 것이다.

행동과학적 접근방법의 절차에 있어서 몇 가지 중요한 단계를 살펴보면 다음과 같다.

① 불안이나 신경증에 걸린 내담자가 상담을 요청해 온다.
② 안락한 분위기에서 자연스럽게 감정을 표현하도록 돕는다.
③ 불안이나 두려움 등 이유를 모르는 심리상태를 서로가 협력해서 해결할 수 있도록 목표를 세운다.
④ 상담자는 내담자가 앞으로의 행동에서 불합리하고 불안한 반응을 하지 않겠다는 언어적 표현으로 계약을 하거나, 불안에서 벗어나 행동을 했을 때 바로 만족할만한 결과를 느끼도록 자극을 주며 일을 강화한다.
⑤ 특정한 자극에 대해서 불안한 반응을 하는 경우 그 자극에 대해서 만족한 반응을 생기게 하는 다른 자극을 곁들여서 불안한 반응을 감소시킨다. 학급 담임이나 교과 담임교사의 협력이 필요한 경우에는 상담실 외에서의 협조를 구한다.
⑥ 새롭고 바람직한 반응의 일반화가 이루어지면 상담은 끝난다.

5 현실주의적 상담

1) 의 의

윌리엄 글라써

현실주의적 상담(reality therapy : RT)은 Williamson Glasser에 의해 소개된 상담으로 “현실 요법 : 청소년 범죄자를 위한 현실적인 접근법”이란 제목으로 1964년 처음으로 이 용어가 사용되어졌다.

이 이론의 기본 가정은 우리 모두가 성장할 수 있는 있는 힘(growth force)을 가지고 있으며, 이 힘이 우리의 환경을 통제하면서 자신의 욕구를 충족시키고 성공적인 정체감을 발전시킬 수 있다는 데 있다. 이러한 가정에 근거하여 이 이론은 현재의 자기 행동에 책임, 즉 현실적인 책임을 강조한다. 그래서 이 이론은 정신건강과 책임을 동등하게 본다.

현실주의적 상담은 상담이 치료의 과정이 아니며 가르치는 과정임을 강조한다. Glasser에 따른 현실주의적 상담의 특징은 다음과 같다.

첫째, 현실주의적 상담은 책임감의 개념을 사용한다.

둘째, 현실주의적 상담은 도덕적인 문제에 초점을 두고 있다.

셋째, 과거보다는 현재와 미래에 초점을 두고 있다.

넷째, 전이에 대한 생각으로, 현실요법에서는 상담자가 내담자를 인간 대 인간으로 관계를 갖는다. 즉 내담자가 상담자를 상담자 이상의 어떤 존재로 여기고 관계하도록 하지 않는다.

다섯째, 무의식이란 잘못된 행동을 변명할 수 있는 풍부한 근거가 된다고 보았기 때문에 무의식을 무시한다.

여섯째, 현실주의적 상담의 가장 중요한 특징은 현실적 상담이 교사에게 아주 애용되고 있다는 점이다.

2) 상담절차

첫 번째 단계는 다른 모든 상담에서도 가장 중요한 부분인 상담받는 아동과 좋은 관계를 형성하는 것이다. 어떤 상담이론을 따르거나 아동을 상담하는데 있어서 가장 중요한 목표는 아동들이 내면 깊숙이 자리잡고 있는 공포나 불안 혹은 문제를 자유롭게 표현할 수 있다고 느낄 수 있는 분위기와 신뢰감을 형성하는 것이다.

두 번째 단계는 아동을 벌하지 않으면서 현재의 행동을 검토하는 것이다.

세 번째 단계는 아동에게 자기의 생활에서 무슨 일이 있는지, 그리고 그 안에 자기가 어떻게 거들고 있는지를 평가하도록 한다.

네 번째 단계에서 상담자와 아동은 아동이 원하는 바를 얻기 위한 가능한 대안을 찾기 시작한다. 이 단계에서는 브레인스토밍(brainstorming)을 하는 데, 상담자는 여기에서 나온 대안 중에서 욕구를 충족시킬 수 있는 가장 좋은 방법을 아동에게 찾아보도록 한다.

다섯 번째 단계에서는 아동들이 목표에 도달하기 위해 대안을 선택하고 아동은 대안을 실행한다.

여섯 번째 단계에서 상담자와 내담자는 실행의 결과를 알아본다.

일곱 번째 단계에서는 논리적인 귀결에 따른다.

마지막 단계에서는 상담이 실패한 것에 실망하지 않으며, 너무 빨리 포기하지 않도록 한다. Glasser는 이러한 아동을 상담할 때에는 예상한 것보다 3~4회 정도 더 상담할 것을 권하고 있다.

6 합리적 · 정서적 상담

알버트 엘리스

합리적 · 정서적 치료(rational emotive therapy : RET)는 임상심리학자인 Albert Ellis가 1950년대에 발전시킨 성격이론 및 심리치료이론이다. 이 이론은 고대의 스토아 학파의 Epictetus의 사상인 "인간은 사물 자체에 의해서가 아니라 사물에 대해 갖는 관념에 의해서 괴로움을 받는다"란 말에 기초를 두고 있다.

이 이론은 인지적 영역에 중점을 둔 것으로 Ellis는 자신의 상담과 치료경험을 통하여 정신분석의 한계점을 인식하고 인간의 사고과정, 특히 신념(belief)이 인간행동을 움직이는 가장 큰 원동력이 된다는 점에 착안하였다(Gilliland, et al., 1984).

RET는 인지적 · 정서적 · 행동적 접근이론에 기초를 둔 교육과 치료에 종합적인 접근방법으로 실존-인본주의와 같이 근본적으로 인간에 대한 낙관적인 관점을 가지나 인간은 왜곡되고 특히 비합리적 사고(irrational thinking) 형태에 의하면 자신을 희생하게 한다는 관점을 가지고 있다. 그리하여 합리적 · 정서적 치료자들의 근본과제는 내담자의 사고형태를 교정하고 비합리적 사고를 합리적 사고로 대치시킴으로써 정신건강을 유지하도록 돕는 데 있다. 그래서 이 이론을 인지적 · 행동적 기법과 같이 합리적 자기진술의 교수, 인지적 전환

(cognitive distraction), 사고중지, 서지치료(bibliotherapy), 의미론적 분석, 상상적 문제해결기법 등과 같이 다양한 인지적 기법과 수용, 유머, 역할 연기, 모방, 자기노출 등의 정서·환기적 기법과 인지 및 행동적 과제부과, 신체적 이완 기술훈련과 같은 행동적 기법들을 사용하나, 궁극적으로 내담자의 비합리적 신념을 논박하여 합리적인 신념을 대치시키므로 보다 낙관적인 인생철학을 형성하여 일상생활에서 정신건강을 유지하도록 돕는 데 활용하고 있다.

RET에 대한 많은 연구는 RET와 인지적·행동적 치료는 신경증 환자, 경계선 환자 및 정신병 환자들을 대상으로 하고 있으며 그 효과도 크다(이형득 외, 1984).

1) 의 의

내담자로 하여금 현실을 수용하고 자신과 타인들을 더욱 인내하는 가운데 자기 성장을 도모하도록 돕는 데 그 목적을 둔다. 즉 상담장면에서 삶에 대한 비합리적인 신념을 발견하여, 합리적인 신념으로 대체하도록 돕는 것이 합리적·정서적 상담의 주요 목표이다(이장호 외, 1993). Ellis에 의하면 이러한 비합리적인 상념들은 부모에게서 배우고 사회기관들에 의해 계속 강화되며, 결국 사람들의 정서적 장애를 유발하게 된다고 주장한다. 그렇기 때문에 상담자는 피상담자에게 심리적인 문제가 왜곡된 지각과 비합리적인 생각으로 인해서 생긴다는 점을 보여주고, 이러한 지각과 생각을 합리적이고 현실적이며 또한 논리적이고 융통성 있는 상념으로 재조직하도록 피상담자를 교육해야 한다.

2) 상담절차

합리적·정서적 상담의 목적은 내담자의 자기 파괴적 신념을 줄이고 내담자가 보다 합리적이고 현실적이며 관대한 신념과 인생관을 갖게 하여 더욱 융통성있고 생산적인 삶을 살아가도록 돕는 것이다(이형득 외, 1984). 그래서 RET에서는 내담자들이 should, must, ought 등의 비합리적 사고에서 벗어나도록 돕기 위한, 즉 정신건강을 유지할 수 있는 완전하고 긍정적이며 건설적인 목표를 현대 합리적 심리학자들의 이론을 기초로 다음과 같이 자기관심, 자기방향, 관용, 불확실성의 수용, 융통성, 과학적 사고, 전념(commitment), 모험, 자기수용, 유토피아적 사고의 불식 등으로 비논리적 사고를 제거하기 위해서 자기대화를 재평가하는 것이다. 따라서 내담자의 파괴적인 신념들을 줄이고 보다 합리적이고 관대한 인생관을 갖게 하여 더욱 융통성 있고 생산적인 삶을 살아가게 한다.

상담의 절차는 성격의 심리학적 기초에 제시한 ABCDE의 과정이 된다. 'A'는 인간의 정서를 유발하고 어떤 사건이나 현상을 가리키는 개념으로 보통 선행사상 또는 촉발사상(activating events)이다. 'B'는 환경적 자극에 대해서 각 사람이 지니고 있는 사고 또는 신념(belief)을 가리킨다. 'C'는 선행사건과 관련된 신념으로 인해서 생긴 결과(consequence)를 가리키는 것이다. 'D'는 비합리적 상념, 사고, 신념에 대해서 도전하고 다시 생각하도록 하여 재교육하기 위해 적용하는 논박(dispute)을 가리킨다. 'E'는 상담의 효과(effect)를 각각 의미한다.

이에 따른 상담의 과정은 주로 네 단계를 거친다(Patterson, 1980; 이형득 외, 1984).

① 상담자는 내담자가 비합리적이라는 것을 깨우쳐 주고 그가 어떻게 왜 그렇게 되었는가를 도와줌으로써 그의 비합리적 관념들과 그의 정서적 혼란관계를 설명한다.
② 비합리적인 신념은 자신의 재교육에 의한 것임을 자각하게 하며,
③ 내담자의 합리적인 신념을 바꾸도록 하고,
④ 합리적이고 능률적인 인생관을 갖게 하는 것이다.

한편 RET에서 사용되는 기법은 크게 두 가지로 나눌 수 있다. 첫째로, 일반적 기법, 둘째로, 특수기법 등이 있다. 이를 구체화하면 다음과 같다.

(1) 일반적 기법

① 기분전환(diversion) : 어떤 증상을 치료해서 어떤 활동, 즉 스포츠, 미적·창조적 활동에 참여하고 기분전환을 하도록 하는 방법이다.

② **욕구충족(satisfying demands)** : 내담자의 욕구를 만족시키기 위하여 인정 또는 사랑을 베푼다든가 성공에 대한 안도감을 주는 등의 기법을 말한다.

③ **마술(magic)** : 마술에 의하여 확신을 얻도록 하는 기법이다. 예컨대, "현세에서 고통을 받는 사람은 천국에 들어갈 수 있을 것이다", "노력 끝에 성공" 등을 믿게 함으로써 현재의 고통을 잊게 하는 것이다.

④ **욕구의 포기** : 내담자의 요구를 최소화하고 인내심을 기르도록 권장하는 기법이다.

(2) 특수기법

RET에서 핵심적 기법은 비합리적 신념을 최소화하고 합리적 신념으로 대치시키기 위해 인지적·정서적·행동적 기법을 활용한다.

1 인지적 기법(cognitive technique)

ABC의 정서적 혼란 분석모형을 통하여 비합리적 신념(11가지)에서 정서적 혼란이 야기된다는 사실을 교육함으로써 비합리적 사고, 즉 자기언어(self talking)를 논박하여 합리적 사고로 대치시켜 정신건강을 유지하도록 철학적 교육을 하는 과정을 강조한다. 여기에서 사용되는 기법은 다음과 같다.

① 내담자의 비합리적 신념(iB)에 대한 상담자의 논박하기

② 인지적 과제부과(home task assignment)로 must, ought, should를 극복하기

③ 인지적 재구성을 위해 마련된 유인물을 통한 서지치료기법 적용

④ 새로운 진술문의 사용으로 합리적인 진술 유도(예 : 최선을 다해서 ~을 하도록 한다)

⑤ 문제해결 방법으로 증상을 제거하기

2 정서적·환기적 기법(emotive-evocative technique)

이는 내담자가 자신을 정직하게 나타내도록 하고 자신의 부정적 경험을 인정하며 정서적 모험을 경험하게 하여 정서적으로 개방이 되도록 돕는 과정으

로 다음과 같은 기법을 활용한다.

① 무조건적 수용
② 유머 사용
③ 역할연기(role playing)의 사용
④ 모범(modeling)을 보여주기
⑤ 자신을 노출(disclose)하기
⑥ 쾌락을 주는 기법 활용하기

3 행동적 기법(behavioral technique)

여기에서는 행동적 과제부과와 인지적 과제부과, 그리고 신체적 이완과 합리적 · 정서적 상상법을 활용한다.

7 인지적 · 정서적 · 행동적 상담

1) 의 의

인지적 · 정서적 · 행동적 상담(rational emotive behavior therapy : REBT)에서는 평가적 신념이라고 명명한 독특한 형태의 인지과정을 강조하고 있다. 인간의 인지과정은 크게 그 본질이 추론적인 부분과 평가적인 부분의 두 가지로 나누어질 수 있다고 본다. 추론적 인지는 인간의 현실에 대한 지각과 이러한 지각으로부터 파생된 추론을 나타내고, 평가적 인지는 이 추론적 인지에 어떤 의미를 부여한 것이라고 말하고 있다. REBT에서는 부정적인 사고나 추론이 정서적 장애를 수반한다고 믿기보다는 이런 종류의 인지과정에 '끔찍하다', '큰일이다' 등의 의미가 부여된 자기평가가 이루어질 때 부적절한 정서와 부적응적인 행동이 초래된다고 믿는다.

REBT 상담의 특징적인 점은 다음과 같다.

① 심리적 장애의 생성과 심리적 장애의 치료에 있어서 '인지'를 강하게 강조하고 있다.
② 변화의 지속을 촉진하기 위하여 철학적 변화를 강조한다.
③ 심리적 장애를 다루는 자가-치료(self-help)적 접근의 중요성을 강조한다.
④ 상담자의 적극적이며 지시적인 위치를 강조한다.
⑤ 상담자와 내담자의 관계에 관한 요소를 강조한다.
⑥ 중다양식적인 접근을 강조한다.

2) 상담절차

REBT 상담과정의 핵심부분은 RET에서와 마찬가지로 A(사건, 상황, 행동 또는 개인의 태도), B(개인의 믿음), C(정서적 결과), D(논박), E(효과)의 틀로 구성되며 이에 따른 구체적인 상담절차는 다음과 같다.

① 부적절한 정서적·행동적 결과를 탐색한다(C). 내담자들이 상담에 오는 직접적인 이유는 대개 정서적 격분을 겪는 등의 감정이 몹시 상했기 때문이다. 상담자는 통찰력 있게 이것을 꿰뚫어 보아야 한다. 만약 내담자가 자발적으로 자신의 정서상태를 표현하지 않으면 REBT의 독특한 스타일인 적극적이고 지시적인 점을 활용하여 직접 질문을 하면 된다.
② 상담의 목표를 설정한다. 문제의 탐색이 진행된 후에는 상담자는 상담의 목표를 명료화하고 우선 순위를 정해야만 한다. 상담의 목표는 내담자가 긍정적 변화를 위해서 극복하기 원하는 문제여야 하며, 상담자나 내담자 양측에서 변화되는 모습이 드러날 수 있는 문제여야 한다. 목표가 명확하고 구체적일수록 상담자는 적절한 상담기법을 선택할 수 있으며, 내담자 측에서는 목표를 성취해가는 과정에서 행동의 변화가 진척될 수 있다.
③ 그 결과와 관계된 선행사건이 무엇인지 탐색한다(A). 상담자는 내담자가 겪은 사건이 포함하고 있는 세 가지 요소, 즉 "무슨 일이 일어났는가?", "내담자는 이것을 어떻게 지각하고 있는가?", "내담자는 이 사건을 어떻게 평가하고 있는가?"에 대해 객관적이며 합리적으로 파악해야 한다.

④ 정서적 · 행동적 결과와 사고 간의 관계를 교육한다(B－C).

⑤ 그 결과를 일으킨 근본적인 원인인 생각을 탐색한다(B). 내담자가 합리적인 생각과 비합리적인 생각을 구분할 수 있는 능력을 키워주며, 내담자로 하여금 비합리적인 생각을 버리고 새로운 합리적인 생각으로 대치하도록 도와준다.

⑥ 상담의 과정적 목표를 설정한다.

⑦ 탐색된 생각의 체계를 논박을 통해 바꾸어 준다(D). 내담자의 신념체계란 것은 그 본질이 쉽게 바뀌는 것이 아니므로 논박이라는 특수한 기법이 필요하다. 이를 위하여 상담자는 내담자의 사고양식을 조사하고 도전하며 더욱 새롭고 기능적인 사고양식을 개발한다.

⑧ 생각이 바뀜에 따라 나타나는 정서적 · 행동적 효과를 알게 한다(E).

⑨ 내담자의 적극적 참여를 통한 상담의 목표를 달성한다.

Chapter 03

부적응 행동의 이해

1 _ 아동행동의 접근방법

2 _ 신체발달과 관련된 부적응 행동

3 _ 사회성 발달과 관련된 부적응 행동

4 _ 정서발달과 관련된 부적응 행동

5 _ 아동의 정신장애

6 _ 분노와 형제 간 경쟁

Chapter 03

부적응 행동의 이해

1 아동행동의 접근방법

1) 아동행동의 이해의 원리

상담을 통해 아동의 전인적인 성장·발달을 돕기 위해서는 무엇보다 먼저 아동을 정확하게 이해하여야 한다. 상담을 위해 아동을 이해하는 데 있어서 기본적인 원리는 다음과 같다(장선철 외, 2000).

① 모든 아동이 이해의 대상이 되어야 한다. 문제를 가진 아동이나 장애를 가진 특수한 아동에 대한 이해도 중요하지만, 모든 아동이 상담활동의 대상이 되므로 아동 이해는 모든 아동이 대상이 되어야 한다. 상담의 혜택은 전체 아동에게 골고루 주어져야 한다.

② 인도주의에 입각하고 개인의 개성을 존중하는 방향에서 행해져야 한다. 이것은 각 개인이 가지는 가치와 존엄성, 그리고 개인차를 인정함으로써 이에 따라 아동 개개인을 대상으로 한 상담활동도 개별성과 독특성을 가지고 행해져야 한다.

③ 적극적이고 계속적인 과정이어야 한다. 즉 아동 이해는 면밀한 장·단기

계획을 통해 꾸준한 관심을 바탕으로 지속적으로 조사·관찰·기록되어야 한다.

④ 아동을 전인으로서 이해하여야 한다. 아동의 지적인 면이나 정서적인 면 어느 한 측면만을 보지 말고, 사회적인 면과 신체발달적인 면 등을 모두 포함한 전인적 이해가 되어야 한다. 또한 아동의 장점과 단점 모두를 받아들임으로써 그 아동의 전체적인 현실을 받아들일 수 있다.

⑤ 과학적이고, 객관적이고, 구체적이고, 종합적인 자료에 의하여 아동을 이해하여야 한다. 단순히 교사 개인의 주관적 판단에 의한다든지, 다른 한두 사람의 정보 혹은 한두 검사자료를 통해 아동을 판단할 때에는 위험이 따른다.

2) 부적응 행동의 접근방법

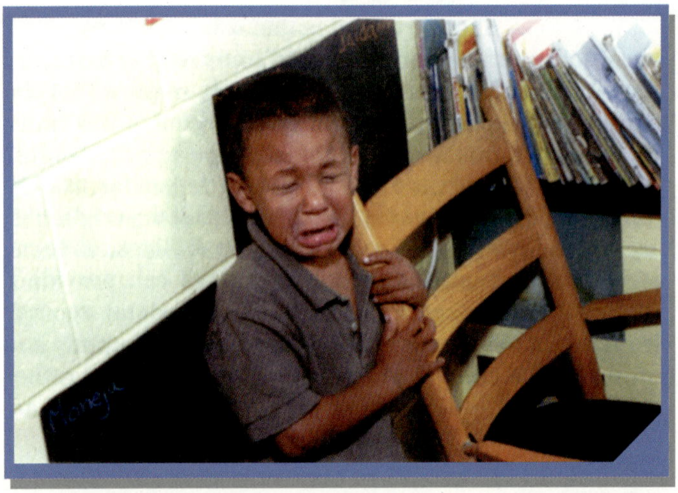

한 인간이 나타내 보이는 행동은 여러 각도에서 해석될 수가 있다. 왜냐하면 그 행동에 대하여 어떤 방식으로 접근해 들어가느냐에 따라 그 행동에 대한 해석이 무척 달라질 수가 있기 때문이다.

'갑'이라는 아동이 '을'이라는 아동에게 험한 말을 하며 주먹질을 했다고 가정할 때, 그 행동을 어떻게 보느냐에 따라 그 행동에 대한 해석이 여러 가지의 다른 관점에서 설명되어질 수가 있다. 즉 욕을 하며 주먹질하는 이 행동이 대뇌에 있는 신경계통에 자극이 주어져서 팔과 손을 움직이는 근육이 활동함으로써 이루어졌다고 볼 수 있는가 하면, 욕을 하며 주먹질하는 이 행동이 나타나기 전에 '을'이 '갑'을 놀리거나 괴롭혔다는 사실이 자극이 되어 그에 대한 반응으로써 그 행동이 나타났다고도 볼 수가 있다. 또한 욕을 하며 주먹질하는 이 행동이 나타나기 전에 '을'이 '갑'을 놀리거나 괴롭혔다는 사실이 자극이 되어 그에 대한 반응으로써 그 행동이 나타났다고도 볼 수가 있다. 또한 욕을 하며 주먹질하는 행동은 갑이 을에 대하여 복수 내지 보복을 하겠다는 궁극적인 목적을 실천에 옮긴 것이라고도 볼 수가 있다.

이와 같이 단순히 욕을 하며 주먹질하는 하나의 행동을 해석하는 데에도 그 접근방법에 따라 여러 가지의 해석이 나올 수가 있다. 따라서 아동의 행동을 이해하는 데는 어느 방법이 옳고 그르다는 단정이 있을 수 없다. 단지 아동상담에 임하는 교사와 부모는 어느 한 행동을 일으킨 아동에 대한 종합적인 이해와 함께 그 행동이 발생한 당시의 주위상황을 잘 고려하여 절충적인 입장에서 그 행동을 이해하여야 한다.

인간행동에의 접근방법은 크게 생물학적 및 생리학적 접근법, 심리역동적 접근법, 행동주의 사회적 접근법, 인지적 접근법, 인본주의 현상적 접근법, 사회·문화적 대인관계적 접근법 등이 있다.

(1) 생물학적 및 생리학적 접근

생물학적 및 생리학적 관점에서는 아동 부적응 행동의 원인을 생물학적 요인과 신체적인 요인으로 본다. 생물학적인 요인은 출생 전, 분만시, 출생 후 어느 때든지 영향을 미칠 수 있는 것이다. 정서장애와 관련된 생물학적인 원인은 생물학적 결함이론과 발달지체이론 두 가지로 구분할 수 있다(Paul & Epanchin, 1982; 장선철 외, 2000에서 재인용).

1 생물학적 결함이론

정신질환에 영향을 주는 유전적인 요인을 밝히는 연구방법은 가계 연구와 쌍생아 연구가 있다. 부적응 행동을 가진 아동의 가족과 일반가족을 비교하는 가계 연구와 일란성 쌍생아, 이란성 쌍생아 집단 간 유사성을 비교하는 연구에서 유전적 요인에 대한 강력한 증거들이 축적되고 있다.

토마스 체스

한편, Thomas와 Chess(1977)는 아동의 기질을 9가지 요인, 즉 활동수준, 율동성, 접근 및 위축, 적응성, 반응의 시작, 반응의 강도, 기분의 특질, 불안정 및 주의집중 지속 등으로 구분하였다. 이들 기질요소는 체질적 요인이나 유전적 요인에 바탕을 두고 있는데, 기질에 따라 아동을 크게 세 집단으로 나눌 수 있다고 본다.

첫째, 순한 아동(easily child) 집단은 욕구불만에 대한 높은 인내력을 갖고 있으며 새로운 자극에 긍정적인 반응을 보인다.

둘째, 까다로운 아동(difficult child) 집단은 적응능력이 부족하고 새로운 자극에 위축되는 곤란한 아동으로 부정적인 태도를 갖고 생리기능이 불규칙적이다.

셋째, 느린 아동(slow-warm-up child) 집단은 위의 두 유형이 혼합된 상태이나 결과적으로는 만족스럽게 적응한다.

이러한 유형은 일련의 적응력 등을 예상하는 데 유용한 것으로 알려져 있다. 예를 들어, 까다로운 아동집단이 다른 집단에 비해 청소년기에 비행을 더 많이 나타내는 것으로 보고되었다.

또한 생물학적 결함이론에는 정신질환에 미치는 약물의 영향에 초점을 맞추는 신경정신 약리학이론과 영양 장애이론이 있다. 영양 장애이론에서는 납이나 아연 같은 중독물질은 많은 양을 섭취하게 되면 과잉행동, 뇌손상 및 사망에 이르기까지 부정적인 효과를 나타내며, 비타민 결핍과 행동문제 간의 관계 등과 같은 영양과 정서장애 사이의 관계에 관해 상당히 깊은 관심을 갖고 활발히 연구하고 있다.

2 발달지체이론

발달의 지체가 아동의 부적응 행동을 유발한다고 주장하는 이론이다. 이같은 지체는 신경, 감각, 지각, 운동, 지적 능력 등 여러 발달영역 등에서 일어날 수 있으며, 이러한 발달상의 결함은 특수교육을 통해 치료될 수 있다고 본다. 예를 들면, 지각·운동발달과 유년기 감각운동은 다음 학습에 중요하다(Kephart, 1963). 따라서 사회적 기능이 결핍되거나 학습에 문제를 지닌 아동은 현재 나타난 문제를 치료하기 전에 전 단계의 발달기능을 개선해야 한다고 주장한다. Bender(1968), Frostig(1966), Rappaport(1969) 등은 장애아의 진단과 특수교육기법의 개발에 이러한 발달지체이론에 근거하여 단계적인 접근을 취하고 있다. 그러나 발달지체이론에 대한 발달상의 결함이 정서장애의 원인이라는 생각은 연구로서 입증된 바는 없다.

(2) 행동주의 사회적 접근

인간행동의 기원을 환경과 경험으로 설명하려는 학습이론은 고전적 조건형성, 조작적 조건형성, 그리고 사회학습이론으로 구분된다. 비적응적 행동을 포함한 인간의 모든 행동은 연합과 효과의 법칙에 의해 형성되는 것으로 파악하다. 즉 즐거운 결과를 가져오는 행동은 빈도가 증가되거나 현재의 수준을 유지하려는 경향이 있다. 또한 이러한 학습의 원리는 사실 인간뿐 아니라 모든 유기체에 적응되는 것으로 주장한다. 따라서 연령에 따른 변화나 발달의 단계를 고려하지 않는다.

행동주의(behaviorism)란 J. B. Waston이 1913년에 발표한 「행동주의자가 본 심리학」이라는 논문에서 비롯된 심리학의 일파이다. 행동주의 심리학자들은 인간의 내부에서 일어나고 있는 일에 대해서는 전혀 관심을 가지지 않고 오직 외현적 행동(overt behavior)만을 그들의 연구 주제로 삼고 있다. 이전의 심리학자들은 정신적 경험 이하 정신적 활동을 연구의 대상으로 하였고, 내성법(introspection)을 써서 자기관찰을 시켜 귀중한 자료를 수집하였다. 내성법에서는 자기 자신의 경험이나 감정을 주의깊게 관찰하여 기록으로 남기는 것이 특징인데, 초기의 심리학자들은 마음의 신비를 벗기기 위해서 자기 자신의 경험을 세밀하게 분

왓슨

석하는 훈련을 받았다. 그러나 Waston은 내성법이 비과학적인 방법이라고 비난하고 심리학이 과학이 되려면 관찰할 수 있고 측정할 수 있는 자료, 즉 외현적 행동만을 연구대상으로 삼아야 한다고 주장하였다. 따라서 행동적 접근법에서는 인간의 행동을 자극과 그에 대한 반응이라는 관계로서 해석한다.

따라서 행동변화라는 것도 자극－반응이라는 관계에서 행동을 야기시키는 자극이 반응을 오래도록 지속시킬 수 있는 적절한 보상(compensation)과 벌(punishment)로써 가능하다고 본다. 결국 이 견지에서는 유기체의 내부에서 일어나고 있는 일에 대해서는 별로 관심을 두지 않으며 개인의 의식과 경험을 철저히 배제하고 있다. 따라서 행동적 접근법에서는 인간의 행동을 자극과 반응의 관계로써만 볼 뿐이지 자극과 반응 사이에서 생기는 정신과정에 대해서는 전혀 무관심하다는 데 특징이 있다.

강화원리에 의해 행동을 설명하는 대신 사회학습이론(social learning theory)에서는 모방, 동일시 등을 통한 학습을 강조한다. 사회학습이론은 외부강화 외에 대리강화나 자기강화(self-reinforcement)의 개념을 제시하였다. 대리강화란 모델이 강화받는 것을 관찰함으로써 간접적인 강화를 받는 것을 뜻한다. 자기강화는 외부의 강화가 아니라 스스로 평가하여 강화를 느낄 수 있어 자신의 행동을 통제하는 것을 뜻한다.

자극을 주면 반응을 한다는, 즉 강화에 따라 바람직한 행동을 한다거나 벌에 의해 부정적인 행동을 적게 하게 된다는 이론과는 달리, 사회학습이론에서는 관찰 대상자의 행동의 결과를 관찰함으로써만 학습하는 것이 아니라, 모델(model)의 모방, 그리고 동일시를 통한 학습까지 포함한다.

사회학습이론은 외부강화 외에 대리강화나 자기강화라는 개념을 제시하였다. 관찰을 한 모델의 행동을 자신의 행동으로 적용할 때 모델의 강화를 봄으로써 일어나므로 간접적인 강화라 볼 수 있다. 이것이 대리강화이다. 자기강화는 외부의 강화가 아니고 스스로 판단하고 평가함으로써 자신의 행동을 통제할 때 일컬어지는 말이다. 사회학습 이론가들도 개인의 행위는 외부의 자극에 의해 영향을 받는다고 여기나, 자극－반응이론가들과는 달리 인간은 그들의 환경을 스스로 통제할 뿐만 아니라 구성해 나간다고 보는 것이 그 차이점이다.

(3) 인지적 접근법

인지심리학자는 인간은 자극을 단지 피동적으로 지각하는 것이 아니고 능동적으로 받아들여서 그것을 다시 새로운 형태의 유목으로 변형시킨다고 한다. 이런 주장은 E. C. Tolman의 기호학습이론(sign learning theory)에서 출발하였으며, 1963년대에 그 세력이 확대되어 인지심리학(cognitive psychology)을 출현시키게 되었다. 이들은 인간의 행동을 해석하는 데 있어 기계적인 자극과 반응의 연결에 의하여 설명하려고 하는 S－R 이론에 반대하여 인지활동을 강조한다. 즉 Tolman을 비롯한 인지심리학자들은 행동주의의 주류인 원자론적이며 기계론적인 사고에 반대하여, 인간뿐만 아니라 쥐와 같은 동물의 행동도 비록 가싱직이기는 하지만, 목적 추구와 인지 등과 같은 정신기능을 개입시켜야만 적절하게 설명될 수 있다고 주장하고 있다. 쥐가 복잡한 미로실험에서 목표지점을 바르게 찾아가는 행동을 학습하는 경우, 이러한 학습은 단순한 조건반사적 반응이 아니라 목표를 예기하여 그 목표에 도달하는데 단서가 되는 기호들의 관계를 인지하는 것이라는 것이다. 동물은 특수한 반응을 습득하는 것이 아니라 기호학습을 통하여 기호들과 그 의미로 구성되는 인지적 지도(cognitive map)를 내면화하게 되는 것으로 행동하게 된다는 것이다.

이와 같이 인지적 접근법에서는 인간의 행동이란 기억을 바탕으로 해서 결실되고, 사고하고, 계획하기도 하며, 주의를 요하는 환경적 자극에 대하여 선택적으로 반응한 결과라고 해석한다. 따라서 이들의 이론은 정보처리체계라고 불리우는 현대사회의 컴퓨터와 비교될 수 있다. 들어오는 정보는 여러 가지 방법으로 선택, 비교, 조합되고 변형되어 나타나게 되는데, 반응 출력은 내적 처리가 어떻게 되었느냐에 달려 있으며 그에 따라 행동이 달라진다고 보는 것이다.

아동의 부적응 행동과 관련하여 정보처리이론을 적용한 예는 사회인지이론이라고 불리는 접근에서 찾아볼 수 있다. Dodge와 Brakke(1982)는 공격성향이 높은 아동과 비행청소년을 위해 이들의 정보처리 특성상의 문제점을 밝히고 이를 극복할 수 있는 교육프로그램을 개발하였다. 예를 들어, 공격성이 높은 비행청소년의 경우 대인 간 갈등이 야기될 수도 있는 애매한 상황에서 갈등을 해결할 수 있는 방안들을 생각해 내는데 제한을 갖고 있다는 점을 밝혔다. 따라서 이들에게 보다 다양한 정신과적인 문제들에 인지적 치료법이 다양하게 개발되어 있다. 또한 정보처리이론이 행동주의 등의 다른 접근법과 접목되어 좋은 반응을 얻고 있다.

(4) 심리역동적 접근법

심리역동적 모델은 문제행동의 원인으로 내면적인 작용을 강조하는 견해이다. Freud의 정신건강과 정신병리학의 이론에서 출발한 심리역동적 관점은 인간의 정서장애를 이해하고 치료하는 데 지대한 영향을 끼쳐왔다. Freud, Honey, Klein, Erikson 등으로 이어진 정신분석이론은 1960년대까지 Freud의 전통적인 자유연상과 심리분석기법으로 이어오다가 그 후 다양한 관점으로 수정되고 있다.

정신분석(psychoanalysis)이란 말을 처음으로 사용한 사람은 Freud이다. 정신분석적 접근에 있어서는 인간의 행동을 이해하는데 있어서 행동주의 접근법이 추구하는 실험적 방법(method of experiment)이 아닌 사례 연구법을 사용한다. S. Freud는 인간의 행동이란 일종의 성적인 힘인 Libido에 의하여 지배되는 무의식 과정에서 싹트게 된다고 주장한다. 또한 그에 의하면 무의식적 충동은 꿈이나 실언, 현기증, 신경증의 증후에서 나타나기도 하며 사회적으로 승인되는 예술, 문학 혹은 과학의 여러 현황에서도 나타난다고 한다. 이와 같이 정신분석적 접근법에서는 인간의 행동을 무의식적 과정, 즉 인간이 자각할 수 없는 동기를 통해서 이뤄진 것으로 보고 있다. Freud를 중심으로 한 정신분석적 접근법은 인간의 본질을 적극적으로 보고 있으며, 또한 인간을 여느 동물과 마찬가지로 성과 공격성과 같은 본능적 충동에 지배받는다고 보는데 대하여 많은 비판을 받고 있다. 그러나 종전의 '의식의 세계'만을 다루던 심리학에서 벗어나 '무의식의 세계'란 새로운 분야를 개척해 놓았으며, 특히 아동이 나타내 보이는 외현적 행동에만 교사나 부모가 관심을 가질 것이 아니라 아동의 내면적 행동에도 눈을 돌림으로써 아동의 욕구체제나 동기 등을 이해해야 된다는데 대한 중요한 시사점을 던져주고 있다.

(5) 인본주의 · 현상학적 접근법

인본주의적 심리학에서는 행동주의적이며 자연과학적 방법을 지나치게 존중하는 연합주의와 인간을 지나치게 분석적 · 결정론적으로 보는 입장을 반대하고 있다. 연합주의와 정신분석학은 주로 동물이나 비정상인을 대상으로 반응객체로 보고 인간형상을 기술하려 했음에 반하여, 인본주의 심리학은 건전한 인간 자체를 대상으로 삼으며 인간을 능동적인 성장 기능의 잠재력을 가지고 있는 주체로 본다. 또한 인간은 보다 자기조절적 · 자기통어적이며 자기선택적(self-choice)이기 때문에 그들의 행동은 강요와 통제에 의해서가 아니라 자발성과 자율성에 따라 결정된다고 주장한다. 따라서 그들은 인간의 자유의지와 자아실현을 위한 충동에 역점을 두고, 인간의 행동을 성장과 자아실현의 동기에 따라 달라진다고 본다.

인본주의 학자들은 개인은 자아실현을 위한 주체로서 감정을 지니며 사고를 할 수 있는 인격체라고 강조하면서 인간 발달과정에 대해 낙관적인 견해를 지니고 있다. Maslow와 Rogers는 인본주의 이론의 대표적 학자이다. Maslow는 개인의 능력을 발휘하고자 하는 동기를 강조하는 자아발달(self-development)의 이론을 폈다. 그는 이 욕구를 자아실현(self-actualization)이라고 명명하였다.

개인의 주관적 경험을 강조하는 것이 현상학적 접근법의 특징인데, 여기서는 개인이 주어진 사건을 지각하고 해석할 때 주관적으로 느끼는 경험을 중시한다. 현상학적 심리학자들의 주장에 따르면 인간이 자기 자신과 자기의 세계를 어떻게 지각하는지를 연구함으로써 인간의 본질에 대하여 보다 많은 지식을 얻을 수 있다고 한다. 동일한 상황에 대해서도 사람마다 서로 다르게 반응하므로 그 상황을 어떻게 지각하였는가에 따라 행동이 달라진다는 것이다.

따라서 이 접근방법에서는 행동주의 심리학자와 정신분석자들과 같이 인간에 대해 기계적 해석법을 반대하고 있다. 현상학적 심리학자들은 인간의 행동이 외적 자극이나 무의식적 본능에 의해서 지배되는 것이라고 보지 않고 바로 자기 자신에 의해서 지배된다고 보는 입장을 취한다. 또한 현상학적 심리학자들은 행동의 예언과 통제 같은 것을 문제삼지 않으며, 그들은 한 개인의 내적 세계와 경험만을 중요시한다.

동물의 행동은 예언이 가능하고 환경 통제가 가능하지만, 인간의 행동은 1차적으로는 개인이 세계를 어떻게 지각하느냐가 문제가 된다는 것이 그들의 주장이다.

결국 인본주의적·현상학적 접근법에서는 인간이 나타내 보이는 세부적인 면들을 그 연구대상으로 삼고 있지 않으며, 또한 인간의 경험을 개별적인 자극에 대한 개별적인 반응과 같은 부문으로 쪼개어 분석하는 시도를 거부한다. 그들은 오직 인간정신의 유일성을 강조하고 있으며, 따라서 인간의 행동 역시 자기의 선택에 의해 결정된다고 보고 있는 것이다. 인본적 접근은 여러 다른 접근법들이 포용할 수 없는 '인간적 측면'을 강조한다는 데서 중요한 의미를 찾을 수 있으며, 개인의 인간적 성장·잠재력 개발을 중요하게 생각하는 인본주의의 영향으로 최근에는 감수성 훈련(sensitivity training), 참만남 집단(encounter group training) 등의 집단경험을 통한 인간의식의 확장 및 순수한 인간적인 경험학습이 학교와 산업체, 그리고 사회로 점진적으로 소개되어 확산되고 있다.

(6) 기타 접근방법

1 사회·문화적 접근

이 접근법에서는 한 인간을 부적응 행동의 주체로 보기보다는 그 개인이 속한 사회·문화 속의 어떤 요인을 원인으로 보려고 하는 것이 사회·문화적 접근이다. 즉 개인의 행동은 그가 속하고 있는 사회의 가치, 제도 및 습관의 영향은 물론 자기의 가족이나 일상생활에서 접하게 되는 사람들의 영향을 크게 받는다는 것이다. 특히 사회적인 스트레스와 정신적 장애는 밀접한 관계가 있으며, 신체적 질병이나 정신적 질병은 사회·문화적 환경의 변화에 따라 그 양상이 크게 달라진다는 사실이 밝혀지면서, 이와 같은 사실은 부적응 및 이상 행동의 이해를 위한 새로운 차원으로 인정받게 되었다.

일반적으로 정신적 장애의 경우 도시의 발병률이 시골보다 아주 높으며, 이혼자와 별거자에게서 발생하는 정신적 장애의 비율은 결혼생활을 하고 있는 사람에 비해 훨씬 많다는 사실이 밝혀졌다. 또한 사회적 변동이 급격히 이루어지고 있는 대도시에도 정신장애자가 급증하고 있다는 보고도 있다.

인종적 편견, 가난, 경제적 결핍, 가족 및 사회구조의 변화, 사회의 가치, 제도, 관습, 사회계층 등에 초점을 맞추어 이 접근에서는 부적응 행동을 사회 속에서 개인이 기능한 한 측면의 반영으로 보려고 한다. 비록 이 접근에서는 부적응 행동의 치료에 대한 견해는 제시하고 있지 않지만, 적응에서의 사회·문화적 요인의 중요성을 강조했다는 측면에서 그 의의가 크다고 할 것이다.

2 대인관계 접근

대인관계 접근(interpersonal approach)의 기본 전제는 인간의 관계 속에 개인의 정서적 건강과 병리의 원천이 내재되어 있다고 보는 것이다. 즉 대인 간의 관계가 불안 또는 안정을 가져오는지의 결과가 자아통합 면에서 긍정적 혹은 부정적 영향을 주게 된다고 보는 것이다.

Sullivan은 서로 다른 대인관계의 유형에 따라 성격은 끊임없이 변화, 발달한다고 본다. 아이들은 처음으로 자신의 부모와 상호작용의 기회를 가지게 되며, 성장과 더불어 친구들과 관계를 맺기 시작한다. 이와 같은 발달과정에 장애가 오면 그것이 부적응 행동을 유발하는 중요한 원인으로 작용한다. 이와 같은 대인관계의 발달은 쉬운 것이 아니며, 특히 발달 초기에는 대인관계에 있어서 불안을 피할 수가 없다. 그러므로 아동들은 생리적 욕구나 심리적 욕구를 충족시키기 위해서 다른 사람에게 의존하게 되며, 이러한 대인관계의 고정에서 사랑, 소속감, 안정감 등의 욕구충족이 결핍되면 부정적 자아개념을 형성하게 되고, 마침내 적응에 실패하게 된다.

아동들은 성장하면서 사회화 과정의 압력을 받게 되고, 다른 한편으로는 타인들로부터 끊임 없는 평가를 받음으로써 자기 자신이 가지는 어떤 성향을 발전시켜 나간다. 시간이 흐름에 따라서 자신의 자아체계(self system)를 형성하게 되는데, 이것은 방어기제를 통해서 자신을 불안으로부터 보호하는 기능을 갖는다. 그러나 만일 불안이 지나치게 강하게 일어나면 의식하지 않으려 하기도 하고, 혹은 그것을 다른 사람에게 전가시키려고도 한다. 이러한 성향 때문에 실현과 조화를 상실하게 된다.

다른 사람과 대인관계를 맺는 것은 무엇보다도 자신의 욕구를 충족시키기 위해서이다. 즉 서로 간의 욕구충족을 위해서 그 무엇을 주고 받는 관계가 형성되는 것으로 사회적 대인관계는 사회적 역할이라는 말로 표현할 수 있다.

모든 부적응 행동의 일차적 원인은 바람직하지 못한 대인관계에서 찾을 수 있는데, 이는 비교적 아동기 초기에 형성된다. 그것을 잘 분석해 보면 성장과정에서 욕구(physiological needs), 안전의 욕구(safety needs), 소속의 욕구(belongingness needs), 존중의 욕구(esteem needs)가 자아실현 이전에 충족되어야 하는 욕구이다.

3 가족체계 접근

사회적 경험을 중시하는 이론들은 사실 모두 가족의 영향을 중시하고 있다. 그러나 1970년대 이후 가족체계적인 입장에서는 여기에서 더 나아가 가족단위를 단순한 개인의 집합체가 아닌 보다 복잡한 집단으로 규정하고 있다(Brown, 1980). 즉 가족이란 아동을 문제 행동자로 규정하는 복잡한 사회체계로 본다. 또한 아동의 증상은 이러한 체계의 유지에 한몫을 한다.

이 관점에 의한 자료는 아동개인의 행동과 부모의 상호작용보다 오히려 가족 간 의사소통의 주제와 방법을 개선하는 데 초점을 맞춘다. Freud의 이론을 비롯한 가족의 영향을 설명한 대부분 이전의 이론은 A가 B를 결정한다는 선형관계 속에서 파악하고 있다. 그러나 체계이론에서는 복잡한 상호관련피드백 기제와 더불어 원형적인(circular) 영향관계를 설정하고 있는 것이다(Minuchin, Rosman, & Baker, 1978). 물론 가족체계는 친척이나 공공기관, 그리고 지역사회의 영향을 받고 있는 것으로 파악된다. 이 접근법에서는 가족체계 그 자체가 변화되지 않으면 아동의 문제를 변화시킬 수 없다고 주장한다.

2 신체발달과 관련된 부적응 행동

신체발달과 관련되어 나타나는 부적응의 문제란 아동의 신체 한 부분에 구조적, 또는 기능적인 면에 장애가 있어 일상생활을 해나가는데 지장을 가져오는 것을 말한다. 신체발달과 관련되어 나타나는 부적응의 문제로는 지체부자유, 병・허약, 시각장애, 청각장애 등이 있다.

1) 지체부자유

지체부자유 아동이란 선천성 또는 후천성 골, 관절, 근육 및 신경질환이나 사지 또는 그 일부의 결손 때문에 체간이나 사지에 장애가 나타나는 아동을 말한다.

지체부자유 아동은 크게 신경성 장애아와 정형외과적 장애아로 분류된다.

(1) 신경성 장애아

신경성 장애아란 그의 장애상태가 중추신경 조직의 손상에 기인한 발달의 지체 또는 결함을 가진 아동을 말한다. 신경성 장애에는 뇌성마비, 간질, 신경성 기능장애 등이 있다.

뇌성마비란 뇌의 기능이상에 의한 운동장애가 일어나는 것을 말한다. 뇌성마비의 원인은 단일의 것이 아니며 아직 밝혀지지 않은 것이 많은데 임신 중 모체의 장애, 조산 등을 들 수가 있다. 뇌성마비 아동들은 지능, 언어, 시력, 청력 등에서 중복장애를 가지는 경우가 많은데, 뇌성마비의 70~80% 정도는 언어장애를 가지고 있다.

뇌성마비의 신경근 장애에 따라 경련성 발작형(spastic type), 불수의 운동형(athetoid type), 강직형(rigidity type), 운동실조형(ataxic type), 진전형(tremor type)이 있다.

간질은 뇌의 손상에 기인하는데, 발작성의 의식장애와 경련을 주 증후로 하는 질환군을 말한다. 간질은 발작성으로 뇌에 이상한 전기적 흥분이 일어나고 그에 수반하여 발작적으로 신체 또는 정신적 증상이 반복하여 출현되는 질환의 총칭이다.

간질 발작은 증상에 따라 대발작, 초점성 발작, 소발작 등과 같이 몇 가지 형으로 나눌 수 있다.

이분척추는 아동이 아동기에 장애를 일으키며 일반적으로 출생시 생기는 결함 중의 하나이다. 척추의 골 성분이 완전히 체결되지 않고 신경관이 열려져 있는 선천적 증세이다.

가장 경미한 형태는 보통 척추의 아래 부분이 개열되어 있고 대개의 경우, 대·소변의 실금이 있다.

한편, 뇌성마비, 간질 또는 이분척추를 초래하지 않는 중추신경 장애를 지니고 있는 아동이 많이 있다. 이 아동들은 뇌손상 아동 또는 가벼운 뇌성 기능장애를 갖는 아동으로 분류된다.

(2) 정형외과적 장애아

정형외과적 장애아란 가정이나 학교, 혹은 사회에서 특수한 계획을 수립해야 할 정도로 골, 관절 또는 근육상에 정상적 기능을 저해받는 지체부자유를 가진 아동을 말한다.

정형외과적 장애에는 선천성 기형, 척추성 소아마비, 관절염, 진행성 근위축증, 뼈의 결핵증과 골수염에 의한 지체부자유 등이 있다.

지체부자유 아동을 지도하는데 있어서는 사회적 적응능력과 창조성의 개발에 대한 사항이 충분히 고려되어야 한다. 특히 그들은 신체적 부자유와 외관상의 문제로써 열등감을 가지기가 쉬우며, 그로 인해 성격이 비뚤어지거나 원만한 인간관계를 유지 발전시키기가 어려워 비사회적인 특성을 지니기가 쉽다.

따라서 그들을 지도하는데 있어서는 그들이 민주시민의 구성원으로서 의욕적으로 명랑하게 남과 잘 어울리는 가운데, 자기의 잠재된 가능성을 잘 개발·발전시켜 사회에 봉사하며 살아갈 수 있는 직업적·사회적 자활인으로 기른다는 데 주안점을 두어야 한다.

2) 병 · 허약

병 · 허약 아동이란 특별히 건강상의 문제를 가진 아동을 뜻하는데, 약화된 신체적 조건으로 인해 가정이나 학교, 사회에서는 그 아동을 늘 돌봐주어야 한다. 장시간에 걸쳐 만성질환을 앓거나 영양실조에 걸린 아동이 주로 이 유형에 해당된다.

병 · 허약은 급성 관절염 및 선천성 심장병, 당뇨병, 신장염, 호흡기 장애(방광 섬유조직 증식 · 천식 · 결핵 등), 영양장애 등이 그 주된 원인이 된다.

병 · 허약 아동들은 대개 정서적 불안정, 퇴행, 신경질적 경향, 사회적 미성숙, 신체발육의 불량, 의지박약, 우울, 고립 등의 특징을 가지고 있다. 따라서 이들을 지도하는데 있어서는 그들이 지닌 병 · 허약의 상태를 정확하게 파악하여야 하며, 무엇보다 그들의 건강상태를 개선해 줄 수 있도록 노력해야 한다. 또한 그들에게 취미생활이나 여가선용의 방법을 지도함으로써 정서적으로 안정을 유지할 수 있게 하여야 하며, 알맞은 양호는 물론 적절한 신체적 훈련을 할 수 있는 기회를 제공해 주어야 한다. 그들을 가정 내에서만 머무르게 할 것이 아니라 그들의 경험영역을 확대시켜 줄 수 있도록 여러 곳을 견학시켜 주어야 하며, 친구를 사귈 수 있는 기회를 많이 제공해 주어야 한다.

3) 시각장애

시각장애 아동이란 시각에 장애가 있는 아동을 말한다. 시각장애는 대체로 유전, 질병, 상해 등이 그 원인이 되는데, 교육적인 관점에서 인쇄물을 읽을 수 있는 아동을 시각손실 아동, 점자만 사용할 수 있는 아동을 맹아동이라고 분류한다.

M. Norris와 P. J. Spaulding, 그리고 F. H. Brodie는 아동이 비록 시각적 장애가 있다고 하더라도 적절한 사회적 및 환경적인 경험을 제공하게 되면 여러 면에서의 지체현상이 더 이상 일어나지 않는다면서 시각장애 아동에 대한 조기교육을 강조하고 있다. 따라서 시각장애 아동을 지도하는데 있어서는 그들이 잔존시력과 기타 감각을 효과적으로 사용할 수 있도록 하는 데에 주안점을 두어야 한다. 그러기 위해서는 다음과 같은 영역을 중점적으로 지도하여야 한다.

① 개념형성을 위한 언어발달지도
② 방향정위(方向定位) 및 가동성(可動性)에 대한 지도
③ 기본적인 생활에 필요한 자조능력(自助能力 : 식사, 배설, 착탈의 등)의 지도
④ 조화로운 사회적 · 정서적 발달지도
⑤ 신체적 발달지도 등

4) 청각장애

청각장애란 정상아에 비하여 듣는 능력에 결함을 가진 아동을 말한다. 즉 청각의 어느 부분에 장애가 있어서 소리를 전혀 못 듣거나 듣기 어려운 아동을 말하는데, 장애 정도별로 구분하면 다음과 같다.

1 농

청력이 결여된 자 및 청력이 남아있어도 장애 정도가 심하여 청력의 상실도가 90db 이상이든지, 보통 회화음성을 0.2m 거리에서 들을 수 없을 정도의 장애를 가진 자를 말한다.

2 고도 난청

청력장애가 매우 심하여 그 손실도가 90~75db이든지, 보통 회화음성을 0.2~1.5m의 거리에서 거의 들을 수 없는 정도의 장애를 가진 자를 말한다.

3 중등도 난청

청력장애가 중등도로서 그 손실도가 75~30db이든지, 보통의 회화음성을 1.5~4.5m 거리에서 또는 귓속말을 0.5m 거리에서 거의 들을 수 없는 정도의 장애를 가진 자를 말한다.

4 경도 난청

청력장애가 가벼운 정도로서 그 상실치가 30db 이하든지, 보통 회화음성을 4.5m 거리에서 또는 귓속말을 0.5m 거리에서 거의 들을 수 없는 정도의 장애를 가진 자를 말한다.

5 진행성 질환

현재의 청력장애가 치료 가능한 질환으로서 그 치료기간이 1년 이상 필요하며 그동안에 청력의 회복을 상당히 기대할 수 있는 정도의 장애를 진행성 질환이라고 한다.

청각장애 아동들은 대개 자제심의 결여, 의심이 많고 폐쇄적임, 강한 의존심, 열등감, 신경질 등의 특성을 가지고 있다. 청각장애 아동의 교육목표는 일반 아동과 다를 바 없다. 그러나 듣지 못한다는 핸디캡 때문에 음성언어의 장애, 운동기능의 장애로 말미암아 정신적·정서적·신체적·사회적 성장에 좋지 못한 영향을 주어 안전생활을 유지하기 어려워진다. 그러므로 농아교육의 구체적인 목표는 잔존청능(殘存聽能)의 훈련과 잃은 청각능력을 대상해 주는 방향으로 이뤄져야 한다. 나아가 시각·촉각의 능력개발과 자립생활을 위한 직업교육이 강조되어져야 한다.

청각장애 아동은 다음과 같은 관점에서 지도하여야 한다.

① 아동에게 남아있는 잔존청력이나 청력 이외의 감각을 유용하게 활용할 수 있는 능력이나 태도를 계발시켜 준다.
② 타인과의 의사교환이 될 수 있도록 적절한 언어지도를 한다.
③ 부모나 교사, 또는 주위의 어른들에게 의존하지 않고 자기 스스로 해결해 낼 수 있는 손쉬운 과제를 부여하고 결과에 대한 적절한 보상 및 강화를 통해 성취감을 맛볼 수 있도록 해준다.
④ 불리한 조건을 극복하고 자립적인 생활인이 될 수 있는 능력과 태도를 길러 준다.
⑤ 생활을 통한 경험을 풍부하게 하여 사회적 적응과 정서안정을 꾀하게 한다.
⑥ 장애로 인한 위험을 미연에 예방하고 이에 대처하는 능력과 태도를 길러준다.

3 사회성 발달과 관련된 부적응 행동

가장 변화가 많은 시기에 성장·발달해 나가는 아동에게는 한 개체로서 살아가려는 생리적인 욕구뿐만 아니라 애정, 소속감, 사회적 승인, 독점 등의 인격적·사회적 요구도 강하게 나타난다. 아동들은 그를 둘러싸고 있는 사회의 공통 목표, 즉 사회적 행동의 규준이나 기대되어지는 역할, 행동에 맞도록 생활을 해야 한다. 그렇지 못할 경우에 반사회적 또는 비사회적 행동을 나타내게 된다. 이와 같은 반사회적·비사회적 행동은 아동이 사회환경에 적응하기 위한 생활능력과 생활기술을 습득하지 못했거나, 또는 성장과정에서 부모의 사랑을 못받고 방치되거나, 거부되거나, 너무 과잉보호됨으로써 사회화(socialization)되어질 행동에 여러 가지 지장을 가져오는 것 등이 요인이 되어 나타난다.

아동의 사회성 발달의 문제로서는 반항적이며 공격적인 행동, 도벽, 거짓말, 지나친 의존심, 싸움 등이 있다.

1) 반항적이며 공격적인 행동

아동들은 부모나 교사 및 사회와의 관계에 있어 흔히 좌절당하고 실패를 하면서 해를 입는 경험을 여러 번 겪게 되는데, 그런 어려움에서부터 자신을 방어하기 위하여 부정적인 태도를 나타내게 된다. 어른의 입장에서 볼 때 아동이 하는 일이 못마땅해서 계속 못하게 하면 그들은 용기를 잃고 자신이 없어지며 두려움에 사로잡히게 된다. 그리하여 때로는 반항적인 행동을 하거나 고집만을 부리는 고집쟁이가 되기도 하고 공격적인 성격의 소유자가 되기도 한다.

이러한 반항적이고 공격적인 태도가 오래 지속되고 굳어지면 청소년기 이후에는 범죄행위를 초래할 가능성도 많아진다. 잠재해 있던 이와 같은 성격은 어떤 일을 계기로 갑자기 우발적으로 범죄를 일으키게도 된다. 물론 이 때의 부정적인 태도(negativism)가 항상 범죄의 근원이 된다는 의미는 아니다. 범죄행위는 아니더라도 이와 같은 성격은 한 개인을 불행하게 만들고 어른에게 신경질을 부리며 달려들기를 잘하고, 항상 어른과 맞서는 입장을 취하고 잘 비뚤어지며 어른의 명령에 순종하지 않는 행동을 취하게 된다는 것이다.

반항적이며 공격적인 행동의 대부분은 어린시절에 부모로부터 저지당한 좌절감의 결과에 기인하는 경우가 많은데, 여기에는 거짓말, 속임, 허풍떠는 것 등까지도 포함하게 된다. 이와 같은 행동은 습관적인 자기 존속성(自己存續性)이라고 할 수 있다.

때때로 아동에게 있어 반항적이거나 공격적인 행동은 자기의 욕구를 만족시키기 위한 수단으로 나타나기도 한다. 어떤 놀잇감을 차지하기 위해서 다른 아동을 때리거나 밀치는 것이 그 좋은 예가 된다. 때로는 자기가 힘이 더 세다는 우월감을 맛보기 위해서 공격적인 행동을 취하기도 한다. 이런 자기의 욕구가 만족되는 경험이 강화되면서 아동들은 반항적·공격적인 행동을 학습하게 되며, 그 학습을 통해 반항적·공격적 버릇으로 고착될 수도 있다.

아동들의 공격행동은 반항이나 공격성이 표현되는 방식에 따라 이를 ① 언어적 공격, ② 행동적 공격, ③ 물건파괴 등으로 다음과 같이 나누어 볼 수 있다.

첫째, 언어에 의한 공격으로서는 '욕', '비난', '언쟁' 등이 있다. 자신에게 피해를 입힌 사람이나 자기의 욕구를 좌절시킨 사람에게, 혹은 단순히 타인을 놀리거나 괴롭히기 위해서 그와 같은 언어적 공격을 나타낸다.

둘째, 행동에 의한 공격은 '때리기', '할퀴기', '물어 뜯기', '발로 차기', '돌멩이나 물건을 던지기', '꼬집기' 등으로 나타난다. 이런 행동들은 보통 분노나 욕구좌절에 대한 반응으로 나오지만 때로는 갑자기(별 이유가 없어 보이는데) 나타나기도 한다.

셋째, 사람에 대해서 공격성을 표현하지 못하는 대신에 그런 욕구를 다른 대상에게 표현하는 것이다. 예컨대, 인형을 때리거나 머리카락을 잡아뜯기, 잘 쌓아놓은 블록을 넘어뜨리기, 혹은 유리창을 깨기 등이다.

아동의 반항적이며 공격적인 행동은 좌절감, 자기욕구 충족의 수단, 학습에 기인하고 있는데 이들을 지도할 때는 무엇보다 그 행위의 원인이 어디에 있는가를 잘 살펴보아야 한다.

2) 도 벽

훔치는 버릇은 크게 두 가지로 구별되는데, 하나는 정상적인 아동에게 가끔씩 나타나는 습관적인 도벽과, 다른 하나는 신경증 증세가 있는 아동에게 나타나는 현상이다.

정상적인 아동이 갖고 싶다는 단순한 욕망이나, 다른 아동이 훔치는 것을 목격했다거나 TV에서 훔치는 장면을 본 후에 그 행위를 모방하고 싶은 모험심, 또는 호기심 때문에 훔치는 행동을 할 수가 있다. 또한 아동은 원래 자기중심적이기 때문에 대개 12, 13세까지는 내 것과 네 것이라는 개념, 즉 소유권 개념이 완전하게 형성되어 있지가 않다. 따라서 이 시기의 아동은 내 것과 남의 것을 명확하게 구분하지 못하며, 남의 것을 훔친다는 것이 나쁘다는 것을 깨닫지 못하는 경향이 있다. 따라서 정상적인 아동도 도벽이 나타날 수가 있다.

신경증 증세와 관련된 도벽은 보다 습관적이고 충동적이다. 신경과민적인 경향을 띤 도벽은 일반적으로 애정결핍이나 허약체질에서 기인하는 경우가 많다. 그리고 그 동기는 대부분이 무의식적인 것이다. 특히 사랑을 받지 못했다고 느끼는 아동에게 있어서 훔친다는 것은 아주 가치 있는 것을 갖겠다는 상징적인 시도가 된다. 훔친 물건이 돈이든 무엇이든 무의식적으로 가지고 있는 소망은 사랑을 훔치는 것이 되는데, 이런 경우에는 아동에게 사랑을 줌으로써 치료가 될 수 있다.

또한 공포와 증오도 도벽의 원인이 되기도 하는데, 지도과정을 통해서 이러한 요소들을 제거해 주도록 노력해야 한다. 특히 신경증적 도벽은 갖고 싶어 하는 욕구와 가져서는 안 된다는 도덕성 간의 갈등에서 오는 것이 많으므로 이 갈등을 해소시켜 주도록 해야 하며 선악에 대한 관념을 올바르게 갖도록 해야 한다.

그러나 이와 같은 도벽이 부모의 애정결핍 또는 성에 대한 지나친 금기로 인해 생긴 것이라면 부모의 노력과 협조 없이는 교사도, 다른 치료자도 이러한 병적인 도벽을 치료하기는 매우 어렵고 복잡해진다. 따라서 도벽이 있는 아동을 지도할 때는 부모가 어떻게 그 아이를 양육하고 취급했는가 등을 놓고 부모를 먼저 살펴볼 필요가 있다.

정상적인 아동이 나타내 보이는 도벽을 효과적으로 지도하는 방법은 다음과 같다.

지도방법은 훔치는 빈도, 소유권 개념의 발달 수준, 훔치게 된 원인에 따라 달라진다. 우선 소유권에 대한 개념이 충분히 형성되지 않은 아동이라면 그것을 설명하고 가르쳐야 한다. 아울러 훔치는 행동은 나쁜 짓이고 절대로 훔쳐서는 안 된다는 것도 가르쳐야 한다. 그러나 이 때 너무 강한 처벌을 가하면 아동에게 심리적 상처를 줄 우려가 있다.

훔치는 빈도가 적다면 크게 문제시하지 말고, 그 원인이 무엇인가 생각해 보도록 하는 것이 좋다. 즉 아동에 대한 관찰을 자세히 하고 부모상담을 하여 원인을 찾도록 하는 것이 중요하다. 만약 용돈의 부족이 주요 원인이라면 용돈을 적절히 주도록 부모에게 이야기하며, 친구의 행동을 모방해서 훔친다면 그러한 친구와 접촉하지 않도록 하거나 혹은 그 친구까지도 지도의 대상으로 해야 한다.

훔치는 것이 습관화된 아동이라면 좀더 조심스럽게 지도해야 한다. 훔치는 습관도 문제이지만, 그런 경우에는 대체로 부모와 가정에 문제가 많기 때문이다. 부모상담을 하더라도 그러한 점을 고려해서 상담에 임해야 한다. 예컨대, 아동에 대해서 매우 거부적인 부모의 경우, 그 부모는 자녀의 훔치는 행동에 대해서만 관심과 걱정을 나타낼 뿐, 자기의 태도가 아동의 나쁜 행동에 미치는 영향을 깨닫지 못한다. 그런 사실을 부모가 인식할 수 있도록 만들려면 상당히 기술적인 상담을 할 수 있어야 한다. 따라서 습관적으로 훔치는 아동의 경우에는 일단 부모와 상의해서 전문가에게 치료를 의뢰하는 것이 안전한 방법이다.

3) 거짓말

아동들은 주로 현실세계와는 달리 상상이나 공상의 세계에서 생각을 하게 되므로, 가끔 현실과 공상을 구별할 능력이 부족하여 공상을 그대로 행동으로 옮겨 거짓말을 종종 하게 된다. 아동들이 주로 하는 거짓말의 내용을 분석해 보면 대개가 사실에 대한 단순한 불평, 사실 이상으로 과장하는 것, 없었던 사실을 있었던 것처럼 날조하는 것, 어떤 잘못되어진 결과를 다른 사람에게 전가시키는 것 등과 관련을 맺고 있음을 알 수 있다.

아동들이 거짓말을 하는 주된 원인으로서는 A. Fromme는 칭찬과 사랑의 부족, 자신의 잘못을 은둔, 처벌의 모면, 일반적인 적개심을 들 수 있다. 이 밖에도 어린이의 거짓말을 종합하여 구분해 보면 다음과 같은 원인에서 나타난다.

① 상상의 거짓말(공상과 현실의 혼동)
② 함부로 지껄이는 거짓말(탄로 나더라도 문제없을 때)
③ 주목 끌기 위한 거짓말(존재를 몰라줄 때)
④ 복수의 거짓말(화가 났을 때)
⑤ 변명의 거짓말(말을 피하려고)
⑥ 이기적인 거짓말(편취할 때)
⑦ 충성, 변호의 거짓말(친구를 구해줄 때)
⑧ 사교적인 거짓말(방편으로써)

아동의 거짓말 버릇을 고치기 위해서는 무엇보다 부모나 주변의 어른들은 아동에 대하여 진실하고 솔직하도록 노력하는 가운데 모범을 보여야 한다. 또한 아동상담에서는 상상의 거짓말과 사실상의 거짓말을 구별해 그 사실상의 거짓말만 문제로 삼는 것이 좋다.

4) 싸 움

아동은 싸우면서 자란다는 말과 같이 4, 5세 경의 아동은 '싸움의 시기'로 특징지워진다. 이 시기의 아동은 서로 만나거나 어울리기만 하면 싸움을 하게 되는데, 이는 그들의 마음이 자기 중심직이고 아직 비분화된 상태에 처해 있기 때문이다. 그러나 아동들의 싸움은 어른의 경우와 같이 심각하거나 정서적으로 해소하기가 어렵지는 않으며, 자주 일어나나 간난하게 저리되어 뒤에 남기는 것이 없는 것이 또한 특징이다.

주로 아동들은 자기의 욕구가 방해되었을 때 그 욕구를 달성시키려는 자기주장이 강하기 때문에 싸움이 곧잘 일어나는데, 싸움의 표면적인 이유를 제시하면 다음과 같다.

① 친구로부터 간접·직접적인 공격(신체적·언어 등을 통한 공격)을 받았을 때

② 자기 소유의 물건이나 영역이 친구나 형제로부터 침해당하였을 때

③ 친구나 형제가 같이 놀아주지 않거나 놀리는 등 사회적인 욕구가 저지당했을 때

④ 친구나 형제가 약한 사람을 괴롭히거나, 약속을 지키지 않거나, 나쁜 짓을 하는 것을 보았을 때

⑤ 자기나 자기의 친한 친구, 그리고 자기의 동생이나 형이 다른 친구나 동

네 아이들에게 부당한 대우를 받고 있을 때

⑥ 부모나 교사가 자기보다 자기 친구나 동생, 또는 형을 더 사랑하고 있다고 느낄 때 아동들의 싸움문제를 대상으로 상담할 때는 다음의 것들을 유의하여야 한다.

㉠ 아동이 싸움을 하는 의미를 생각하고 과도한 주의나 억압을 가하지 않는다.

㉡ 싸움을 자주 하는 아동은 그 원인을 잘 생각하여 아동의 심리적인 불만이나 불안을 없애주고, 다른 놀이를 하게 하여 싸우려고 하는 감정을 발산할 수 있는 기회를 준다.

㉢ 아동의 싸움을 금지시킬 때는 자연스러우면서 공평한 자세를 취한다.

㉣ 싸움을 잘하는 아동은 집단놀이에 적극 참여시켜 같은 연령의 아동들이 가지고 있는 사고방식이나 태도를 보고 배울 수 있는 기회를 많이 제공해 주어야 한다.

5) 지나친 의존심

의존심이 강한 아동은 자기 스스로 적극적인 태도로서 무엇을 하려고 하지 않으며, 무엇이나 조금만 곤란한 일에 부딪혀도 곧 어머니나 선생님에게 도움을 청한다. 이런 아동들은 대개가 자기가 해 보려고 시도하기도 전에 다른 사람에게 도움을 구하게 된다. 또한, 지나치게 의존적이고 소극적인 아동들은 대개 자기표현이 미성숙하며, 의사표현이 서툴고 새로운 일에 대하여 흥미를 나타내 보이지 않으며, 또래집단에서 끌려다니는 입장을 취한다.

지나친 의존심은 주로 다음과 같은 원인에 기인한다.

첫째, 아동이 어떤 일에 흥미를 갖고 있을 때에 그 흥미있는 일을 아동에게 시키지 않는 경우이다.

둘째, 아동 자신 스스로의 생활이 인정되지 않고, 부모나 교사의 생활이 연장된 것에 불과하다는 것처럼 되어버린 경우이다. 따라서 이런 경우에는 아동이 전혀 자율성이 없어 전적으로 타율적으로 움직이게 된다.

셋째, 형제 간에 차별받을 때에도 의존·소극적인 성격이 형성된다.

아동의 지나친 의존심을 상담하기 위해서는 상담자 혼자의 노력만으로는 매우 어렵다. 따라서 부모상담이 필요한데, 이 때까지의 부모의 양육태도가 어떠했으며 아동이 의존·소극적 성격을 갖게 된 원인이 어디에 있는가를 살펴보아야 한다.

혹시 부모의 지나친 과보호나 지나친 통제, 거부가 그 원인이 된다면 무엇보다 그러한 부모의 양육방식을 개선할 수 있게 해야 한다.

4 정서발달과 관련된 부적응 행동

정서발달상에 문제가 있다는 것은 어떤 심리적인 이유로 성격을 기능적으로 적용시키지 못하고, 또한 생활상 문제가 될만한 반응을 보임으로써 자기 자신은 물론 다른 사람에게도 지장을 초래하는 상태를 의미한다. 결국 정서발달상에 문제가 있는 것은 심리적으로 적응에 실패한 상태를 말하는데, 이런 문제는 기본적으로 모자관계(母子關係)에서 비롯된다. 왜냐하면 영·아동기에 어머니의 부드럽고 안정된 애정을 통해서 아동들은 인간에 대한 기본적인 신뢰감이나 자주성 또는 창의성 등이 길러지는데, 모자관계가 거부적이거나 불안하며 또는 과보호적인 경우 아동은 정서발달에 문제를 지니게 되기 때문이다.

아동의 정서발달상의 문제는 그대로 방치하면 왜곡된 성격으로 고착되기 때문에 조기에 발견·지도할 필요가 있다.

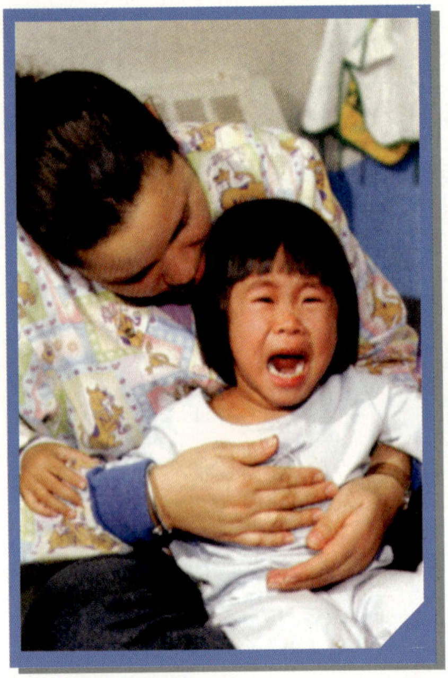

1) 등원거부

아동이 유치원에 가지 않으려고 하는 것은 종종 잘 나타나는 현상이다. 신학기 초에 이러한 현상을 나타내는 아동들을 발견하기가 쉬운데, 며칠 동안 유치원에 오지 않다가 가족이나 교사의 노력에 힘입어 쉽게 다시 등원하는 아동이 있는가 하면 영영 등원을 거부하는 아동도 있다.

등원거부의 원인은 다음과 같다.

(1) 부모와 격리되는 데에 대한 불안

아동이 처음에는 어머니 혹은 주양육자에게 거의 전적으로 의존하지만, 점차 그들로부터 물리적 · 심리적으로 독립해 나간다. 그러나 4~5세가 되어도 어머니로부터 물리적 · 심리적 격리가 불가능한 아동이 있다. 이러한 아동은 대체로 가정에서도 어머니나 가족과 떨어져 있지 못하며 엄마 혼자서 외출하는 일도 거의 불가능하다.

이런 아동은 자기의 어머니와 떨어져야 할 가능성이 있는 장소나 생활에 대해서 두려워한다. 유치원은 그러한 장소로서 가장 대표적인 곳이다.

(2) 유치원 집단의 압력

주로 가정 속에서만 생활하던 아동이 유치원에 입학하였을 경우에 유치원의 건물, 시설, 설비에 대한 생소함이나 교사의 권위에 대한 두려움이 하나의 압력으로 아동에게 전달된다. 이러한 압력에 처하게 된 아동이 자기 스스로 그 압력을 극복해 내겠다는 자신이 서지 않을 경우 자기대로의 위기의식을 가지게 되고, 또한 그 위기의식으로 인해 등원을 거부하게 된다.

(3) 자의적 욕구가 억제되는 불만

유치원에서의 생활은 1학급당 30~40명 단위로 묶인 단체생활이기 때문에 아동 개개인이 가지고 있는 욕구나 원망은 단체생활에 알맞게 변형되거나 조정되지 않으면 안 된다. 아직도 자기 중심적인 경향을 완전히 벗어나지 못한 원아에게는 단체 생활이란 유치원 생활에서 가정에서와 같이 자기 기분대로 할 수 있는 것들이 정해진 규칙이나 시간의 틀 속에 묶이게 된다. 이 때 아동은 좌절감이나 긴장감을 맛보게 된다. 이러한 좌절감과 긴장으로 인해 아동은 등원을 거부하기도 한다. 이런 경우는 과잉보호 속에 자라난 아동에게 많이 나타난다.

(4) 가정과 유치원과의 불일치

아동이 유치원에 잘 다닌다는 것은 단순히 '가정에서 유치원으로'라고 하는 이행만이 아니라 현실적으로는 유치원과 가정이라고 하는 다른 영역에 동시적으로 적응해 나가야 한다는 의미를 가지고 있다.

따라서 이 두 가지 영역이 지닌 문화(disparity of culture)라든지 가치평가의 차가 심하게 나타날 경우에는 당연히 아동 스스로가 두 가지 영역의 적응이란 문제를 놓고 갈등을 겪게 된다.

(5) 기타의 원인

신경증(노이로제)의 한 증상으로 등원을 거부하는 경우가 있다. 예를 들면, 엄마가 집에서 죽을지도 모른다는 생각, 자기가 길에서 유괴될지도 모른다는 생각 등이 강박적으로 떠올라서 유치원에 가기가 어렵게 되는 경우가 있다. 이런 아동은 등원 도중이나 아동교육활동 도중에 집에 자주 돌아온다.

때로는 어머니의 불안이나 신경증이 암암리에 아동으로 하여금 등원을 못하도록 만들기도 한다. 자녀가 유치원에 입학함으로써 매일 몇 시간 동안 혼자 있게 되는 어머니의 경우, 그동안 심한 불안을 느끼게 될 수 있다. 예컨대, 아동에게 어떤 사고가 나지 않을까 하는 걱정 등을 강박적으로 가지고 있을 경우에 그 어머니는 자녀의 등원거부를 무의식적으로 지지, 허용해 주게 되는 경우 등이다.

그 외에 동생의 출생, 장기간의 질병, 유치원에서의 불쾌한 경험 등이 등원거부의 원인이 되기도 한다.

위에서 제시된 여러 가지의 원인으로 등원을 거부하는 아동을 상담하기 위해서는 무엇보다 그 원인을 분명하게 밝혀내는 것이 좋다. 등원거부에 대한 원인이 규명되었으면 거기에 알맞은 치료법을 찾아내어서 적절한 지도를 해 나가야 하는데, 가급적이면 부모상담을 곁들이는 것이 효과가 있다. 또한 등원을 같이 할 수 있는 또래를 찾아 교우관계를 맺어 주고, 유치원 생활에 쉽게 적응이 되도록 한 걸음 한 걸음 문제에 접근시켜 나가는, 체계적 탈감법에 의한 지도가 좋다.

체계적 탈감의 예는 다음과 같다.

① **제1단계** : 어머니가 아동과 같이 등원하여 아동교육 활동을 같이 한다.
② **제2단계** : 어머니가 아동과 같이 등원은 하되 어머니는 활동실의 구석에 머물면서 아동이 크게 곤란을 느끼는 활동을 부분적으로 돕는다.
③ **제3단계** : 등원을 같이 하되 어머니는 물리적인 성원으로 활동실에 머무른다. 등원을 같이 하되 어머니는 아동교육 활동 시간의 중간에 일정 시간동안 활동실을 나가며, 점차 그 시간을 늘려 나간다.
④ **제4단계** : 아동과 같이 어머니가 등원은 같이 하되 귀가는 아동 혼자서 한다.
⑤ **제5단계** : 아동을 어머니가 유치원의 중간지점까지만 데려다 주고 되돌아온다. 점차 그 지점을 단축해 나간다.
⑥ **제6단계** : 아동 혼자서 등원, 귀가하도록 한다.

이 때 각 단계별 시행 기일은 아동의 적응여부에 따라 신축성이 있게 하여야 한다. 단계가 앞으로 진행됨에 따라 아동의 불안이 심해질 때는 전 단계의 내용을 더 연장하여 시행한다.

2) 말더듬이

S. A. Kirk에 의하면 말더듬이(stutterer)란 말, 음절, 낱말 혹은 문장의 부분

들이 되풀이되거나 지나치게 부적당한 연장(prolongations)에 의해 분열되거나 파열된 말의 리듬으로써 말을 하는 하나의 패턴이라고 한다. 즉 그에 의하면 말더듬이란 일반적으로 말에 있어서의 리듬의 장애라는 것이다. 실제로 말하는 동안 누구에게든지 리듬의 변동이나 말하는 타이밍(timing)의 변화, 말의 흐름의 변화, 그리고 말의 주저함 혹은 말의 중단 등의 현상이 나타난다.

그러나 말더듬이는 그 정도가 심해 말하는 타이밍이나 리듬 등을 잘 조절할 수가 없다. 말더듬이는 소리를 내기 시작한 최초에 좀체로 발음이 되지 않거나 막혀 버리거나 발음이 되풀이되기만 하고 앞으로 나가지 않는다는 특징을 가지고 있다.

일반적으로 남아가 여아보다 말더듬이가 더 많다. 말더듬이는 아동시기에 특히 언어활동이 왕성한 3, 4세 전후부터 시작되는 경우가 많다. 이 시기에는 아동이 자기의 생각을 빨리, 충분히 발표하고자 하지만 발성기관(發聲器官)의 조정이 아직 불충분하기 때문에 발음이 잘 되지 않고 더듬이처럼 말하기가 쉬워진다. 그러나 보통은 발성기관의 조정이 진행됨에 따라 점점 익수하게 말하게 되지만, 주위의 사람들이 주의를 준다든가 질책을 한다든지 하면 발음하는데 정서적인 긴장이 생겨서 오히려 발음이 익숙하게 되지를 못한다.

일반적으로 말더듬이의 현상이 심할 때의 치료법으로서는 놀이치료(play therapy), 언어치료(speech therapy), 음독요법(oral reading therapy), 심리치료 등이 효과가 있는 것으로 알려져 있다.

3) 공포증

아동의 공포증(phobia)은 아직 자기가 경험하지 못한 다른 모양의 것, 혹은 자기의 능력으로 지배할 수 없는 것, 또는 이러한 것들의 돌발적인 출현에 대한 하나의 위험신호(危險信號)로써 나타난다. 따라서 경험영역이 좁고 무기력한 아동에게 공포증이 많이 나타난다.

아동의 공포증은 유전적으로 나타나는 경우도 있지만, 대부분 발달단계에 따라 서서히 얻어지는 후천적인 학습의 결과에 기인하여 나타나는 것이 많다. 대체로 아동의 공포증은 과거에 좋지 않은 경험을 했다든지, 부모가 공포를 느끼는 대상에 대하여 자기도 공포를 느끼게 되는 모방 등에 의해서 생긴다.

또한 상상력이 풍부하게 발달하는 3세 경부터 5~6세까지 주위 아동이나 친구들이 들려주는 도깨비, 귀신, 도적, 유령 등의 이야기를 통하여 자기의 상상력과 결부시킴으로써 지금까지 표시하지 않았던 공포증을 가지게 되기도 한다. 흔히 혼자서 집을 잘 지키던 아동이 겁을 내기 시작하고 갑자기 화장실에 가기를 꺼려하는 경우도 이러한 예가 된다.

아동의 공포증은 부모나 교사의 교육방법과도 밀접한 관련이 있는데, 그 중에서도 부모나 교사가 아동에게 위험을 통해 말을 듣게 하는 것이 가장 큰 요인으로 지적되고 있다.

그러나 아동 중에는 이러한 원인이 그다지 심하게 작용하지도 않는데 병적으로 무엇에 대하여 공포증을 느끼는 아동이 있다. 즉 감수성이 예민한 아동이라든지, 다소 신경질적인 아동이라든지, 혹은 정서적으로 불안정한 아동이라든지, 또한 가정 내에서 부모로부터 전적인 사랑 내지 수용을 받고 있다는 의식이 희박하거나 마음으로부터 나는 우리 가족의 일원이라는 의식이 적은 아동의 경우가 그러하다. 대개 이런 부류의 아동들은 보통이라고 생각되는 아동들보다 더욱 공포증을 강하게 느끼고 있는 것으로 나타나고 있다.

이와 같이 공포는 그 원인이 대개의 경우 어렸을 때부터 공포를 느끼는 좋지 않은 경험을 자주 해왔기 때문에 알게 되었고 몸에 배게 된 것이므로, 이것이 치유되기 위해서는 반대로 공포에서 벗어나려는 많은 노력과 반복을 통해서만이 가능해진다.

공포를 제거함에는 우선 원인을 발견해 내는 노력이 중요하다. 그 다음에는 모든 아동이 자신감과 신뢰감을 가질 수 있도록 유치원 생활이나 가정 생활에서 분위기와 환경을 만들어 주어야 한다. 그리고 끈기 있게 지도해 나가야 한다. 공포증이 심하게 나타나는 아동은 전문가에게 의뢰하여 심리치료를 받는 것이 좋다.

공포증이 심하게 나타나는 아동에게는 체계적 탈감법의 치료가 효과있다.

4) 주의산만

아동들은 대개 주의집중 시간이 짧지만 그 정도가 심하게 나타나는 아동들이 종종 나타난다. 이런 아동이 많은 경우에 교실이나 가정은 늘 소란스러우며, 전체적인 균형이 늘 깨지게 된다.

아동이 주의가 산만한 것은 대부분이 부모의 양육태도와 관련을 맺고 있다. 부모가 늘 바쁘거나 급한 성격을 가지고 있어 밥을 먹는다거나, 옷을 입는다거나, 화장실에 머무른다거나 하는 아동의 일상생활에서 늘 아동에게 '빨리할 것'을 강요하고 재촉하는 경우에 아동은 주의가 산만한 아동으로 성장하게 된다.

또한 아동이 주의산만한 성격을 가지게 되는 데는 가정 자체가 침착하지 못한데도 그 원인이 있다. 가족의 수가 많고, 또 가족들이 너무 바빠서 잠시도 마음 놓고 있을 시간이 없고, 손님이 많이 드나들고, 이사를 자주하고, 부부의 불화가 잦은 가정에서 자라나는 아동은 마음에 안정감이 없고 항상 초조하기 때문에 주의가 산만하게 된다. 특히 아버지 어머니가 자주 싸우고, 어머니가 신경질적인 자녀는 항상 부모의 태도와 얼굴빛을 살펴야 하고, 마음 놓고 포근하게 생활할 수 없는 경우에 주의산만한 현상이 나타난다. 그리고 형제끼리 비교하고 대립시켜서 경쟁하게 하거나, 부모가 자녀를 과보호, 익애(溺愛)를 해도 그렇게 된다. 아동을 보살펴 주는 사람이 너무 많아도 주의가 산만해지는 반면에, 부모가 꾸중을 많이 해도 침착하지 못한 성격에 영향을 미친다. 그뿐 아니라 지능이 낮은 경계선급(borderline)의 아동에게서도 주의산만한 증세가 나타나기도 한다. 어린이에게 백일몽(daydream)의 증세가 있어 공상의 세계에 사로잡혀 있다든지, 부모나 교사의 관심을 끄는 방법으로 과다행동이 나타나는 경우도 있다. 또한 어떤 질환이 주의가 산만한 행동의 원인이 되기도 한다. 간질병, 매독, 분만시의 이상에 의하여 뇌에 고장이 있는 경우와 내분비장애나 뇌하수체, 특히 간뇌의 상처 등에 의하여 주의가 산만해지는 아동이 되는 수도 있다.

주의가 산만한 아동과 상담을 진행할 때 유의해야 할 사항은 다음과 같다.

① 아동 자신의 방을 따로 마련해 준다.
② 가족들이 항상 평온한 마음으로 아동을 대해 주고, 지나친 간섭이나 엄격 혹은 방임되지 않도록 해야 한다.
③ 아버지, 어머니는 자녀 앞에서 싸우지 말아야 하며, 서로 존경하고 사이가 좋은 모습을 보여주어야 한다.

④ 아동이 텔레비전이나 그림책 같은데 열중해 있는 경우는 집중하는 것을 배우는 시간이므로 간섭하지 않는다.

⑤ 지나치게 힘에 겨운 어려운 일을 하도록 재촉하지 말아야 한다.

⑥ 잘한 것이든 못한 것이든 해낸 일의 결과에 대하여 적당히 칭찬해 주고 인정해 주며 격려해 주어야 한다.

⑦ 대화를 통하여 공상의 세계를 허물어뜨려 주어야 한다.

⑧ 특히 주의해야 할 일은 말을 알아듣기 시작할 때부터 재미나는 이야기를 들려 주도록 노력해야 한다. 잠들기 전에나 하루 중 언제든지 틈을 내어 함께 누워있든지, 데리고 앉아서 일에 집중하는 습관을 길러 주어야 한다.

⑨ 이야기를 들려줄 뿐 아니라 아동에게 동화책을 읽어 주어 경청하는 습관을 길러주어야 한다. 이것은 아동에게 집중력을 키워주는데 대단히 큰 영향을 미치게 된다.

⑩ 그림 그리기, 노래 부르기 등에 흥미를 보이면 거기에 집중하는 태도를 길러 주어야 한다.

⑪ 장난감을 한꺼번에 여러 가지를 주어서는 안 된다. 아동들은 한 가지 장난감에 곧 싫증을 내므로 가끔 바꾸어 줄 필요는 있으나, 여러 가지 종류를 한꺼번에 많이 주면 개념형성에 혼란이 생기는 경우도 있으며 이것 저것 쥐었다 놓았다가 하는 습관이 붙어버리게 된다. 이러한 태도가 습관화되면 장래의 집중력에 문제가 생기게 된다.

⑫ 유치원에서는 이런 아동들에게 가능하면 변화가 많고 권태를 느끼지 않는 아동교육 프로그램을 제공해 주어야 하며, 과제도 단시간에 할 수 있는 것을 주고 설명이나 지시를 할 때에도 큰소리로 분명하게 말하여 주어야 한다.

5) 낭비벽

돈을 낭비하고 별로 필요 없는 물건들을 사는가 하면 일용품이나 학용품 같은 것을 함부로 다루고 절약할 줄 모르는 아동은 부유한 가정의 아동에게서 뿐만 아니라, 비교적 여유가 없어 보이는 가정의 아동에게서도 찾아볼 수 있는 현상이다.

돈, 학용품, 일용품 등을 함부로 사용하는 아동은 돈이나 물건에 대한 건전한 태도나 생각을 가지고 있지 못하다. 아동이 절약하고 검소하게 생활하는 태도를 습득하지 못하는 것은 다음과 같은 원인에 기인하고 있다.

① 아동이 돈이나 물건의 값어치에 대한 인식과 가치 있게 사용하는 방법을 습득할 기회가 없었기 때문이다.
② 돈을 아껴 쓰고 물건을 절약하여 사용해야 된다는 것을 잘 알고 또 배웠음에도 불구하고, 자제력이 약하고 절제력이 없기 때문이다.
③ 히영심이나 자기과시 욕구 때문에 낭비하게 되는 경우가 있다.
④ 아동이 친구들 사이에서나 가정에서 또는 유치원에서 충분한 관심을 받지 못하고 있다는 생각을 가지고 있을 때 낭비를 통해 또래들로부터 인정받으려고 한다. 이 때 낭비벽이 조장되는 경우도 있다.
⑤ 유치원 주위나 동네에 있는 만화가게, 전자 오락실과 같은 소비성향을 자극하는 곳의 빈번한 출입 및 뽑기나 당첨을 통해 큰 물건을 차지하는 것과 같은 사행심(射倖心)을 조장하는 업소의 빈번한 출입에서 낭비벽이 생기는 경우도 있다.
⑥ 부모가 아동을 키우는 가운데 무엇이든지 아동이 요구하는 것을 전부 가질 수 있게 해 준 버릇이 낭비벽을 조장하기도 한다.

아동의 낭비벽을 지도하기 위해서는 아동의 나이와 필요에 따라 자기의 욕망을 억제하고 적절한 선에서 참을 수 있는 버릇을 키워주는 것이 중요한 문제가 된다. 또한 아동이 규칙적인 생활을 할 수 있도록 훈련시켜야 하며, 세상일이 자기 뜻대로만 되지 않는다는 것을 이해시켜야 한다.

그 구체적인 지도방법은 다음과 같다.

① 아동이 쓸 수 있는 적당한 액수의 용돈을 정하고, 그 용돈을 무엇에 얼마나 쓸 수 있는지 그 범위를 정해서 실행하도록 한다.
② 아동을 정서적으로 안정될 수 있도록 하고, 정상적인 활동을 통해서 심

리적인 만족을 얻을 수 있도록 한다.

③ 아동이 전심전력을 다해서 노력할 수 있는 어떤 활동을 가정이나 유치원에서 제시해 준다.

④ 가정의 경제사정에 대해 아동이 알아들을 수 있는 말로 솔직하게 밝히고 낭비가 바람직하지 않다는 것을 이해시킨다.

⑤ 부모나 교사, 또는 아동을 둘러싸고 있는 주위의 어른들이 근검, 절약하는 생활 자세를 보여준다.

5 아동의 정신장애

1) 아동 정신장애의 분류

현대 정신의학이나 이상심리학(異常心理學 ; abnormal psychology)에서 가장 많이 쓰이는 진단명 지침은 미국 정신의학협회(American Psychiatric Association : APA)에 의해서 출간된 DSM-Ⅳ(Diagnostic and Statistical Manual of Mental Disorder, Fourth Edition)와 세계보건기구(WHO)에서 1992년 발간한 ICD-10(The Tenth Revision of International Statistical Classification of Disease and Related Health Problems), 그리고 Kaufman (1979)의 정서장애 아동의 문제행동 차원, Quay & Werry(1979)의 행동장애 분류체계 등이다.

① DSM-Ⅳ(Diagnostic and Statistical Manual of Mental Disorder, Fourth Edition)는 미국 정신의학협회(American Psychiatric Association : APA)에서 정한 분류체계이다, DSM-Ⅳ의 타당도에 있어서 의문을 제기하는 전문가들도 많이 있지만, 아동기의 장애에 대한 다른 분류체계에는 없고, 포괄적인 해석을 전제로 하여 미국에서는 지배적으로 사용되고 있다.

표 3-1 DSM-Ⅳ에 제시된 영아동기와 청소년기에 나타나는 장애

정 신 지 체
317.00 경도 정신지체
318.00 중(적)도 정신지체
318.10 심도 정신지체
318.20 극심도 정신지체
319.10 비특정 정신지체
학 습 장 애
315.00 읽기장애
315.1 산수장애
315.2 스기표현장애
315.9 기타 학습상애
운동기술장애
315.40 발달적 협응장애
의사소통장애
315.31 언어표현 장애
315.31 듣기, 말하기 혼합상애
315.39 음운장애(phonological disorder)
307.0 말더듬기
307.9 기타 의사소통장애
널리 나타나는 발달장애
299.00 자폐장애
299.80 레트의 장애
299.10 아동붕괴(disintegrative)
299.80 아스퍼거장애
299.80 기타 널리 나타나는 발달장애
주의결핍 및 혼란 행동장애
314.XX 주의결핍과 활동장애
314.9 기타 주의결핍과 활동장애
312.8 수행장애
313.81 적대적 반항장애
312.9 기타 혼란행동장애
영아동 습식장애
307.52 Pica(異食症)
307.53 되씹기(romination) 장애
307.59 영아동 습식장애

틱 장 애
307.23 튜울렛(touletter) 장애－근육틱과 음성틱 모두 1년 이상 지속되는 경우
307.22 만성적 운동음성 틱장애
307.21 일시적인 틱장애
307.20 기타 틱장애
배 설 장 애
787.6 변비와 대·소변 실금을 동반한 배설장애
307.7 변비와 대·소변 실금 없는 배설장애
307.6 유뇨증(일반적인 병리상태가 아닌)
기타 영아동 및 청년기의 장애
309.21 분리불안장애
313.23 선택성 함묵증
313.89 반응성 애착장애
307.3 전형적 운동장애
313.9 기타 영아동 및 청년기장애

② ICD-10(The Tenth Revision of International Statistical Classification of Disease and Related Health Problems)은 세계보건기구(WHO)에서 1992년 발간한 것이다. DSM-Ⅳ에 제공된 코드와 용어는 ICD-10과 서로 통한다.

③ Kaufman의 정서장애 아동의 문제행동 차원은 위의 분류에서 제외된 것이면서도 일반학교나 학령 전 아동에게 일시적이나 잠정적으로 흔히 출현하는 장애는 행동장애이다. 행동장애 3가지 형태는 수행장애(공격적, 적대적 행동), 부적절하게 미성숙함, 인격장애(불안, 철회, 내향적 행동) 등이다(Coleman, 1986).

표 3-2 카우프만의 3가지 문제행동 요인

수 행 장 애
· 공격적, 반사회적 행동 · 아이들에게 공격적 · 아이들을 통제하려 함 · 소유권의 규칙에 공격적 · 과도한 주의를 요구

수 행 장 애

- 건방진 불복종적, 부정적
- 쉬임 없이, 과잉 행동
- 질투(소유적, 이기적)
- 말을 과도하게 하기
- 울화
- 조소적(불신, 비난)
- 불신임
- 난폭한 언어, 저주, 욕 등

부적절한 미성숙함

와해적, 무목적적 행동

- 부주의, 과제 미완성
- 잊기, 기억하지 못함
- 지시에 따르지 않음
- 과제이해 결핍
- 짧은 주의력
- 주의산만
- 동기결여, 무감각적
- 듣기에 문제
- 이해의 어려움

인 격 장 애

불안, 철회 행동

- 까다로움, 지나치게 민감
- 슬픔, 성마름
- 자신감 결여
- 실패를 두려워함
- 감정을 적절히 표현 못함
- 아이들과 참여하기를 기피
- 새로운 상황 또는 어려운 일 회피

④ 퀘이와 웨리의 행동장애 분류체계는 다음과 같다.

표 3-3 카우프만의 3가지 문제행동 요인

품행장애(conduct disorder)

- 파괴적 비협조적, 무례
- 싸움, 구타
- 짜증

품행장애(conduct disorder)
· 거만, 불복종 · 기물파괴 · 부정적, 이기적이고 남을 비난함 · 불안, 주의산만, 부주의 · 쉽게 화를 냄 · 약자 괴롭히고 협박 · 과잉행동, 주의끌기 · 부정적, 무책임 · 욕설 · 논쟁적
불안 · 위축행동(anxiety with drawl)
· 불안, 두려움, 긴장 · 위축, 고립, 소심, 은밀 · 우울 · 신경과민, 쉽게 상처받고 당황함 · 수줍음 · 열등의식, 무기력 · 자신감 결여 · 쉽게 당황함 · 자주 비명을 지름
사회화된 공격행동(socialized aggression)
· 나쁜 집단에 대한 충성 · 함께 물건 훔치기 · 지하조직 단원으로 활동 · 밤늦도록 밖에서 지냄 · 무단 결석 · 가출
미성숙(immaturity)
· 주의집중 시간이 짧음 · 협응 미숙 · 몰두, 공간 주시 · 백일몽 · 수동적, 주의력 결핍, 쉽게 현혹 · 기능이 둔함, 졸기, 무관심 · 부주의, 집중력 부족 · 일을 완수하지 못함 · 단정하지 못함

2) 아동 자폐증의 개념 및 지도

(1) 아동 자폐증의 개념

아동 자폐증은 1943년 미국의 존 홉킨스 의과대학의 소아정신과 교수였던 L대학 Kanner에 의해 처음으로 임상증후군으로 기술되었는데, 그 이전에는 소아 정신분열증이나 정신지체로 진단·분류되었다.

Kanner는 11명의 특이한 어린이들을 대상으로 이들의 극심한 고독감, 언어능력의 장애, 반복적인 행동 등을 관찰하면서, 이들의 증상을 아동 초기 자폐증(early infantile autism)이라고 불렀다. 자폐증 아동의 주요 증상은 다음과 같다.

① 이들은 타인과의 관계를 형성하지 못한다.
② 언어습득이 지연되었거나 언어발달이 되었더라도 언어가 의사소통에 쓰이지 않는 경우가 많다.
③ 언어 중에 반향(echoalia), 즉 타인의 이야기를 그대로 앵무새처럼 되풀이하는 경우가 많다.
④ 사용하는 언어 중 대명사가 곧잘 혼동이 된다.
⑤ 반복적이며 강박적인 상동적(stereotyped) 놀이나 행동을 보인다.
⑥ 기억력은 좋은 반면 상상력이 거의 없다.
⑦ 신체적인 발달이나 외모는 정상이다.

Kanner의 이런 연구 이후 약 40년 간 아동 자폐증에 관한 많은 연구가 이루어졌는데, 자폐증은 1975년에 미국에서 공포된 공법(Public Law) 94~142에서 '심한 정서장애'의 범주에서 제외되고, 대신 '기타 건강장애'의 범주에 속하게 되었다. 이는 자폐증의 생물의학적(biomedical)인 원인에 대한 인식이 높아지고 있기 때문이다.

1 아동 자폐증의 원인

아동 자폐증이란 발달장애 현상으로서 아직 그 원인이 정확하게 밝혀지지 않고 있으나, 정신적 · 환경적인 원인, 기질적인 원인, 중추신경계의 이상, 인지작용의 결함 등으로 구분되어 설명되어진다.

① **정신적·환경적인 원인설**: 이 설은 자폐증아의 부모나 그 주위의 환경이 잘못되어서 자폐증이 생긴다는 설이다. 즉 부모가 자녀를 기르는 적절한 육아방법을 몰랐다든지 자녀에 대한 애정이 결핍되었다든지 원인이 되어 자폐증이 초래된다는 것이다. 이 학설은 초기의 학자들에게는 많은 지지를 받았으나 자폐증의 모든 원인을 설명해 주지 못한다는 한계점을 가지고 있다.

② **기질적인 원인설**: 어떤 생물학적·기질적인 원인이 자폐증을 유발한다고 보는 설이 기질적 원인이다. 예를 들면, 임신중에 풍진을 앓은 어머니가 낳은 아이가 자폐증을 일으킬 확률이 높다는 것이다.

③ **중추 신경계의 이상설**: 이 설은 신생아기나 영아기에 중추신경계가 발달하면서 뇌의 각 부분에 적당한 연결과 통합 등이 이루어져, 어떤 자극을 받았을 때 이를 적절하게 취급할 수 있는 능력이 생겨야 하는데, 이러한 통합 연결의 기제가 정상인과 다르게 발달하고 뇌의 작용에 있어서 어떤 이상이 있기 때문에 자폐증이 온다는 설이다.

④ **인지작용의 결함설**: 이 설은 언어발달과 관련된 뇌의 부근, 특히 청각과 뇌 연상 중추와의 연결 등 언어를 포함하는 중추신경계의 인지작용에 어떤 결함이 있는 것이 기본적인 문제가 된다는 학설이다.

이상에서 자폐증의 원인과 관련된 학설을 살펴보았는데, 자폐증아는 태어날 때부터 자폐증으로 발전할 소질과 문제성을 지니고 있으며, 성장·발달해 나가는 가운데 부모의 양육태도 등의 주위 환경에 따라 많은 영향을 받는다고 하겠다. 즉 생물학적·기질적인 어떤 결함이 분명 자폐증의 원인이 되지만, 그 결과는 정신사회적인 요소들에 의해서 큰 영향을 받는다는 것이다.

2 아동 자폐증의 분포 및 빈도

자폐증의 분포는 균일하게 세계의 모든 곳, 모든 민족과 인종, 어떤 형태의 가정에서도 발생한다. 자폐증의 빈도는 만 명당 4~7명으로 나타나고 있고, 남녀의 비는 4~5 : 1로서 남아에게 단연 많다.

한국의 경우 자폐증과 유사한 발달장애아와 정신지체아의 일부, 뇌손상아의 일부, 언어장애아의 일부 등 자폐적 증상을 갖고 있는 어린이들을 모두 포함시키면 전체 인구의 0.1% 정도로 추정되는 4만 명 정도가 자폐증세를 가진 어린이로 나타나고 있다.

전형적인 자폐증의 증세들은 대개 생후 30개월 이전에 나타난다. 옹알이를 하지 않는다든가, 눈을 맞추지 않는다거나, 반응이 전혀 없다거나 하는 것 등이 좋은 예가 된다. 그러나 자폐아의 일부는 생후 1~2년 동안 잘 자라다가 어떤 사건이나 아무런 이유 없이 자폐적인 증세를 나타내는 경우도 있다. 또한 자폐증 증세와 비슷한 증세를 보이는 전반적 발달장애(pervasive developmental disorder)는 발병의 시기가 3~6년으로 나타나 있다.

자폐증아의 지능은 반수 정도가 정상 또는 그 이상의 범위에, 반수 정도는 정상보다 떨어지는 것으로 나타나고 있다.

(2) 자폐증의 특성

자폐증의 특성으로 대인관계 형성의 장애, 언어의 장애, 변화에 대한 저항 등으로 크게 나누어 살펴볼 수가 있다.

1 대인관계의 장애

대인관계의 장애란 타인과의 관계형성이 잘 이루어지지 않는 것으로 다음과 같은 특성이 있다.

① 부모와의 애착이 형성되지 않는다. 즉 자폐증 아동은 부모와의 눈과 눈의 접촉까지도 피하며 부모를 좋아하지 않는다.
② 타인과의 신체적인 접촉을 싫어하고 피한다.
③ 타인과 감정적 관계가 형성되지 않고 또래와의 놀이에도 무관심하다.
④ 타인의 감정을 이해할 줄 모르고 공감을 하지 않으며, 다른 아동의 권리나 입장을 전혀 고려하지 않는다.

2 언어의 장애

언어의 장애란 거의 모든 자폐증 아동에게 수반되는 특성이다. 자폐증 아동이 나타내 보이는 언어장애의 특성은 다음과 같다.

① 전반적으로 언어발달이 늦은데, 특히 언어 이전 기술이 결여되어 있다. 즉 옹알이나 모방, 흉내내는 행위가 잘 나타나지 않는다.
② 언어의 이해력이 부족하며 자기의 의사를 표시할 때는 말보다는 상대방의 손목을 끌어서 자기가 원하는 바를 요구하는 경우가 많다.
③ 언어가 시작되더라도 남이 이야기한 것을 그대로 되풀이하며, 대명사의 혼동이 심해 너와 나, 그리고 우리 등의 구별이 되지 않는다.
④ 말을 하더라도 문장으로 구성되기가 어려우며 억양, 발음 등이 비교적 고음으로써 괴상한 형태로 나타나는 경우가 많다.

3 변화에 대한 저항

자폐증 아동은 이미 자기가 알고 있거나 자기가 늘 해오던 것만을 되풀이하거나 반복하려고 하는 경우가 많다. 이에 대한 구체적인 내용은 다음과 같다.

① 일정하고 한정된 놀이활동만을 하려고 하며, 특정한 물건에 강렬한 애착을 느껴서 그것이 없으면 울고불고 야단을 한다.
② 자기 주위의 환경에 어떤 조그마한 변화라도 생기면 이를 참지 못하고 적응하려고 하지 않는다.
③ 이들이 대개 심한 편식증을 가지고 있으며, 심한 고집이 있어서 이를 굽히거나 다루기가 힘이 든다.

4 기타의 장애

자폐증 아동에게 잘 나타나는 증상으로는 다음과 같은 것이 있다.

① 집중력이 부족하며 과잉운동을 보이는 때가 많다.
② 자신의 신체 일부를 물어 뜯거나 벽이나 바닥에 부딪치는 등의 자해행위가 나타나기도 한다. 그러나 타인에 대한 공격성은 현저하게 부족하며 자기방어 조차도 못하는 경우가 많다.
③ 대·소변 가리기가 흔히 지연되며, 어떤 감각에 있어서 과잉 또는 과소반응을 보이는 수가 많다.

④ 자폐증 아동들은 대개가 발달이 불규칙적이며, 반복적인 운동을 되풀이 하는 경우가 많이 나타난다.

⑤ 자폐증 아동들은 주위로부터의 여러 자극 중 한두 가지 자극에만 협소하게 반응을 보이는 경향이 있다.

(3) 자폐증 아동의 상담원리

자폐증 아동의 지도에 있어서는 어느 장애아 못지 않게 교육과 치료가 병행되어져야 한다. 자폐증 아동의 교육과 치료에 있어서 지켜야 할 기본적인 원리는 다음과 같다.

① 자폐증 아동은 발달 전반에 장애를 가지고 있으므로 다방면의 도움을 필요로 한다. 따라서 부모, 교사, 소아정신과 전문의, 언어치료사, 임상심리가 등 여러 분야의 전문가들이 서로 협조하여 자폐증 아동을 도와주는 팀 접근방법으로 교육과 치료가 이루어지는 것이 바람직하다.

② 교육과 치료를 시작하기 전에 정확한 진단과 교육적인 평가가 이루어져야 하는데, 이것은 가능한 한 자세하게 그의 지적 능력, 사회성, 언어, 대・소근육 운동 등 각 분야별로 세밀하게 관찰・측정되는 과정을 거쳐야 한다.

③ 자폐증 아동을 지도하기 위해서는 보다 적극적인 방법으로 그들에게 접근하여 가능한 한 많은 자극을 주고, 자폐적인 세계에서 끄집어내어 타인과의 접촉을 자주 맛보게 하고, 보다 다양한 교육적인 활동을 많이 경험하도록 도와주어야 한다. 따라서 적당한 환경만 마련해 주면 그들 스스로 성장・발달해 나갈 것이라는 기대는 절대 금물이다.

④ 부모는 가장 중요한 교육자이며 치료자이다. 따라서 부모교육과 부모상담이 반드시 병행되이야 한다.

⑤ 부모, 교사, 치료자가 공동으로 해야 할 첫 번째의 과업은, 그들과의 인간적 접촉을 증가시키고 대인관계의 자폐적인 벽을 허무는 것이다. 특히 교사와 부모는 유치원이나 가정에서 정상적인 아동과의 접촉을 적극 도와주어야 한다.

⑥ 자폐증 아동은 여러 가지 면에서 장애를 가지고 있기 때문에 이들을 지도하는 방법은 발달심리학적인 면에서의 접근방법이 가장 이상적이다. 즉 자폐증 아동의 세부적인 발달상태를 평가하고, 하나하나의 발달 영역별로 다음 단계의 발달상태가 무엇인지를 상정하여, 다음 발달단계로 변화·진전할 수 있도록 가장 합리적인 자극을 제시할 수 있게끔 교육활동 프로그램을 작성 활용한다는 것이다.

⑦ 자폐증 아동의 교육은 통합교육을 원칙으로 하며, 잘 정돈된 교육적 환경에서 잘 짜인 계획표(schedule)나 프로그램으로 이루어져야 한다.

(4) 자폐행동의 지도 및 수정

자폐증 아동이 나타내 보이는 부적응 행동으로는 크게 자학과 관련된 행동, 공격적인 행동, 방해 행동, 반복성을 고집하는 행동 등이 있다. 자폐증 아동이 나타내 보이는 이와 같은 부적응 행동을 지도하거나 수정하는 구체적인 방법은 다음과 같다.

1 자폐증 아동의 자학행동

자폐증 아동이 나타내 보이는 자학행동으로는 크게 자신의 손등이나 손목을 물어 뜯는 행동과 자기의 머리를 벽에 부딪치는 행동이 있다.

① **자신의 손등이나 손목을 물어뜯는 행동** : 자신의 손등이나 손목을 물어뜯는 행동은 이상하고 기이하게 보이지만, 그 행동의 뒤에는 그 행동을 유발하는 구체적인 이유가 내재하여 있다. 즉 자폐증 아동은 자신의 손등이나 손목을 물어 뜯음으로써 자기가 느끼는 스트레스를 표현하는 것이다. 때에 따라 아동은 이와 같은 행동을 통하여 부모나 교사가 자기에게 부여한 어떤 활동을 중지하도록 조정하고자 하거나 원하는 것을 획득하고자 하는 수단으로 활용하기도 한다. 따라서 부모나 교사는 이와 같은 행동을 지도하기 위해서는 그 행동 이면에 내재되어 있는 아동의 욕구체제를 잘 이해하고 있어야 한다.

자신의 손등이나 손목을 물어 뜯는 행동에 대한 구체적인 지도법은 다음과 같다.

㉠ 손등이나 손목을 물어 뜯으려는 자세를 취하는 즉시 손을 입으로 가져가는 것을 제지하고 손을 책상 밑으로 끌어내리며 "손 내려"라고 말로 지시한다.

㉡ 과제 수행을 하지 않는 경우에는 고개를 저으며 "안돼, 시키는 대로 하지 않으면 요구하는 것을 주지 않겠다"라고 설명한다.

㉢ 아동이 다른 긍정적이고 건설적인 일을 찾아 할 수 있도록 도와준다. 잘못된 행동을 중지시켰다 해도 다른 할 일이 없으면 그 행동을 다시 반복하고 말 것이기 때문이다.

㉣ 같은 잘못된 행동을 할 때에 어떤 때는 중지시키고 어떤 때는 묵인하게 되면 역효과가 나타나기 쉽다. 그러므로 일관성 있는 교정방법을 반복 적용해야 한다.

㉤ 가장 심한 자해행위만 엄격한 태도로 교정하고, 별로 심각하지 않은 행동은 무관심해 보이는 것이 좋다. 아동에게 평온한 분위기를 유지시켜 주면서 동시에 아동이 엄격한 한계를 배울 수 있도록 하는 것이 바람직하기 때문이다.

② **머리를 벽에 부딪치는 행동** : 머리를 벽에 부딪치는 행동은 아동이 기분이 나빠졌거나 자기가 하고 싶은 놀이가 중단되었을 때 잘 나타나며, 이러한 행동을 통하여 다른 사람의 관심을 즉각적으로 불러 일으키고 교사의 요구를 거부하거나 자기의 요구를 관철시키고자 한다. 따라서 이런 행동을 지도하기 위해서는 아동에 대한 진정한 사랑과 관심을 가지고 아동이 좋아하고 싫어하는 것이 무엇이며, 그가 행동하기 전에 그의 감추어진 의도가 무엇인지를 짐작해야 한다. 이러한 식별은 아동에 대한 적극적인 감정 없이는 거의 불가능하다.

이러한 행동을 지도할 때에는 다음과 같이 한다.

㉠ 책상과 의자를 멀리 옮겨놓아도 아동 책상에 머리를 부딪치려고 하면 책상 위에 있는 교구나 교재를 교사 앞으로 끌어 놓고 아동에게

서 등을 돌린다.

㉡ 10초 후에 돌아서서 다시 아동에게 과제를 놓아주고, 그 첫 단계를 가르쳐 준다. 과제가 복잡하면 몇 단계로 세분하여 한 가지를 짧은 기간 내에 끝내도록 도와준다.

㉢ 아동이 머리를 부딪치지 않을 때에는 관심을 보여 주고, 칭찬해 주어야 한다.

2 공격적인 행동

자폐증 아동이 나타내 보이는 공격적인 행동으로는 다른 사람에게 침을 뱉거나 얼굴을 때리는 행동이 있다.

① **침을 뱉는 행동 :** 자폐증 아동은 자기의 기분에 거슬리거나 아주 낯선 사람에게 침을 뱉는다. 자기와 같이 낯이 익은 사람에게는 이런 행동을 하지 않는다. 이런 행동은 자기가 원하는 것을 달라는 욕구의 표현으로 나타나는 경우가 대부분이기 때문에 이런 행동을 방지하기 위해서는 부모나 교사가 이런 행동이 나타난 그 장소나 그 시간에 그 아동이 원하는 것을 절대로 제공하지 말아야 한다. 또한 이와 같은 행동이 나타날 때마다 아동의 입에 아주 맵거나 신 것을 물리는 등의 방법도 효과가 있다.

② **얼굴을 때리는 행동 :** 자폐증 아동이 구사하는 언어는 매우 한정되어 있으며, 특히 언어에 심한 장애를 가지고 있기 때문에 그들은 그들의 욕구를 언어로 표현하는 데 심한 좌절을 맛보게 된다. 따라서 이들은 자기의 욕구를 주위의 사람이 잘 받아주지 않을 때 상대방의 얼굴을 때리는 행동을 한다.

따라서 이와 같은 행동은 다음과 같이 지도하는 것이 좋다.

㉠ 아동이 다른 사람의 얼굴을 때리려고 할 때마다 아동의 손을 꼭 잡고 조용하고 엄격하게 "때리면 안돼"라고 말해 준다.

㉡ 아동의 요구가 무엇인지 알아내고, 건설적인 방법을 찾아 아동이 자기의 요구를 표현하도록 단계적으로 가르친다.

ⓒ 방해행동, 즉 자폐증 아동이 나타내 보이는 방해행동으로는 물건을 던지는 행동, 괴성을 지르며 우는 행동, 식사시간에 자리를 이탈하는 행동 등이 있다.

③ **물건을 던지는 행동** : 물건을 던지는 행동은 다음과 같은 경우에 주로 나타난다.

㉠ 아동이 원하는 것을 주지 않거나, 하기 싫은 과제를 시킬 때에 잡히는 대로 물건을 던지며, 요구에 응하지 않으려고 한다.

㉡ 아동이 건설적으로 놀이를 할 줄 모르기 때문에 물건을 던지면 깨진다는 것을 알고 놀이 대신 물건을 던진다.

ⓒ 큰 물건이 작은 물건 속에 들어가지 않는다는 것을 이해하지 못하기 때문에, 마음대로 되지 않을 때에는 물건을 부수어서라도 소기의 목적을 달성하려고 한다.

이러한 행동의 지도는 다음과 같이 한다.

- 던질만한 물건은 아동의 손이 닿지 않는 곳으로 옮겨 놓거나, 물건을 던지려고 할 때 아동을 주시하다가 물건을 집기 전에 아동 곁에 다가서서 관심을 보인다.
- 아동이 물건을 던지면 관심을 보이지 말고 무시하는 태도를 보여야 한다.
- 다시 물건을 던지면 아동의 손을 꼭 잡고 "던지면 안돼"라고 엄격하게 말한다.
- 다른 사람의 소유물을 고장내지 말아야 된다는 것을 배우게 하는 한편, "이것은 선생님거야", "이것은 ~의 것이라고"와 같이 말해 줌으로써 소유에 대한 이해를 할 수 있게 가르쳐야 한다.

④ **괴성을 지르며 우는 행동** : 괴성을 지르며 우는 행동은 다음의 경우에 잘 나타난다.

㉠ 한 가지 과제에서 새로운 과제로 전환될 때에 고함을 지르며 우는 행동을 한다.

㉡ 일정한 생활양상이 흩어졌을 때 괴성을 지른다.

ⓒ 현실적으로 아무런 해를 주지 않을 어떤 사건에 대해서 공포와 불안을 느낄 때에 괴성을 지른다. 그러므로 공포의 원인을 알아내고, 그 공포를 조성하는 경우를 피하게 해야 한다.

괴성을 지르고 우는 행동은 다음과 같이 지도한다.

- 괴성을 지르며 울 때에는 자신을 해칠 수 있는 물건이 없는 곳에 혼자 고립시킨다.
- 조용해질 때만 보상을 준다. 즉 조용해지면 아동을 의자에 앉히고, 먹을 것을 옆에 놓아두고, 과제를 끝마칠 때까지 먹지 못하도록 한다.
- 다시 괴성을 지르고 울어대면 무시해 버리거나 고립시킨다.
- 아동이 스스로 과제를 시작하면 웃으면서 칭찬해 준다.
- 과제를 끝내면 등을 두드려 주고 웃으며 먹을 것을 준다.

⑤ **식사시간에 자리를 이탈하는 행동** : 식사시간에 자리를 이탈하는 행동은 다른 사람의 그릇에 담긴 음식을 집어가거나 자기 음식을 들고 다니며 먹는 행동으로 나타난다. 지나치게 편식하며, 특히 단 것을 좋아하여 치아에 해로운 경우에는 보상책을 바꾸어야 한다.

간식시간 혹은 식사시간을 이용하여 아동이 책임지고 할 수 있는 과제를 제시해 주고 가르쳐 주어야 한다.

이러한 행동을 지도하는 구체적인 방법은 다음과 같다.

㉠ 아동 앞에 그릇을 놓고, 다른 사람의 그릇은 멀리 놓는다.

㉡ 아동이 자리에서 일어나면 무시해 버리고, 다시 자리에 앉을 때까지 그릇은 식탁 가운데로 밀어 놓는다.

㉢ 자기 자리에 다시 앉으면 아동을 보고 웃으며 "잘했어. 앉아서 먹자"라고 말하며 간식을 주지 않고 식사를 기다리게 한다.

㉣ 편식 아동에게는 아동이 싫어하는 음식을 좋아하는 다른 아동을 옆에 앉히고 그 옆에 부모나 교사가 앉아서 맛있게 먹는 것을 보여준다.

㉤ 때로는 아동이 싫어하는 음식을 먼저 주고, 먹은 후에야 아동이 좋아

하는 음식을 준다.

ⓑ 아동이 자리에 앉아있지 않으면 아동에게 수저를 식탁에 놓거나 그릇을 식탁에 놓는 훈련을 시켜서 음식이 나올 때까지 지루하게 기다리지 않게 한다.

ⓢ 수저 놓는 과제를 가르칠 때에는 먼저 아동의 손에 수저를 들려 주고 식탁으로 가서 식탁에 놓도록 도와주어야 한다.

ⓞ 식탁에 수저를 놓으며 식탁에 앉아 있는 동료의 이름을 따라서 부르게 한다.

ⓙ 그때마다 부모나 교사, 그리고 동료 아동은 고맙다는 표시를 하도록 한다.

ⓒ 수저는 그릇 오른쪽에 놓는다고 가르치며, 오른쪽을 가르킨다.

3 반복성을 고집하는 행동

반복성을 고집하는 행동에는 해로운 물건을 입에 무는 행동과 의미 없는 질문을 반복하는 행동이 있다.

① **해로운 물건을 입에 무는 행동** : 지도에 앞서 다음과 같은 사실에 유의해야 한다.

㉠ 아동이 무료해질 때 종이조각이나 실오라기를 입에 넣기도 하고, 밖에 나가서 놀 때 나뭇가지, 찌그러진 쇳조각을 입에 물거나 손에 거머쥐는 행동을 한다.

㉡ 자폐증 아동은 상상력을 가지고 놀이를 할 줄 모르기 때문에 놀이터에 가면 정신이 혼란해지고 우울해진다.

㉢ 어떤 아동은 놀이를 할 줄 몰라서 실패하게 되면 그 놀이를 불쾌한 기분과 연관시키고, 무슨 놀이든지 배우지 않으려고 저항하게 된다.

㉣ 아동에게 놀이를 단계적으로 구분하여 가르쳐 주고, 조용하고 자신있는 태도를 취하도록 용기를 주어야 한다.

이러한 행동의 지도방법은 다음과 같다.

• 아동이 즐겨 입에 넣는 물건과 그가 좋아하는 껌이나 초콜릿을 그의

앞에 함께 놓아둔다.

- 신체에 해로운 물건을 집어서 입에 넣으려는 순간 그 옆에 있는 껌이나 초콜릿을 치우며 "입에 넣으면 안돼"라고 이야기 하며, 입을 손으로 막아 준다.
- 해로운 물건에서 손을 떼면 "잘했어"라고 칭찬하며 껌을 준다.
- 이런 행동은 아동이 자기가 처해 있는 혼란스러운 상황(관념상)에서 질서를 유지하기 위한 병리적인 노력으로 보고, 아동의 생활에 질서가 지속되도록 조절해 주어야 한다.
- 아동으로 하여금 다음에 있을 일을 미리 알고 거기에 대해 안정감을 갖도록 설명해 준다.
- 어떤 변화를 주기 전에 아동이 좋아하는 장난감이나 먹을 것을 손에 쥐어 준다.
- 신체에 해로운 쇳조각 같은 것을 고집스럽게 손에 거머쥐려고 하면 비눗방울을 만들어 두 손으로 탁 치면서 터뜨리는 것을 보여 준다.
- 아동이 비눗방울을 두 손으로 쳐서 터뜨리거나 아동이 두 손을 같이 사용할 수밖에 없는 과제를 고안해서 제시하고, 따라서 손에 쥐었던 물건을 놓도록 한다.

② **의미 없는 질문이나 남의 말을 반복하는 행동** : 이런 행동의 지도시에 유의해야 될 사항은 다음과 같다.

㉠ 전화번호나 한 가지 유형으로 의미 없는 말을 반복하거나 다른 사람의 말을 그대로 모방한다.

㉡ 자폐증의 한 가지 유형으로 의미 없는 말을 반복하거나 다른 사람의 말을 그대로 모방한다.

이러한 행동의 지도방법은 다음과 같다.

- 아동이 일상적으로 사용할 수 있는 어휘나 언어표현의 수준은 미리 알고 있어야 한다.
- 아동이 의미 없이 반복한 말이나 어휘 그 시간 이전의 어떠한 사건이나 과제와 관련이 있는지 관찰하고 검토한다.

• 아동에게 간접적으로 질문하여 다른 뜻이 있는지 확인한다.
• 과제를 시킬 때에 아동 앞에 빈 컵과 토큰을 준비해 둔다.
• 과제를 수행하면 토큰 하나를 컵에 넣어 주고, 아동에게 보여 주며 '하나' 하고 세어 보게 한다.
• 의미 없는 숫자를 외우면 컵에 든 토큰을 꺼내서 '하나' 하고 세어 보게 한다.
• 컵에 담겨 있는 토큰은 상품과 교환된다는 것을 알게 한다.
• 계속해서 의미 없는 말을 반복하면 아동의 의자를 벽을 향해 돌려 놓고, 혼자 벽을 향해서 앉아 있게 하고는 5분간 무시해 버린다.
• 5분 후에 의자를 돌려 앉힌 다음에도 다시 의미 없는 질문을 하면 위와 같이 반복한다.

4 접촉을 피하는 행동

접촉을 피하는 행동에는 안기거나 피부접촉을 싫어하는 행동과 눈의 마주침을 피하는 행동이 있다.

① 안기거나 피부접촉을 싫어하는 행동 : 이 행동은 자폐증의 한 가지 유형으로 폐쇄적인 행동이다. 아동이 자기 몸을 만져 주는 것을 싫어하지 않게 해 주어야 다른 필요한 과제를 배울 수 있다. 자폐증 아동은 간지럼을 태우거나 다른 활기찬 활동을 하는 것을 좋아한다. 그러므로, 이러한 행동은 다음과 같은 방법으로 지도하는 것이 좋다.

㉠ 매트를 펴서 교사나 부모가 먼저 그 위에 뒹굴고 아동에게 그대로 하도록 한다.

㉡ 책상 밑이나 좁은 공간에 교사나 부모가 들어가서 끼여 앉고 그 옆에 아동을 쪼그리고 앉게 한다.

㉢ 이러한 과정을 통해서 아동을 만져주고 잠깐 동안 안아준다.

㉣ 아동이 좋아하는 껌이나 초콜릿을 교사나 부모의 주머니에 넣는 것을 보여 준 뒤에 아동이 와서 주머니에서 꺼내도록 하고 꺼내면 잠시 꼭 안아 준다.

ⓜ 아동이 좋아하는 끈이나 작은 장난감을 교사나 부모의 머리 위에 올려 놓고 아동에게 와서 집어가라고 한다. 아동이 집으면 아동의 얼굴에 교사나 부모의 얼굴을 가볍게 대며 꼭 안아 준다.

② **눈의 마주침을 피하는 행동** : 아동에게 이야기하거나 아동이 요구를 할 때의 눈의 마주침을 피하는 행동은 다음과 같은 방법으로 지도한다.

㉠ 손뼉을 치며 "재미있지? 손뼉을 쳐"라고 하여 아동의 시선을 끈다.

㉡ 코를 한 손가락으로 짚으며 "코 짚어"라고 말하고 아동의 시선을 끈다.

㉢ 손으로 발을 짚거나 장난감을 짚으며 재미있는 놀이를 하자고 하여 아동의 시선을 끈다.

㉣ 두 손으로 눈을 가리며 "눈가리기"라고 이야기하며 아동의 시선을 끈다.

㉤ 한 눈에서 손을 떼고 아동에게도 "한 눈에서 손 떼기"라고 말하며 아동의 시선을 끈다.

㉥ 두 손을 함께 눈에서 떼고 아동에게도 모방하도록 한다.

㉦ 두 손을 떼고 아동으로 하여금 자기 손으로 교사나 부모의 눈을 가리게 한다.

㉧ 아동으로 하여금 교사의 한 눈만을 가리게 한다.

㉨ 이와 같은 놀이를 자주 반복하여 아동이 교사와의 눈 마주침을 놀이처럼 흥미있게 하도록 한다.

6 분노와 형제 간 경쟁

자녀양육 중에 생기는 어떤 상황들은 꼭 어느 하나의 범주에 속하지는 않는다.

많은 부모들은 이러한 상황들을 딜레마로 인식하면서도 또한 해답을 구하고 싶어한다. 부모가 양육면에서 고심하는 특별한 상황들 가운데 분노와 형제간의 경쟁에 대해 Warren(1989) 등은 다음과 같이 설명하고 있다.

1) 화난 아이

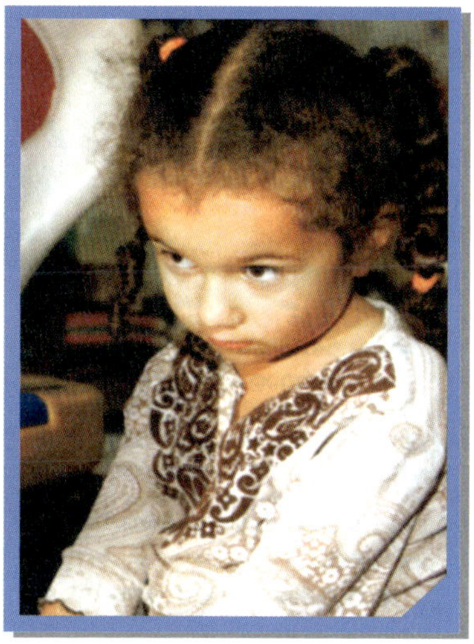

화가 나고 화를 내는 것은 거의 모든 어린이들에게 일어난다. 심리학자인 『인생의 가장 힘든 싸움들에서 이기기』(*Winning Life's Toughest Battles*)란 책의 저자인 Julius Segal은 "모든 아이들이 언젠가는 화를 터뜨린다. 아이도 어른과 마찬가지로 많은 실망과 좌절들을 겪는다는 것과, 아이들은 그럴 때 자기들의 감정을 부모가 알아주고 수용해 주기를 바라고 또한 필요로 한다는 것을 부모들이 아는 것이 중요하다"고 말한다.

그동안 축적된 연구들과 임상적 정보들은, 아이들이 화를 효과적으로 다루기 위해서 적어도 세 가지의 중요한 교훈들을 배울 필요가 있음을 시사한다고 Segal 박사는 지적한다. 그 첫째로, 아동은 화가 정상적인 감정이며 피할 필요가 없다는 것을 인식하여야 한다. 불행히도 가끔 어린이들은 오직 행복하고 고분고분하며 만족해 하는 정서적인 표현들만이 '좋은' 아이를 반영한다고 가정한다. 어린 아동은 정서적 반응의 범위가 제한적이기 때문에 이런 것은 매우 나쁜 영향을 미치는 의미이다. 화는 인간이 자신의 환경과 정직한 상호작용을 하는 가장 빠르고 중요한 수단 중의 하나이다.

지나치게 착하거나 어른 마음에 들게 행동하는 아이가 되도록 압력을 받는 아동은 사실, 억압된 적개심을 강하게 형성할 수 있다. 그 억압된 강한 적개심은 성인기에 우울증의 가장 흔한 요인 중의 하나이다. 어린 아동에게 있어서 만성적으로 억압된 분노는 심인성 질병 – 천식, 알레르기, 소화불량 문제, 복통

ㅡ을 유발할 수도 있고, 학업성취와 또래관계에 어려움을 초래할 수도 있다.

화난 감정은 하나님께서 주신 감정이며, 또한 필요한 것이라는 점을 아이가 이해할 수 있도록 하는 것이, 아이의 건강한 정서발달을 위해 필수적이다. 에베소서 4장 26절은 "분노하라, 그러나 범죄치 말라"는 말로 이를 잘 반영하고 있다. 화를 느끼는 것과 그 화를 부정적인 방법으로 표현하는 것은 별개이다.

둘째, 아동은 화를 표현하는 건강한 방법들을 배워야 한다. 화난 감정을 가지는 것은 폭력적인 행위나 적대적인 행동에 대한 무조건적 승인장이 아니다. 아이가 화가나 적대적 감정들을 제한 없이 아무렇게나 표현하도록 허용한다고 아이가 나중에 신경증을 보이지 않는 것이 아니라는 점이 요즈음 심리학계에서 잘 인식되고 있다.

『화 : 잘못 이해된 감정』(*Anger : The Misunderstood Emotion*)이란 책의 저자인 Carol Travis는 완전한 감정적 자유는 아동에게 심리적으로 건강하지 못한 것일 수 있다고 말한다. 경험적 연구로 입증된 바는 아니지만 그러한 자유는 아동에게 정서적 건강보다는 정서적 폭군을 낳을 가능성이 더 많다고 한다.

단지 아이가 발로 차고 때리고 물건을 부수도록 허용하기만 하는 것은, 아동에게 화를 다루는 방법을 가르쳐 주지 못한다. 오히려 그렇게 하면 아이는 화는 어떤 상황에서건 그냥 있는 그대로 발산될 수 있다는 의미를 전달하게 된다. 사실, 부적절한 공격성만을 신장시킬 수 있다.

셋째, 화는 자주 쓰이는 대응기제가 되기 위한 것이 아님을 아이가 인식하여야 한다. 오히려 화는 감정적 좌절이나 상처가 솔직히 클 때 어려운 상황들을 다루는 수단이다.

우리는 부모들에게 다음의 네 가지는 어린아이의 화를 돋구는 경향이 있는 '급탄기'라고 이야기해 준다.

- 자존감의 상실
- 기가 꺾이거나 실망함
- 모욕이나 당황스러움
- 불공평하거나 무신경하게 취급되었다는 느낌

아이가 분노를 표현하는 지속적인 패턴을 따르기보다는 대안적인 반응들을 발달시키도록 부모는 가르쳐야 한다. 현명한 사람은 분노를 피하고 화를 삭이기를 배운다고 성경은 가르치고 있다(잠언 15장 1절과 에베소서 4장 26절을 보라). mad란 영어 단어가 '미쳤다'는 뜻과 '화났다'는 뜻 둘을 표현하는데 사용된다는 것은 우연이 아닐 것이다.

일상적인 상황들을 조정하기 위하여 정규적으로 화를 폭발시키는 아이들은 깡패 골목대장이라고 알려진다. 깡패 아이들의 문제와 그들이 개인적 심리발달—아이들의 심리발달 뿐만 아니라 자신의 심리발달—에 미치는 악영향을 검토해 볼 필요가 있다.

아무도 진정 깡패가 되기 위하여 태어나지는 않는 것처럼 보인다. 약한 자를 못살게 구는 깡패행동은 학습된 행동인 것으로 보인다. 이들은 주로 남자 아이들이며, 종종 그들의 희생물이 되는 아이들보다 나이가 많다. 그들은 적어도 평균지능을 가지고 있으나 학업성취는 상대적으로 저조한 경향이 있다. 이 아이들은 정말 가까운 친구가 별로 없다. 아이가 적대적이고 으름장 놓는 행동으로 상황들을 자기 뜻대로 움직일 수 있게 되면서 긍정적 강화가 일어난다. 약한 자를 못살게 구는 행동이 아이의 주된 대응기제가 됨에 따라, 다른 사회적으로 적절한 기술들—좋은 친구관계를 발달시키고 좋은 학교 성취를 보이는 등과 같은 기술들—은 퇴보하는 경향이 있다.

시카고에 있는 일리노이 주립대학교의 Leonard D. Eron과 그 동료들이 한 연구 역시 이런 어린 깡패 골목대장들이 성인이 되면 범죄적 행동의 수준이 상당히 높아진다는 것을 보여 준다. 초등학교 초기에 깡패 골목대장이던 아이는 16세가 되기 이전에 학교를 중퇴하는 경향이 다른 아이들보다 높았다. 이들이 삼십대 초반이 되었을 때, 학대적인 남편이나 아버지와 같은 식으로 관계상의 문제에 연루되고 사회·경제적인 지위가 낮은 직업을 갖는 경향도 동년배보다 높았다.

여자 아이가 어릴 때 깡패 골목대장이었을 경우에는, 나중에 가혹하고 처벌적인 어머니가 되는 경향이 있긴 하였지만, 이후의 삶이 남자 아이의 경우만큼 그렇게 나빠 보이진 않았다는 것이 이론과 그 동료들의 연구결과였다.

Patterson, De Baryshe, 그리고 Ramsey는 아동의 강압적 행동은 주위 환경

으로부터 두 가지 반응을 일으키는 경향이 있다고 한다. 하나는 정상적인 또래집단들로부터 거부당하는 것이며, 다른 하나는 학업상의 실패이다. 역기능적인 정상적인 행동으로부터 반사회적인 행위까지 이르는 과정이 연쇄적이라는 것은 널리 합의되고 있는 바이다. 이 연쇄적 과정을 그려보면 [그림 3-1]과 같은 모양이 될 수 있다.

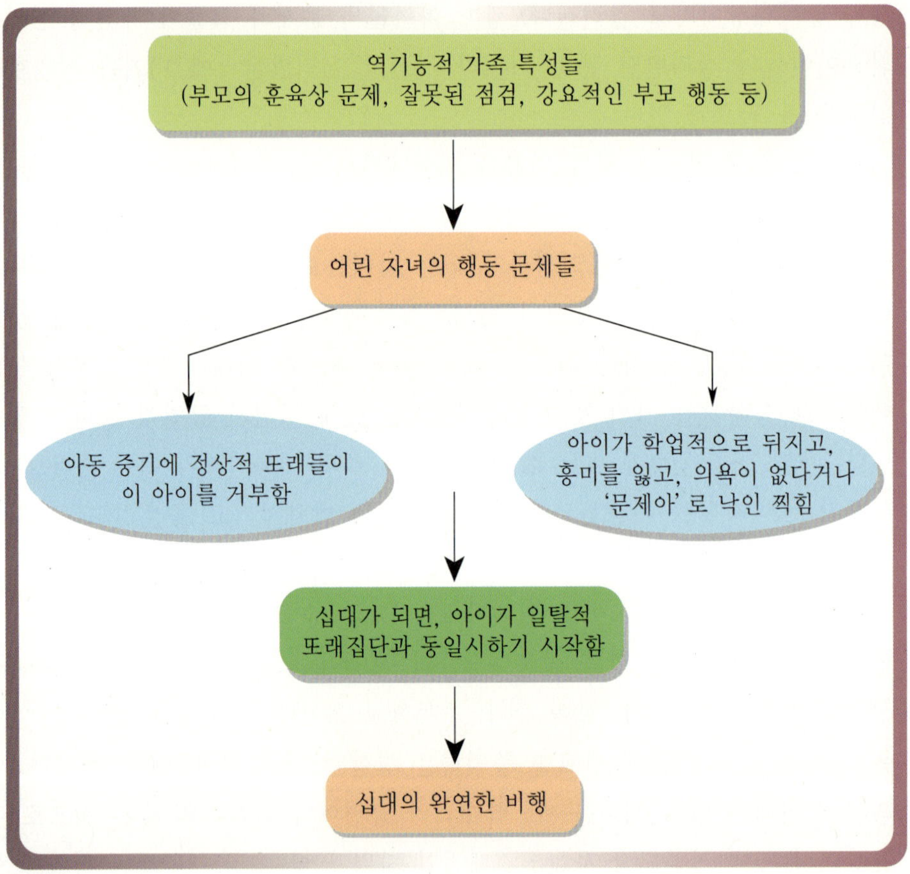

그림 3-1 분노의 형제 간 경쟁

아마도 이 중 가장 슬픈 발견은 아동기에 깡패 골목대장이었던 성인들이 역시 깡패인 자녀를 가지게 된다는 것이다. 이는 아마 반사회적인 행동의 30퍼센트 내지 40퍼센트 변량이 부모의 행동과 가족 간 상호작용에 의해 설명되기 때문일 것이다. 낙관적인 측면은 희생자인 아이들은 깡패 아이들과 관련된 장기적인 부정적 결과들을 경험하지 않는다는 것이다.

과보호적인 부모가 직접적으로나 간접적으로, 자신을 주장하고 '굳건히 고수하는 것'은 부적당한 행동이라고 가르친 아이들은 깡패 아이가 못살게 구는 표적이 될 위험이 있다. 그러나 "난 당하고 있지 않아"라는 태도를 보이고 자신의 권리를 지키기 위해 일어설 용의가 있어 보이는 아이들은 깡패 아이의 표적이 덜 된다.

화난 아동에게 반응하는 부모나 양육자들에게 도움이 되는 네 가지 사항들의 첫자들을 따서 간단히 KISS라고 부르겠다.

(1) K(know)

K는 아이가 화난 감정을 억압하거나 부정하도록 강요하지 않으면서 아이가 그 감정을 알도록(know) 허용하는 것이다. 부모는 분노의 적절한 측면과 관계를 압도하지 않으면서 분노를 다루는 능력을 몸소 본을 보여야 한다.

가정의 안정성과 관계들을 파괴시키는 폭발 없이 적절하게 다스려진 양식의 화를 아이가 가정에서 볼 수 있게끔 해 주는 것은 아이에게 중요하다.

어느 어머니는 화가 날 때 천천히 그리고 조용히 말하도록 자신을 훈련했다. 내면의 감정상태가 끓어오를 지경에 이르렀을 때, 목소리를 높이는 대신 낮추고 어휘를 극히 주의깊게 가려 쓰는 것은 화를 다스리고 스스로를 통제하는 데 도움이 된다는 것을 그녀는 발견하였다.

분노가 친밀감을 배제하지 않는다는 것을 보여 주도록 부모는 애정을 표시하여야 한다. 비록 몇 시간 전에 화가 끓어올랐더라도, 부모는 잠자기 전에 항상 껴안아 주고 뽀뽀를 해주던 대로 하고자 노력하여야 한다. "행위는 미워하되 행위자는 사랑하라"는 금언이 여기 또 한 번 적용된다. 때로, 부모의 결정이 불공평하다든가 무신경하다고 느껴지고 이해하지 못할 때 아이들은 화가 난다. 일곱 살 난 제니는 열세 살 난 오빠는 집에 남아 친구들과 놀도록 허락해 주고 자기는 어머니가 볼일 보러 가는데 같이 가야 한다고 했을 때 화를 불같이 내었다. 오빠는 나이가 많고 스스로를 더 잘 돌볼 수 있어서라고 설명할 때, 어머니는 볼일이 끝나자마자 제니도 친구들과 한두 시간 놀 수 있게 하려고 계획하고 있다는 말을 빠뜨리고 하지 않았다. 제니가 보기엔 어머니의 결정은 분명히 불공평하고 최종적인 것이었다. 어머니가 설명을 빠뜨리지 않았더라면 제니가 그렇게 화를 내지는 않았을 것이다.

(2) I(instruct)

I는 화가 나 있는 동안 '침착함을 유지'하고 자신이 할 반응을 쭉 생각해 보도록 아이가 스스로에게 지시(instruct)할 수 있는 것을 의미한다. 화가 났을 때 숫자를 열까지 세어보는 것은 아이에게 알려줄 수 있는 방법이다. 어린이가 자신의 자존감을 키울 수 있고 공격적으로 행동을 발산할 필요를 줄이는 말들과 조합을 이루면 더욱 효과적이다.

자제의 지혜와 상황을 해결하기 위해 친절을 사용하는 것에 대한 성경 구절들－예컨대, 잠언 15장 1절과 8절－이 여기서 도움이 된다. 아이의 자존감을 키우고 자신에 대해 언어적으로 분명하고 정교하게 표현하도록 가르치는 것이 도움이 된다.

스스로에게 인지적으로 지시를 하도록 가르칠 뿐만 아니라, 다른 사람들에게 좀더 적절한 언어적 반응을 할 수 있는 능력을 키우는 것이 여기서 중요하다. 예를 들어, 깡패 아이가 아이의 자전거를 뺏으려고 할 때 신체적인 싸움을 시작하기보다는 "나는 네게 내 자전거를 타게 하고 싶지 않아. 난 지금은 너와 함께 내 자전거를 같이 탈 마음이 없어. 나중에는 빌려 줄 수 있을지 몰라"라고 말하게끔 배울 수 있다.

이것이 다소 이상주의적으로 들릴 수도 있다. 그러나 아이들이 화난 행동을 다루는 법을 배움에 따라, 분란을 일으키기보다는 상황을 가라앉히는 대안적 어귀들을 배울 수 있다.

또한 아이와 부모에게 부적절하거나 선동적인 행동을 의도적으로 무시하도록 가르치는 것도 현명하다. 물론 어떤 상황들은 무시하고 넘어갈 수 없으나, 아이가 사소한 성가심이나 분란 등에 신경을 쓸 때 종종 불필요한 싸움들이 일어난다.

많은 성인들이 아는 것처럼, 유머로 긴장을 완화하는 법을 배우는 것도 도움이 될 수 있다. 큰애들이 집단으로 일학년짜리를 '머리가 빈 놈(바보)'이라고 자꾸만 부르면 그 아이는 마음에 상처를 입을 수 있다. 어느 현명한 교사는 이 어린아이에게 가르치길, 화를 내는 것으로 반응하지 말고 대신 큰애들의 말에 "와, 머리 속으로 바람이 들어오는 걸"이라고 말하며 머리를 부채질하듯 과장되고 재미있는 모양으로 흔드는 식으로 반응하도록 하였다.

"자기들이 너를 화나게 할 수 없다는 걸 큰애들이 알게 되면, 그 애들은 다른 걸 하려고 할거야"라고 그 선생님은 어린아이에게 말했다. 그 선생님의 계획은 곧 효과적인 것으로 밝혀졌다.

지연된 약속이나 보상도, 아이가 공격성으로부터 한 발 물러나서 상황에 대한 보다 적절한 해결책을 협상하는 데 가끔 도움이 된다.

(3) S(setting limits)

KISS의 첫 S는, 한계를 설정(setting limits)한다는 말의 첫자이다. 부모는 다치거나 지나친 적대적 표현을 하는 경우가 생기지 않도록 방지하기 위해 확고한 한계를 세울 필요가 있다. 다치지 않도록 하기 위해 상황으로부터 아이를 옮겨 놓는다거나 아이를 붙잡는 것과 같은 신체적 제지도 필요할 수 있다. '안돼'라는 의미를 분명히 전달하고 어떤 상황에서도 이러저러한 행동은 용납되지 않는다는 말로 뒷받침하면 아이는 안정감을 느낀다. 또한 이렇게 하는 것은 부모를 아이에게 신뢰로운 사람으로 보이게 한다.

(4) S(shunting)

두 번째 S는 화를 비킨다(shunting)는 뜻이다. 상황이 그에 달하고 난 후에 '남겨진' 분노감정을 다시 정리하는 방법을 아이가 배워야 한다. 이는 화난 감정을 가라앉히는 데도 역시 도움이 된다. 운동, 신체단련, 음악, 게임 등과 같은 활동들은 화를 가라앉히고 아이를 제 궤도로 다시 오르게 하는 데 훌륭한 방법들이다. 어느 가족은 아들이 밖에서 한동안 농구공을 열심히 치고 나면 화가 가라앉는다는 것을 항상 알고 있었다. 또 다른 때에는 그 아이는 '식히기' 위해 자전거를 타고 한 바퀴 휭 돌고 오기도 했다.

2) 형제 간의 경쟁과 다툼

아마 형제 간에 다투는 문제만큼 부모를 좌절시키는 일은 없을 것이다. 끝없는 논쟁과 말다툼, 심지어는 싸움까지 하는 자녀들을 보는 부모들은 종종 화를 내고 위협적인 말을 하는 지경이 될 정도로 좌절감을 겪는다.

사실 형제 간 다툼은 모든 아동에게 있어서 성장과정의 정상적이자 필수적인 부분이라는 점을 부모는 기억하여야 한다. 이러한 다음과 갈등을 통해서 아이들은 자신 주변의 경계를 그어나가기 시작하고 자신의 강점과 약점을 파악하며, 대인관계 기술들을 발달시켜야 할 필요성을 깨달을 수 있는 것이다.

서로 긍적적이거나 재미있어 하는 시간이 없을 때, 혹은 한 아이가 다른 형제를 신체적으로나 정서적으로 상처입힐 때는 형제 간 다툼이 해가 된다. 부모들은 걱정을 하지만 서로 상처가 되는 이러한 형제 간 다툼은 비교적 드물다. 형제 간 다툼이 증가하는 경우, 이는 일반적으로 아이들끼리 문제이기보다는 부모와 관련된 문제이다.

다음의 세 조건들이 개별적으로나 혹은 조합적으로 있을 때 주로 형제 간 다툼을 심하게 하는 원인이 된다.

(1) 부모 중 어느 한 쪽이나 양 쪽 모두가 한 자녀를 편애

분명히 어떤 자녀들은 기질이나 일관적인 매일의 행동 덕분에 다른 애들보다 더 사랑스럽다. 그러나 부모가 어떤 한 자녀를 다른 자녀보다 일관되게 선호하기 시작하면, 자녀들 사이의 다툼과 경쟁은 더 잦고 더 심해질 것이다.

어떤 상담자는, 70대의 노인이 자기 언니에 대해 큰 미움을 품고 그 언니가 죽었다는 말에 공개적으로 희열을 나타내던 경우를 상담한 적도 있었다. 드러나게 완연히 언니를 더 좋아했던 어머니가 바로 그 일생에 걸친 형제 간 다툼의 뿌리였다. 어머니의 편애 때문에 그 내담자는 언니에 대한 미움을 간직한 채 평생을 보냈던 것이다.

만약 부모들이 오래 전부터 많은 아이들이 써오던 "공평하지 않아요"란 호소를 지나치게 받아들인다면, 형제 간 다툼은 증가할 수밖에 없다. 가족체제는 공평성의 개념에만 근거할 수는 없다. 공평함이 가족의 주된 목표가 되면, 큰 자녀들은 사실 특권을 더 많이 누릴 수 없으며, 어떤 영역에서 특별한 도움을 필요로 하는 자녀도 "공평치 못하니까" 그 도움을 받을 수 없다.

앞의 예에서, 일곱 살 난 제니는 어머니가 열세 살 난 오빠는 집에 남아서 놀아도 좋다고 허락하고, 자기는 어머니를 따라가야 한다고 했을 때 '불공평'하다고 호소했다. 오빠는 나이가 많고 자신을 돌볼 수 있기 때문에 혼자 남아 있을 수 있고, 이후의 몇 시간 동안 자신의 활동을 스스로 조절할 수 있는 특권을 부여받은 것이라고 어머니는 설명하였다. 그러나 '공평함'이란 이 경우에는 꼭맞는 개념이 아니다. 어머니의 결정에 있어서는 제니 오빠의 나이가 결정적인 요인이었던 것이다.

공평함은 그때 그때의 준거에 기초를 두며, 그 상황적인 준거에 따라 아이는 어떤 특별한 대접을 받을 수 없다. 정말 중요한 점은 공평함이 아니라, 각 아이에게 가장 이로운 게 무엇인지－지금 현재뿐 아니라 장기적으로도 가장 이로운－에 관련된 정당함이다.

(2) 부모의 부부관계 상 어려움

자녀들은 부모의 결혼생활의 정확한 척도이다. 부모 간에 갈등이 심화될 때, 형제 간 다툼도 대개 증가한다. 만약 부모들이 형제 간 다툼을 멈추고자 한다면 부모들 스스로 싸움을 멈추어야 할 것이라고 자녀들이 상상하거나 희망할 수도 있다.

Carol과 Jim 부부는 자신들의 잦은 싸움이 자녀들의 성향에 어떤 영향을 미치는지를 보고 놀랐다. 부부가 서로 사랑하고 배려할 때, 자녀들도 갈등이나 경쟁이 적고 함께 있는 것을 즐기는 듯이 보였다. 그러나 부모 간에 반목하는 말들과 불협화음이 증가하면, 아들과 딸 간의 갈등도 악화되었다. 사실, 자녀들은 부모가 본을 보이는 갈등 해결 기술들을 택한다는 것이 맞는 말이다. 또한 부모가 다투고 싸울 때 자녀들은 몹시 불안해진다는 것도 사실이다. 이런 불안은 형제 간의 다툼을 낳게 되는데, 이는 자신들의 불안을 방출하는 수단이기도 하지만 종종 서로 싸우고 있는 부모들의 관심을 싸우고 있는 자녀들에게로 돌리는 수단이 되기도 한다. 어떤 면에선, 자녀들은 부모들이 자녀들에게 화를 내는 것이, 부모들끼리 서로에게 화를 내는 것보다 더 낫다고 여길 수 있다.

(3) 부모가 가정 밖의 일에서 지나치게 몰두함

우리 문화에서는 부모 중 어느 한 쪽, 특히 아버지는 종종 일과 직장에 너무 많이 매여 있고 바쁘다. 이런 일이 있을 때 형제 간 다툼은 주의신호 역할을 할 수 있다. 부재중인 부모가 가족을 돌보기 위해 집으로 돌아오라는 호소인 것이다.

부모가 형제 간 다툼을 다루도록 상담자가 도울 때 – 하나의 규칙이 있다. 형제 간 다툼을 부모가 중재하지 않도록 하여야 한다. 아이들 간의 싸움을 중재하기 위해 부모가 에너지를 소비하게 되면, 실제 싸움에 계속적으로 휘말려 들게 되고, 싸움은 증가할 것이다. 형제 간 싸움의 목적 중의 하나는 다른 형제에 대항해서 부모를 자기편으로 만들고자 하는데 있음을 부모는 기억하여야 한다. 형제 간 싸움을 중재하기 위해 부모가 많은 에너지를 소모하면 이는 결국 어느 한 아이를 강화하게 되는 결과가 되고, 따라서 이 과정은 지속될 가능성이 많다.

원칙상, 부모는 자녀들끼리 갈등을 해결하도록 하여야 한다. 언쟁과 싸움을 그만 두라는 한 번의 경고로 충분하다. 만약 그래도 자녀들이 '전쟁'을 지속하면, 그때 부모는 자녀들을 서로 떼어 놓아야 한다. 이렇게 하는 것은 부모가 싸움의 일부가 되지 않을 것이며, 형제들은 스스로 문제를 해결하여야 한다는 메시지를 자녀들에게 전달하는 것이다.

아무리 개입을 적절히 잘한다 해도 자녀들이 십대인 동안까지 형제 간 다툼은 지속될 가능성이 많다는 것을 부모들에게 상담자가 이야기해 주는 것이 도움이 될 수 있다. Louis와 Robert는 둘 다 사십대의 나이에 든 형제들이다. 이제 둘은 서로 좋은 친구이기 때문에, 어릴 때 서로 계속 싸우던 것에 대해 웃으며 이야기하곤 한다. 그러나 그들이 고등학교를 졸업하고 독립하면서 갑자기 싸움을 멈추기 전까지, 그들의 부모에게는 둘 간의 싸움이 끝이 없을 것처럼 보였다.

자녀들이 학교에 가는 나이가 되면, 경쟁이란 것이 삶의 중요한 부분이 된다. 형제 간 다툼과 유사하게, 경쟁도 어린이의 성장과 발달에 긍정적인 역할을 할 수 있다. 경쟁이 아동기의 부분이긴 하지만, 종종 이 경쟁은 지나치게 강조되어서 아이에게 해를 끼치는 지경이 되기도 한다. 자녀들 간의 건강하지 못한 경쟁은 너무나 많은 경우 부모나 아이와 관련된 성인 자신들의 채워지지 못한 필요에 기초를 두고 있다.

건강한 경쟁은 적어도 두 가지 지침을 필요로 한다 ① 학령기 아동들 간의 경쟁을 포함한 여러 상황들은 건강한 성인에 의해 직접적으로나 간접적으로 관찰 지도되어야 한다. 성인이 항상 함께 있어야 할 필요는 없지만, 적어도 경쟁이 지나치게 되지 않도록 개입하고 갈등을 해결할 수 있도록 도움을 줄 수 있는 위치에 있어야 한다. ② 모든 어린이가 어떤 노력이란 경기장에서 이길 기회와 질 기회를 동등하게 가질 수 있어야 건강한 경쟁이라 할 수 있다. 만약 아이가 전혀 이길 수 없거나 전혀 질 수 없다면 그 경쟁은 건강하지 못한 것이다.

화, 또래와의 갈등, 형제 간 다툼, 그리고 경쟁은 모든 아이의 삶의 일부이다. 이런 것들은 다투기에 종종 성가시고 짜증나기도 하지만, 성장을 위한 기회들이다. 이러한 문제들에 대처하는 방법을 성공적으로 배우는 아이는 성장하는 과정을 순조로이 이루게 되며, 다음 장에서 논의될 우울증이나 불안장애의 함정을 잘 넘어간다.

기사거리

"잘못했어요"…어린이집 학대 피해아동 '악몽' '공격성' 등 외상후스트레스 심각

입력:2015.03.17 00:23 쿠키뉴스

유아들의 외상 후 스트레스 장애 주요 증상 특성			
주요 증상 특성	악몽	19%	1.자다가 소리 지르며 꿈에서 선생님이 때렸다고 함 2.밤에 자다 일어나 울며 "잘못했어요" 라는 잠꼬대를 함.
	공격성	19%	모의 목을 조르거나 뺨을 때림, 친구를 발로 참
	학대경험 반복이야기 (외상재연)	12%	1."주방에 선생님이 데려가 뜨거운 거를 손에 올려놨어" 2."걔가 잘못해서, 김치 안 먹어서"하며 중얼거리고 다님. 3.밤에 일어나 울면서'엄마. (친구) 맞았어'라고 얘기함
	공포	7%	1.윗 층의 쿵쿵거리는 소리에도 무서워함 2.갑자기 통곡하고 심하게 울면서 몸을 떠는 경련
	반항적 행동	7%	아동의 요구가 들어지지 않을 때 모나 오빠를 주먹으로 때리거나 떼쓰는 행동 증가하였음
	위축 (사회적 철회)	7%	어린이집이 보이는 창가를 가지 않고 피함
	분리불안	7%	"엄마 어디야"하고 확인함. - 신체적으로 안기고 기대려고 한다.
	기타 :. 대변실수/ 산만성/ 수면문제/ 과도한 경계심 새벽에 2~3번 정도 깨서 멍하니 쳐다보다 모를 찾는 등		

인천송도 어린이집 학대 피해 아동 부모들 약 80%는 우울과 불안 상태 심각

인천 어린이집 학대 피해 아동들이 외상 후 스트레스 장애에 시달리고 있으며, 학부모들 또한 우울감과 불안 등의 증세를 보이고 있는 것으로 나타났다.

새누리당 신의진 의원은 인천 어린이집 치료를 담당한 '보육학대 심리지원팀'의 자료를 분석한 결과, 인천 송도 어린이집 5세 반(기 보도된 폭력장면 노출) 총 16명 중 외상 후 스트레스 장애(PTSD진단범주)의 행동을 보이는 아동은 11명(전체대비 69%)에 달했으며, 나머지 5명의 아동 역시 정서 행동적 문제가 많은 것으로 나타났다고 밝혔다.

특히 아동들은 악몽(전체 대비 19%)에 시달리고 있는 것은 물론 엄마의 목을 조르거나 친구를 가격하는 공격성의 성향(전체 대비 19%)을 보이고 있으며, 이외에도 학대 경험을 반복해서 이야기 하거나, 공포 · 반항적 행동 · 위축 · 분리불안 · 퇴행적 행동을 보이고 있는 것으로 나타났다. 뿐만 아니라 학대를 당한 부모들의 80%가 우울과 불안 상태가 심각한 것으로 나타났다.

신의진 의원은 "영유아 시기에는 안전사고나 응급상황 등에 노출되는 경우가 많음에도 이에 대해 전문적으로 개입할 수 있는 국가적 차원의 센터나 요원이 절대적으로 부족하다"며 "국가적인 차원에서 응급심리지원을 할 수 있도록 조속한 제도적 마련이 필요하며 영유아 정신건강전문가를 양성해 피해 아동과 부모들을 위한 실제적이고 구체적인 치료 및 상담이 제공되어야 한다"고 밝혔다.

[쿠키뉴스, 조민규 기자, kioo@kukimedia.co.kr]

Chapter 04

부적응 행동의 치료 및 상담

1 _ 음악치료

2 _ 미술치료

3 _ 놀이치료

4 _ 행동수정

5 _ 치료놀이(테라플레이)

Chapter 04

부적응 행동의 치료 및 상담

1 음악치료

1) 음악치료의 의미

"음악치료란 무엇인가?"라고 묻는 사람들에게 음악치료를 한 마디로 설명하는 것은 사실 간단한 문제가 아니다. 왜냐하면 우선 음악치료가 시행되는 환자의 영역이 정신질환에서부터 발달장애, 노인질환 등으로 다양하며, 대상 환자의 연령층도 어린아이에서 노인에 이르기까지 다양하기 때문에 음악치료에 대한 정의를 내리기에 앞서 우리는 질문을 하는 사람이 어떤 환자를 대상으로 시행되는 음악치료에 대해 알기를 원하는지 먼저 물어 보아야 한다. 또 한편으로는 음악치료에 사용되는 음악 자체도 간단히 설명하기 어려울 정도로 복잡하다. 음악치료사는 음악의 다섯 가지 요소, 즉 멜로디, 하모니, 리듬, 음색, 그리고 형식을 사용할 수 있는데, 대상 환자의 상황과 목적에 따라 이 중 특정한 요소가 강조될 수 있다. 또한 음악치료 그룹에 시행되는 음악의 기능면에서 볼 때에도 환자는 음악을 감상, 연주 또는 작곡하거나 음악에 따라 움직이기도 하고, 악보를 읽거나 노래를 부르며 참여하는 행동을 보인다. 이렇게 음악 자체를 설명하는 것이 쉽지 않고 음악의 기능 또한 다양하며, 더구나 대상 환자의 그룹이나 나이까지 다양하기 때문에 "음악치료는 이런 것"이라고 한 마디로 정의내리기가 쉽지 않은 것이다.

미국음악치료협회(American Music Therapy Association)에서는 음악치료를 다음과 같이 설명하고 있다.

음악치료는 치료적인 목적, 즉 정신과 신체 건강을 복원 및 유지시키며 향상시키기 위해 음악을 사용하는 것이다. 이것은 치료적인 환경 속에서 치료 대상자의 행동을 바람직한 방향으로 변화시키기 위한 목적으로 음악치료사가 음악을 단계적으로 사용하는 것이다. 이러한 변화는 치료를 받는 개인으로 하여금 자신과 주변의 세계를 깊이있게 이해하게 하여 사회에 보다 잘 적응할 수 있도록 도와준다. 치료를 맡은 팀의 한 멤버로서 전문 음악치료사는 자신의 치료계획을 세우거나 특정한 음악적 활동을 시행하기 전에 치료팀 환자의 문제를 분석하여 일반적인 치료의 목적을 설정하는 데에 먼저 참여하게 된다. 또한 시행되는 치료과정이 효율적인지를 알기 위해 정기적인 평가를 행하게 된다.

Bruscia(1989)는 음악치료를 정의내리기가 쉽지 않은 것은 '음악'과 '치료'라는 두 단어가 다양한 내용을 함축하고 있기 때문이라고 말하고 있다. 그는 『음악치료의 정의』(1989)라는 책에서 음악치료를 다음과 같이 정의하고 있다.

음악치료는 치료사가 환자를 도와 건강을 회복시키기 위해 음악적 경험과 관계들을 통해 역동적인 변화를 이끌어내는 체계적인 과정이다(음악치료 정의, 47쪽).

즉 음악치료는 한두 번에 그치는 치료의 형태라기보다는 구체적인 목표를 세우고 단계적으로 치료를 시행해가는 과정이다.

2) 음악치료의 원리와 방법

(1) 원 리

앞서 말한 바와 같이 음악치료는 인간행동, 즉 개인이 가지고 있는 장애적 행동을 원하는 행동으로 변화시키기 위해 음악을 사용하는 것이다. 이러한 목적을 달성하기 위해 음악치료는 일반적으로 두 가지 입장의 치료 형태를 가진다. 임상의 현장에서 음악치료가 시행될 때 그 접근방식을 음악치료 그룹에서 경험하는 과정들을 음악 외적인 것에 연관시켜 치료의 목적을 달성하는 '관련적 음악치료'(referential music therapy)와 치료 활동 중에 가지는 경험의 치료목표가 직접 연결되어지는 '경험적 음악치료'(experiential music therapy)이다.

(2) 방 법

치료방법에 있어서 음악치료는 행동과학의 입장에서 개인 및 집단치료를 시행하는데, 음악치료의 방법은 환자의 증상과 개인적인 상황에 따라 다양하게 적용된다. 음악이 치료의 도구로 사용되는 원리와 이론은 다음과 같은 믿음을 갖게 한다.

① 음악치료는 적극적인 치료방법으로서 신체적, 인지적, 그리고 사회적인 기능에 현저한 영향력을 가져 온다.
② 음악치료는 고통과 스트레스를 조절하는 효과적인 비약물 치료의 방법이다.

③ 음악치료는 피치료자의 내면세계를 잘 구성시켜 외부세계에 이를 표현시키도록 만든다.
④ 음악치료는 사람과의 관계를 교류시키고 사회적인 기능을 극대화시킬 수 있는 방법이다.
⑤ 음악치료는 피치료자의 학문적, 사회적, 음악적 훈련 배경에 제약을 받지 않으면서 치료목적을 달성하도록 한다.
⑥ 음악치료는 피치료자의 생활환경을 보존하면서 치료적인 목적을 달성하게 하는 가장 경제적인 치료방법이다.
⑦ 음악치료는 치료를 거부하거나 저항하는 사람에게라도 안전하며, 긍정적인 치료환경을 마련하여 치료 목적을 달성하도록 한다.

3) 아동을 위한 음악치료의 목적

(1) **의사소통**(communication)

음악활동은 표현적, 수용적 의사소통 두 가지를 모두 요구할 수 있다. 사회집단의 일원이 되기 위해서는 구성원들 간에 의사소통이 필요하다.

비언어적 의사소통으로서의 음악은, 이러한 학습된 행동들을 위한 중요한 자극이다.

① 음악치료는 학습된 행동을 여러 번 연습할 수 있는 환경을 제공한다. 치료사는 충분한 음악 레퍼토리를 가져야만 한다. 그래야 같은 행동 목표를 일련의 다양한 활동을 통해 연습시킬 수 있게 된다. 이러한 방법은 하나의 단순활동에 대한 지루함을 방지해 주면서, 이러한 행동이 일어날 반복적인 기회를 허용한다.
② 시선접촉은 격리되어야 한다. 시선접촉을 하지 못하는 아동들은 매우 가치있는 의사소통을 놓치게 되는 것이다. 매력적인 음악활동들은 종종 아동이 시선접촉을 하고 유지시키도록 격려한다. 안면 표정과 입술 모양은 의사소통의 명료성을 증가시키기 때문에 자신에게 말하고 있는 사람에게 초점을 맞추는 것을 배우는 것은 중요하다.

③ 지시사항을 노래로 불러 줄 수 있는 음악치료사는 아동의 주의를 모으기 위해 다양한 소리를 사용할 수 있고, 이 주의를 의사소통하기에 충분할 만큼 유지시킬 수 있다. 악기는 보통 시선접촉이 잘 형성된 후에나 사용된다.

(2) 학업(academic)

음악은 학업기술을 구조화하기 위한 중요한 방법이 될 수 있는데, 특히 연습이 도움이 된다면 더욱 그렇다. 음악을 연주할 때, 아동이 가사를 읽도록 하거나 가사의 한 행에 추가하기 위한 단어의 철자를 말하도록 할 수도 있다. 율동노래를 통해 연습시킴으로써 단순한 수학기술을 증대시킬 수 있을 것이다.

신체부위 구별, 공간과 관련해서 자신 알기, 시간 개념 등과 같은 방향 정위 기술은 음악활동을 통하여 강화될 수 있다.

음악치료는 아동의 주의집중 시간을 증가시키기 위해 사용될 수 있는데, 이 주의집중시간은 학습 과제 완성에 필수적이다. 음악은 시간적으로 정연하며, 위협적이지 않고 즐겁기 때문에 이러한 아동들은 때때로 더 긴 시간 동안 교육과제에 참여한다.

(3) 운동기술(motor skills)

리듬은 동작을 시작하고 끝맺을 수 있는 동기와 에너지를 제공한다. 모방은 동작기술을 배우기 위한 중요한 수단이기 때문에 장려될 수 있다. 일어서기, 앉기, 흔들기, 걷기, 뛰기, 깡총뛰기, 행진하기, 도약하기, 손뼉치기, 그리고 팔과 머리 움직이기 등은 성장의 발달단계에 필요한 더 흔한 동작이다. 처음에는 정확한 리듬보다 참여가 더 중요하다. 나중에 아동이 운동 통제를 더 습득했을 때, 치료사는 아동에게 동작과 리듬을 맞추도록 장려할 수 있다.

(4) 정서적 행동(emotional behavior)

아동은 자신의 감정을 확인하는 것과 타인의 감정으로부터 사적인 감정을 분리하는 것을 배워야 한다. 음악치료는 자신의 가정과 타인의 감정을 알 수 있도록 하고, 음악 자극을 확인하는 기회를 준다.

(5) 조직 · 구조(organization or structure)

음악치료는 아동이 음악 만들기 과제에 기여를 하고, 타인들의 기여를 존중함으로써 아동이 자신의 요구를 충족시킬 수 있는 장소와 시간을 제공한다. 아동으로 하여금 참여하도록 동기유발하는 것은 음악의 순서이다. 리듬은 아동이 집단활동의 부분이 되도록 비언어적으로 유도하기 위한 조직을 제공한다. 아동은 참여를 통해 구조와 순서에 대한 경험을 한다. 이것은 자기－조직화와 집단경험의 순서에서 기능할 수 있는 능력으로 안내한다.

(6) 사회적 기술(social skills)

대부분의 음악이 집단활동이기 때문에, 음악치료사는 아동이 집단에서 필요하고 기여할 수 있으며, 환영받는 구성원이라는 것을 알도록 경험을 계획함으로써 긍정적인 대인 간 행동을 강화할 수 있다. 대부분의 아동들은 음악 집단에 참여하고 싶어하고, 집단에 남아있기 위해 부적절한 행동을 수정하기도 한다.

2 미술치료

1) 미술치료의 의미

미술치료는 인간의 조형활동을 통해서 개인의 갈등을 조정하고 동시에 자기표현과 승화작용을 통하여 자아성장을 촉진시킬 수 있으며, 자발적인 조형활동을 통해서 개인의 내적 세계와 외적 세계 간의 조화를 이룰 수 있도록 도와준다. 미술치료는 비언어적인 커뮤니케이션 기법으로서, 이 기법을 반복 시행함에 따라 언어성 이미지와 시각적 이미지를 통해 지금까지 자기의 상실, 왜곡, 방어, 억제 등의 상황에서 보다 명확한 자기 동일시, 자기실현을 꾀하게 한다. 따라서 내담자의 무의식을 의식화하는 데 매우 유용한 장르가 된다.

2) 미술치료의 장점

미술활동의 심리치료적 속성에 비추어 볼 때, 미술치료의 장점은 다음과 같이 요약해 볼 수 있다(H. Wadeson).

① 미술은 심상의 표현이다. 우리는 말이란 형태를 취하기 전에 심상으로 사고한다. 삶의 초기 경험이 중요한 심상의 요소가 되며, 그 심상이 성격형성에 중요한 역할을 하게 되는데, 미술치료에서는 꿈이나 환상, 경험이 순수한 말로 해석하기보다는 심상으로 그려진다.

② 미술은 비언어적 수단이므로 통제를 적게 받아 내담자의 방어를 감소시킬 수 있는 이점을 지니고 있다.

③ 구체적인 유형의 자료를 즉시 얻을 수 있다. 눈으로 볼 수 있고, 만져 볼 수 있는 자료가 환자로부터 생산되는 것이다. 환자가 만든 어떤 유형의 대상화를 통해서 치료자와 환자 사이에 하나의 다리가 놓여진다. 저항적인 환자들의 경우는 흰지를 직접 다루는 것보나 그들의 그림을 통해 접근하는 것이 더 쉽다.

④ 자료의 영속성을 들 수 있다.

⑤ 미술은 공간성을 지니고 있다. 미술 표현은 문법론, 통사론, 논법 등의 언어규칙을 따를 필요가 없다. 미술의 공간성은 경험을 복제한 것이다.

나의 가족을 말로 소개하고 그림으로 그것을 동시에 나타낼 수 있다.

⑥ 미술은 창조성이 있으며 에너지를 유발시킨다. 미술치료는 하나의 작업이라기보다는 놀이와 레크리에이션 그리고 음악과 열정이 있는 창조의 에너지를 발산하는 것이다.

3) 치료의 물리적 환경

① **치료실의 준비**: 집단치료 가능한 시설, 작품 보관장, 관찰시설, 준비시설 등

② **치료시간의 구성**: 주 1~2회

③ **조형활동시의 매체의 선택**: 미술치료사들은 다양한 매체들을 사용할 수 있다. 치료시간의 구성 및 다른 요소들에 따라서 그 매체는 목적이 부합되도록 선택한다. 미술과제는 자유연상이나 가족 혹은 집단 간의 의사소통의 매개체이며, 파스텔이나 크레용, 붓 등의 비교적 간편한 매체가 적절하다.

4) 개인 미술치료와 집단 미술치료

심리상담이나 치료에서 행하고 있는 방법을 미술치료시 대상의 구성에 따라 구분한다면 개인 및 집단치료로 나눌 수 있다.

(1) 개인 미술치료

① 정신분석적 미술치료를 도입하는 경우는 내담자가 부정적 감정을 나타냄으로 시작한다.

② 미술치료사가 자유연상, 꿈의 분석, 최면 등을 통해 내담자의 갈등을 탐색한다.

③ 치료사가 내담자의 그림과 언어 내용에서 갈등의 핵심, 주제 내용과 관련된 행동을 추리한다.

④ 치료사는 전이현상에서 내담자의 갈등이 표면화되도록 한다.

⑤ 내담자의 저항적인 작품의 활동이나 언어반응을 해석한다.

⑥ 해석에 대한 내담자의 반응 및 수용을 격려한다.
⑦ 내담자는 부정적 감정이 감소 및 제거, 자아 통정력 및 통찰이 생긴다.

(2) 집단 미술치료

집단 미술치료는 집단 심리치료에 미술을 도입한 것이다. 여기에서 그림은 내면세계에 간직된 인간 감정을 자유롭게 꺼내는 것과 동시에 언어로서 서로 부딪치는 감정의 위기 완충제가 된다. 또한 카타르시스 효과를 가지는 것과 함께 감정교류의 조정역할을 한다. 따라서 집단 미술치료를 목적으로 하는 것은 집단의 한 일원으로서의 개인적 체험이며, 치료자와 환자, 환자와 환자 상호 간의 교류 가운데서의 자기통찰이고, 나아가 자신의 이미지를 시각화한다는 회화의 특수성에 의해서 치료자는 환자의 정신세계를 좀더 정확하게 파악할 수 있다.

현재 행하고 있는 집단 심리치료로서의 미술치료는 다음의 세 가지로 나눌 수 있다.

① 내담자의 자발성을 향상시키는 것이나 사회참여에의 능력을 높이는 것을 주된 목적으로 하는 것
② 집단을 가족에 한정하는 것
③ 집단 구성원의 자유로운 상호교류를 촉진하여 환자의 자기통찰, 왜곡된 인간관계의 교정을 목적으로 하는 것

5) 미술치료에 활용되는 몇 가지 구체적인 기법들

그림이나 조소, 콜라주, 핑거 페인팅 등의 조형활동을 통하여 내담자의 심리상태를 진단하려는 노력이나, 이른바 투사법이라는 이름 아래서 인물화에 의한 지능검사나 성격검사, 집 · 나무 · 사람(HTP) 검사, 나무그림 검사, 가족화에 의한 성격진단 등에 대한 연구가 계속되어 왔다.

(1) 자유화

제재나 방법을 내담자가 스스로 결정하여 그리게 하고, 색채 사용, 선과 형

태, 공간이용과 공간적 형태, 내용 등을 분석한다. 이와 같은 분석방법은 아직 신뢰도나 타당도에서 동의를 얻지 못한 부분이 있으므로 제한성에 유의해야 한다.

(2) 집 · 나무 · 사람 검사

진단도구로 많이 사용되며 사전, 사후에도 유용하다. HTP는 저항이 적으며, 동일 환자의 그림을 배열했을 때 질병의 경과를 잘 파악할 수 있다. 특히, K-HTP는 각각의 그림에서 나타나지 않는 역동성과 내담자의 더 깊은 내면의 세계를 잘 반영해 준다.

(3) 인물화 검사

전신상의 남녀를 따로 받는다. 자유화에 비해서 저항이 적어 심리검사로 애용되고 있다. 인물화 분석은 HTP나 가족화의 기초가 되므로 깊이 이해할 필요가 있다.

(4) 가족화와 동적 가족화

가족을 그리게 하여 가족의 체계나 내담자의 가족지각을 파악한다.

(5) 학교 생활화(KSD)

학교의 친구와 선생님을 포함해서 그림을 그리게 하여 내담자의 학교 생활을 분석한다.

3 놀이치료

어른은 언어라는 매개체로 의사소통을 하지만 아이들은 놀이와 활동으로 의사소통을 한다. 아이들은 언어가 충분히 발달되지 않았을 뿐만 아니라 언어

보다는 비언어적인 의사소통 방법을 많이 사용하기 때문에 성인과는 다른 놀이와 행동표현을 통한 접근이 효과적인 것이다.

1) 놀이치료의 의미

놀이치료는 다양하고 고도로 발달된 이론적 지침과 기술적 전략을 포함한 일련의 치료양상으로 구성된다. 따라서 놀이치료란 훈련된 치료사가 심리적 문제를 지닌 내담자를 돕기 위해 체계적으로 놀이의 치료적 힘을 적용시키는 대인관계 과정이다.

모든 놀이치료는 "놀이행동에 참여할 수 있는 아동의 능력회복"이라는 공통 문제를 갖고 있나. 특히 그 자체적으로 완전하고 재미있으며 person-oriented 되어 있고, 다양하고 융통성이 있으며 비도구적이고 자연적인 흐름에 의해 특정지워지는 행동에 참여하기 위한 아동의 능력을 극대화시키려고 치료자가 노력하는 것을 의미한다. 한 명의 정해진 놀이치료자에 의해 이루어지는 놀이치료는 치료자의 득수한 이론적 지침과 인성, 그리고 아동의 문제 배경 등의 통합이 목표를 향해 작업하는 것을 말한다.

놀이에 있어서 아동은 놀이를 통해 자신의 현 위치를 알고 그것을 과거와 관련시킴으로써 새로운 지각과 관련을 맺는다. 유아는 계속적으로 자신을 새롭게 발견하고 이미지를 교정하게 되는 것이다.

아동의 놀이행동을 이해하는 것은 치료자가 아동의 내적 생활로 좀더 들어가서 아동에게 도움을 줄 단서들을 제공하는 것이다. 때문에 놀이치료는 치료자가 아동의 세계로 들어갈 수 있는 기회를 제공한다.

치료자는 다양하고 적절한 놀잇감을 선택하여 아이들의 감정표현을 확정하도록 도와준다. 그래서 아동에게 어떤 일이 일어났는지를 토론할 수 있어야 한다. 상황적인 일들을 경감시키기 보다는 경험이 표현되도록 허용하고 아동의 정서적 삶에 참여하도록 한다.

2) 놀이치료를 위한 준비

(1) 놀이치료자의 자질

놀이치료자는 공감할 수 있는 능력과 아동을 존경할 수 있는 능력, 진심을 보여줄 수 있는 능력, 아동의 특별한 감정이나 경험을 융통성있게 직접적으로 다룰 수 있는 능력이 있어야 한다.

(2) 놀이치료자의 치료적 태도

① 아동과의 사이에 따뜻하고 우호적인 관계를 가능한 빨리 형성한다.
② 아동을 있는 그대로 수용한다.
③ 아동이 완전하게 자신을 탐색하고 표현할 수 있도록 하기 위해 치료자는 안전하고 허용적인 분위기를 만든다.
④ 아동은 감정을 민감하게 느끼고 인정해야 하며, 아동이 자기이해를 발달시킬 수 있도록 그런 감정을 반영해 준다.
⑤ 아동이 자신의 문제를 해결할 수 있는 능력이 있음을 항상 존중하여야 한다. 선택의 책임과 변화를 시도할 자유가 아동에게 있다.
⑥ 아동의 내적 자기 안내를 신뢰하며 어떤 방법으로도 아동의 행동과 대화를 지시하지 않는다.
⑦ 치료과정의 점진적인 성질을 이해하고 서두르지 않는다.
⑧ 치료가 현실세계에 머물도록 하기 위해서, 그리고 아동이 자기 책임을 인식하게 하기 위해서만 제한을 설정한다.

(3) 아동에 대한 관점

① 아동은 어른의 축소판이 아니다.
② 아동은 독특하고 존중받을 가치가 있다.
③ 아동은 자신의 삶에서 장애와 환경을 극복할 수 있는 엄청난 힘을 가진다.
④ 아동에게는 성장과 성숙을 향한 타고난 경향성이 있다.
⑤ 아동에게는 긍정적인 자기인내와 능력이 있다.
⑥ 아동의 자연적인 언어는 놀이이며, 이것은 아동이 가장 편안해 하는 자

기표현의 매체이다.

⑦ 아동이 말하지 않기로 결정한 것을 존중한다.

⑧ 아동은 치료경험을 자신이 필요로 하는 것과 언제, 어떻게 놀아야 할지를 결정할 것이다.

⑨ 아동의 성장을 재촉할 수는 없다.

(4) 놀이 치료실

놀이 치료실의 분위기는 '아동만의 공간'이라는 명백한 메시지를 전달하고 있어야 한다. 또한 치료를 효과적으로 할 수 있도록 고안되어야 하며, 다른 방으로부터 독립된 공간이어야 한다. 치료실의 내부는 가능하면 방음장치를 하는 것이 좋다.

1 벽

벽은 더러워지면 쉽게 닦을 수 있는 페인트칠이나 벽지를 바른다. 색상은 베이시색 계열로 부드러운 분위기를 연출할 수 있는 것이 좋다.

2 바 닥

유아가 많이 움직일 수 있는 신체놀이를 주로 할 수 있는 공간이라면, 카펫을 깔아 아동이 다치지 않도록 하며, 모래나 물을 주로 사용하는 치료실이라면, 청소하기 쉽고 청결을 유지하기에 위생적인 환경을 만들도록 고안한다. 일반적으로 청소하기 쉽고, 가격이 저렴한 리놀륨을 사용하는 것이 좋다.

3 선 반

놀잇감을 배치할 장의 높이는 아동이 서서 쉽게 꺼낼 수 있는 정도로 한다. 장이나 선반은 튼튼하게 만든 반영구적인 제품이 좋다.

4 놀이기구

아동의 놀이가 아동의 언어를 상징한다면 놀잇감은 아동의 단어가 된다. 즉 놀이치료를 촉진할 수 있도록 정선된 놀잇감이나 놀이도구들이 필요하다. 정선된 놀이도구는 아동을 끌 수 있고 아동이 편하게 느끼도록 배열한다. 놀이에 참여하고 싶은 욕구를 불러 일으키고 놀이를 촉진할 수 있으며 놀이가 잘 진행되도록 배열되어야 한다. 놀이치료에 적합한 놀이기구는 다음과 같다.

① 아동과 긍정적인 관계 맺기를 돕는 놀이기구
② 폭넓은 감정표현을 가능하게 하는 놀이기구
③ 실생활 경험을 탐색할 수 있는 놀이기구
④ 제한점에 대한 현실검증이 가능한 놀이기구
⑤ 긍정적 자기상의 발달을 돕는 놀이기구
⑥ 자기이해를 발달시킬 수 있는 놀이기구
⑦ 자기통제력 발달을 돕는 놀이기구

심리치료의 놀이기구 및 도구는 내담자의 발달수준에 맞게 구비해야 하며, 욕구나 흥미를 반영할 수 있게 준비해 주어야 하는 것이 기본 원칙이다.

3) 놀이치료의 과정

(1) 초기과정

1 첫시간

첫시간은 낯선 곳에서 낯선 사람과 함께 있는 시간에 내담자에게 안전감을 느끼게 해야 하기 때문에 가장 어려운 회기이다.

그러므로 해석은 하지 않으며 우선은 치료자와 안전하고 보호적인 관계를 형성하는 것이 무엇보다 중요하다. 상담이나 심리치료에서 무엇보다 중요한 것은 치료적 동맹이다. 그러므로 치료적 동맹을 맺을 수 있도록 친밀한 관계가 될 수 있도록 노력해야 한다.

첫시간의 치료자 반응은 서두르지 않는 표정으로 아동에게 친근감을 주도록 신경을 써야 한다. 특히 아동뿐만 아니라 부모도 아직은 긴장된 상태이므로 깊은 해석은 피해야 한다. 아동은 놀이치료실 안에서 호기심이 많으면서도 어떻게 행동해야 하는지 제한을 몰라 치료자가 이끌기를 요구할 수도 있다. 그러나 가급적 치료자가 선택하거나 책임을 지지말고 아동에게 선택하도록 용기를 주어야 한다.

첫 번째 놀이치료 시간의 경험을 통해 아동들은 일반적인 어른과는 다른 독특한 어른을 만났다는 느낌을 갖게 되고, 바로 이러한 인간관계가 치료적 관계를 맺는 초석이 된다.

첫시간은 치료자나 아동이 모두 서로를 탐색하는 시간이므로 지나친 질문이나 제안, 해석 등은 피해야 한다.

2 초기단계

상담초기의 경험은 치료의 성패에 중요한 영향을 미친다. 이 초기과정은 치료자와 친숙한 관계를 맺어가는 과정이므로 상담실과 치료자에 대해 탐색하는 단계이다. 그러므로 이 단계에는 내담자와 래포 형성이 되기 위해 신뢰로운 단계를 구축하기 위한 노력을 기울여야 하는 시기이다. 치료자는 수용적인 태도로 내담자의 감정을 반영해 주고 동기를 부여해 주며 깊은 해석은 하지 않는 단계이다.

이 시기에는 아동이 치료자에게 몰두하는 시기로서 치료자의 관심을 끌려고 하며 인정받고자 하는 욕구가 강하게 나타난다. 비교적 상대방의 호의를 사기 위해 노력하는 단계이나 아동은 치료자의 비위를 맞추려고 하며 치료자가 원하는 대로 행동하려고 질문을 하기도 한다.

이 때 아동은 자신이 놀이치료 시간의 주인이며, 치료자는 자신의 어려움을 함께 해결하도록 돕는 전문가라는 인식을 가져야 한다.

(2) 중기과정

1 중기과정의 특징

상담이나 심리치료가 계속되면서 치료자와 내담자는 점차 친밀한 관계를 맺게 되며 신뢰감이 형성되어 간다. 내담자는 상담실은 자기만의 공간이며 상담자는 자기를 위한 존재라는 인식이 들면서 부정적인 감정이 자연스럽게 나타나기 시작한다. 중기과정 동안 내담자는 부정적인 반응을 보이는데, 이 시기를 어떻게 넘기느냐에 따라 치료의 성패가 좌우된다. 상담 중기과정에는 내담자가 자아존중감을 형성하기 위한 통찰력을 갖도록 도와 주고 성취감을 느낄 수 있는 기회를 갖도록 치료를 계획하여야 한다. 특히 아동의 경우에는 크게 좌절하지 않도록 세심한 배려를 해야 하고, 내담자가 갈등을 일으키는 상황이 내담자가 견딜 수 있는 정도인지를 고려하여야 하며 격려와 지지도 필요하다.

상담 중기는 상담의 대부분을 차지하는 긴 과정이다. 이 단계에서 내담자는 부모와의 관계에서 결핍하거나 왜곡된 부분을 보충하고 수정하는 교정적인 경험을 하게 되고, 해석을 통해 자신의 과거에 일어났던 충격적인 사건을 재통합하고 성장하게 된다. 즉 치료적 관계를 통해 재창조하도록 계획된 교정적인 과정을 통해 치료가 되며 해석을 통해 성장하게 된다.

2 전 이

내담자는 치료자를 자기가 갖고 있는 문제에 따른 중요한 인물로 생각하게 되고, 그 사람에게 가졌던 감정과 같은 감정을 치료자에게 느끼게 된다. 이것을 '전이'라고 하며, 전이는 심리치료에서 중요하게 다루어져야 한다. 내담자는 치료자를 아버지라고 느끼기도 하고 어머니라고 느끼기도 하며, 혹은 특별한 사건과 관련된 사람이라고 여기게 된다.

전이경험으로 흔한 모습은 어머니에게 향했던 그리움, 사랑은 물론 분노나 좌절, 갈등이 치료자 자신에게 행한 것이 아니며, 바로 내담자 자신의 중요한 인물로 치료자를 느끼고 있다고 생각해야 한다. 이런 전이감정이 발달되어야 정신치료가 될 수 있는데, 실제의 병은 아니며 이런 상태를 치료과정에서 보이는 것을 전이신경증이라고 한다. 전이신경증이란 치료자를 중요한 인물로 보고 그 인물에게 향했던 감정을 치료자를 향해 재경험하는 신경증과 유사한 과정이다. 이것은 퇴행이 아니며 진정한 치료로 가는 과정이다.

이 때, 치료자는 내담자가 보이는 전이를 잘 다룰 수 있어야만 진정한 치료가 일어나는 것이다.

3 역전이

내담자의 전이감정과 비슷한 것이 치료자에게 일어날 수 있는데, 이것을 '역전이'라고 한다. 역전이란 치료자가 자신의 성장사 중에 중요한 인물에게 느꼈던 감정을 내담자에게서 느끼는 것을 말한다.

역전이란 바람직하지 않은 현상이지만 치료과정 중에서 일어나기도 한다. 역전이를 일으키지 않으면 좋지만 상담자도 인격적으로 완벽하게 성숙된 사람이 아니기 때문에 이런 현상이 일어나게 된다. 또한 치료자 자신의 문제에 따라 내담자의 유형과 역전이를 일으키는 정도와 관계가 있다. 그러므로 역전이에 관해서는 치료자가 스스로 자신을 볼 수 있고 자신을 다스릴 수 있는 능력이 요구된다.

(3) 말기과정

이 단계가 되면 내담자가 자신의 문제를 있는 그대로 수용할 수 있으며, 자신의 장점을 존중하며 자아존중감이 향상되어 적극적으로 현실에 대처하는 모습을 보인다. 이 때 집단치료를 병행하면 현실상황에 대해 구체적으로 적응하는 기술의 습득 및 자신의 목표를 구축하는 데 큰 도움이 된다. 아울러 발달이 지연되었거나 결핍된 부분에 대한 재교육을 받을 수 있게 병행하여 성장·발달할 수 있게 도와 주어야 한다.

종료를 위해서는 사전에 계획하여야 하며 내담자와 합의하는 과정도 필요하다. 특히 아동의 경우에는 아동의 수준에서 받아들일 수 있도록 고안된 방법을 사용하여야 한다. 아동이라고 일방적으로 부모와 상담자의 합의로 결정하는 것은 옳지 못하다. 아동이 종료를 거부한다면 그만한 이유가 있다고 본다. 치료가 잘된 경우에는 아동도 자연스럽게 종료를 받아들이므로 그 이유를 살펴보아야 한다. 아동에게 준비가 안된 상태에서 종료를 서두르는 것은 아닌지 탐색해 볼 필요가 있다.

(4) 종료과정

상담을 언제 종료해야 하는가를 아는 것은 쉽지 않다. 상담이나 심리치료의 목표는 내담자가 현실의 문제를 잘 해결할 수 있고, 치료 초기에 설정한 목표에 도달했으면 일단 종료할 수 있다. 상담 초기의 문제는 해결되었는데, 더 다루고 싶은 주제가 있다면 일단 종료를 하고 다음 주제에 대해서 새로운 목표를 세워 계획하는 방법이 효과적이다.

모든 문제가 해결되어 잘 적응할 수 있을 때까지 상담을 하는 것은 아니다. 그러나 상담의 필요성은 내담자의 욕구가 제일 중요하므로 상담자가 보기에 충분하다고 보아도 내담자가 종료를 받아들이지 못한다면 다시 탐색해 보아야 한다.

그러나 종료 전에는 일시적인 저항으로 퇴행과 같은 변화가 나타날 수 있다. 이것은 내담자가 이별에 대한 불안을 나타내는 과정이므로 이런 문제에 대해서도 충분한 탐색이 있어야 한다. 준비되지 않은 이별은 또다른 상처가 될 수 있으므로 신중하게 다루어져야 한다.

4 행동수정

Pavlov의 조건반사이론을 심리학에 적용하여 공포증의 학습과정을 밝혀준 Watson이래 Skinner의 도구적 조건형성이론과 Thorndike의 효과의 법칙 등을 거치는 동안 행동주의는 인간의 심리적인 현상을 연구하는 데 있어 관찰과 과학적 측정, 실험절차를 고안하는 등 많은 공헌을 하였다. 특히 1950년대부터는 학습의 원리를 인간의 교육과 문제행동 치료에 적응하기 시작

스키너

하며, 정신분석이론만이 적용되고 있던 정신적 문제의 치료에 크게 기여하게 된다.

행동주의에 입각한 다양한 교육, 치료방법을 행동수정기법이라 부르며 처음에는 장애아의 신변처리 기술을 훈련시키거나(Bijou et al., 1966) 자폐아, 정신분열증 환자의 언어치료 등에 이용되었다(Lovas et al., 1966; Martin et al., 1968). 최근에는 정상아동의 행동과 학습지도와 일반 성인의 제반 대인관계, 부부문제, 불안, 체중조절, 금주 · 금연, 당뇨증 만성질환자의 건강관리 등 다양한 방면에서 활용되고 있다(정보인, 1992). 행동수정기법은 구체적 절차를 제시해 주며 비교적 문제영역에 제한되지 않고 적용되며 효과를 얻을 수 있기 때문에 많은 교육과 치료장면에서 사용된다.

행동수정이론이 발달된 미국에서는 학교, 장애인 수용시설, 병원 등에 행동수정 전문가로 구성된 치료 프로그램이 개설되어 있어 문제행동이 가벼운 아동은 아동과 보호자가 일주일에 1~2회 정도의 면담을 통해 치료를 받고, 문제행동이 어느 정도 감소되면 아동의 보호자나 일반 교사에게 아동지도법을 가르쳐 준 후 보호자에게 아동을 인도하고 있다.

여기서는 정보인(1992)의 행동수정기법을 참조하여 아동의 문제행동을 크게 바람직하지 않은 행동의 표출과 바람직한 행동의 결핍으로 구분하여 행동수정기법을 살펴보자.

1) 바람직한 행동을 가르치는 방법

(1) 행동형성

행동형성(shaping)은 새로운 행동을 처음 가르칠 때 쓰는 방법으로 하고자 하는 목표행동을 한 번에 달성하기 힘든 경우에 사용한다. 언어지도, 대인관계 지도, 정신지체나 자폐아동의 식사나 옷입기 등 신변처리 지도에 많이 이용한다. 일반적으로 다음과 같은 절차로 정리할 수 있다.

① 우선 아동의 행동을 면밀히 관찰하여 기록한다. 현재 아동이 할 수 있는 행동의 목록을 만들고 각 행동의 발생 빈도에 따라 순서를 정한다. 이

때 각 행동이 일어난 상황도 함께 기록한다.

② 아동에게 가르칠 목표행동 하나를 정한 후, 현재 아동이 보이는 행동목록 중 목표행동과 가장 유사한 것을 찾는다.

③ 보상을 줄 행동의 기준을 정한다. 이 때 기준은 아동이 쉽게 성취할 수 있도록 낮게 정한다.

④ 목표행동이 쉽게 일어날 수 있도록 주위 환경을 조성한다. 필요한 물건이나 장치를 미리 준비해 놓고 아동의 주의를 흐트릴만한 물건은 모두 치운다.

⑤ 아동에게 줄 보상을 정한다.

⑥ 목표행동과 유사하여 목표행동의 달성으로 연결될 수 있는 행동은 집중적으로 보상해 주고, 목표행동과 관련이 없거나 목표행동의 달성에 방해가 되는 행동은 철저히 무시한다.

⑦ 한 단계에서 다음 단계로 넘어갈 때 신중을 기해야 하는데, 일반적으로 한계 보상받는 행동이 4~5회 일어나면 성공한 것으로 보고 그 다음 단계로 넘어간다.

(2) 행동연쇄

모든 행동은 자세히 분석하면 작은 행동들로 구성된다. 학습한 행동을 쉽게 만들어 주기 위하여 행동을 여러 행동으로 나누어 단계적으로 가르치는 방법을 행동연쇄(chaining)라 한다. 행동연쇄에서는 일정한 단계를 정하지 않고 목표행동과 유사한 행동이 일어날 때마다 보상을 주지만, 행동연쇄에서는 과제분석을 통해 단계를 일정하게 정한 후 단계별로 한 단계가 끝나면 보상을 준다.

예로, 양치질하는 행동을 가르칠 때 다음과 같은 과제분석을 하여 행동연쇄 방법을 적용할 수 있다.

- 1단계 : 칫솔 고르기
- 2단계 : 치약을 알맞게 바르기
- 3단계 : 양치질하기

- 4단계 : 컵에 물을 받기
- 5단계 : 물로 양치질하기
- 6단계 : 칫솔을 씻어 제자리에 꽂기

처음에는 1단계인 칫솔을 바로 고르면 보상을 주고 이것을 4~5회 연속해서 잘 수행하면 다음에는 1, 2단계를 잘했을 때 보상을 준다. 그리고 이것을 잘 수행하면 1, 2, 3단계를 수행하는 식으로 1단계에서 6단계를 끝낼 수 있을 때 양치질하기가 완성된다.

만일 위의 예에서 6단계로 나누었을 때 아동이 배우지 못하면 더 많은 단계로 세분화하여야 한다. 예를 들어, 2단계인 '치약을 알맞게 바르기'를 3단계로 나누어 '치약뚜껑 열기', '치약을 칫솔에 맞추어 짜기', '치약뚜껑 닫기'로 나눌 수 있다. 각 단계는 쉬워서 아동이 보상을 받을 수 있어야 아동이 성취감을 느끼고 과제수행에 대한 동기가 생기게 된다. 따라서 행동연쇄에는 적절한 과제분석이 중요하다.

첫 단계부터 순서적으로 가르치는 방법 외에도 과제에 따라서는 끝 단계부터 배우는 것이 효과적일 수 있다. 과제를 단계별로 분석한 후 끝 단계부터 가르치는 것을 역연쇄라고 한다. 예로, 다음과 같은 티셔츠 입기의 과제분석을 적용할 수 있다.

- 1단계 : 티셔츠 앞쪽 찾기
- 2단계 : 머리구멍 찾기
- 3단계 : 머리 끼우기
- 4단계 : 팔 끼우기
- 5단계 : 몸통 내리기

티셔츠 입기를 가르치기 위해 처음에는 1~4단계를 부모나 교사가 도와 주고, 마지막 5단계는 아동이 스스로 하게 한다. 이것을 잘하면 1~3단계만을 부모나 교사가 도와주고, 나머지 4, 5단계는 아동이 혼자 하는 방식으로 진행한다.

행동연쇄 방법을 실시할 경우 아동이 어떤 단계를 잘못 수행할 때는 즉시 고쳐 준 후 처음 단계로 되돌아가서 연쇄적으로 충분히 연습을 시킨 후 다음 단계로 넘어간다. 이 방법은 지능이 낮은 정신지체나 자폐아동 지도에 많이 사용되고 있는데, 일반 아동에게도 생활습관 형성, 자전거 타기, 악기사용, 무용 등 비교적 복잡한 행동이나 일상생활 기술을 가르칠 때 사용되고 있다.

(3) 보조법과 용암법

행동수정을 사용할 때 일반적으로 다른 주된 수정기법에 덧붙여 사용하는 것이 보조법과 용암법(prompting and fading)이다. 이 기법들은 행동수정기법의 성패에 중요한 역할을 한다.

보조법은 아동이 주어진 과제를 수행하는 방법을 모를 때 상황에 적절한 도움을 줌으로 해서 행동의 방향을 가르쳐 주는 도움방법을 말한다. 이 때 사용되는 도움은 말로 해 주는 언어적인 도움, 시범을 보이는 시각적 도움, 직접 손을 잡고 가르쳐 주는 신체적 도움, 그리고 주어진 과제를 쉽게 수행할 수 있도록 주위 환경을 조성하는 방법 등 여러 가지가 있다. 이러한 보조수단을 통해 일단 주어진 행동을 성취하면 점진적으로 도움의 양을 줄여 혼자 할 수 있도록 하는데, 이렇게 도움을 줄여가는 과정을 용암법이라고 한다.

세 살된 아이의 변훈련의 과정에서 보조법과 용암법의 예를 살펴보자(정보인, 1992). 아동용 아동변기를 아동이 쉽게 볼 수 있는 곳에 놓아 주어 시각적인 도움을 주거나 손가락으로 변기쪽으로 신호를 주거나 직접 아이를 데리고 가 변기에 앉히는 것, 또는 변기에 가 앉으라고 지시하는 것 등이 보조법이다. 처음 변훈련을 시작할 때에는 아동을 데리고 가 앉혀 주지만, 이것이 어느 정도 수행되면 그 다음에는 아동에게 시간에 맞추어 손짓이나 말로 변기에 가서 앉도록 신호를 준다. 궁극적으로는 도움 없이 혼자 변기에 가서 앉을 수 있으면 변훈련이 끝나게 된다.

보조법과 용암법을 사용할 때 주의할 점은 다음과 같다.

① 아동의 행동을 자세히 관찰하여 목표행동 수행에 방해가 되는 요인을 모두 제거한다.

② 목표행동을 자세히 관찰한 후 어느 정도의 도움이 필요한지 결정된다.

이 때 아동이 보상받을 수 있도록 성공할 수 있는 충분한 기회를 마련해 주어야 한다.

③ 아동이 변별할 수 있도록 보조신호를 명확하게 하는 것이 중요하지만 보조가 지나치면 의존적이고 타성이 생기기 쉽다. 일단 한 조건에 익숙해지면 다른 조건에서는(그 도움이 없이는) 과제를 수행하지 않거나 못할 수 있기 때문에 도움을 점차 줄여 나가는 일이 중요하다.

④ 현재의 도움으로 어느 정도 안정선에서 과제를 수행할 수 있게 되면 도움을 점진적으로 줄여간다. 안정적인 과제의 기준은 보통 5회 연속 수행에서 4회 이상 성공할 때, 또는 10회 연속 수행 중 8회 이상 성공할 때로 한다.

⑤ 보조를 적절히 줄이고 늘리는 과정에서 보상은 지속적으로 주어야 한다. 보조 없이 혼자 독립적으로 수행할 수 있을 정도로 익숙해질 때까지 보상을 준 후, 마지막 단계에서 보상의 양이나 제공 빈도를 줄이는 것이 바람직하다.

(4) 자기 조절법

자기 조절법(self-control)은 읽기와 쓰기가 가능하고 판단 수준이 있는 초등학교 3~4학년 이상의 아동에게 적합한 것으로, 아동 스스로 문제점을 파악하고 교정해 나가는 과정을 말한다. 특히, 독립심이 너무 강해 남이 참견하는 것을 거부하는 아동, 수치심, 망상, 강박관념과 같이 행동으로 나타나지 않지만 내적인 갈등이나 불안 등을 치료하는 데 알맞은 방법이다(정보인, 1992).

1 자기관찰

가장 먼저 문제가 된다고 생각되는 행동이 언제 얼마나 자주 일어나는지 그 행동으로 인해 오는 손해는 무엇인지를 기록하게 한다. 많은 경우 자신의 행동을 관찰하고 기록하는 과정에서 자신에 대한 새로운 모습을 발견하거나 문제의 심각성을 깨달아 스스로 문제행동을 중단한다. 예를 들어, 비만증 아이가 체중을 줄이기에 앞서 군것질의 종류와 양을 기록하다가 자신이 먹는 음식의 양이 생각보다 많은 것을 발견하고 스스로 간식을 포기하는 경우가 많다. 자기 관찰법은 아동이 스스로 만든 기록에만 의존하기 때문에 신뢰도가 떨어질 수 있다는 단점에도 불구하고 제 3자가 관찰할 수 없는 마음의 병, 공상, 강박관념, 열등감 등에 대한 자료를 얻을 수 있다.

2 자기계약

집을 살 때 계약서를 작성하는 것과 같이 아동이 자신이 배워야 하는 행동을 약속하고 이를 어겼을 때, 또는 지켰을 때 받을 벌과 보상을 아동 스스로 또는 아동과 부모 간에 계약하는 것이 자기계약이다. 그 절차는 다음과 같다.

① 아동이 지켜야 할 약속 내용(목표행동, 보상 및 처벌기준)은 아동과 부모가 충분히 상의한 후 아동의 의견을 존중하여 결정한다. 첫째 목표는 아동이 쉽게 성공할 수 있는 쉬운 것으로 정한다.

② 위의 약속이 잘 지켜질 수 있는 여건을 조성한다. 행동수행에 방해가 되는 유혹을 없앤다든지 약속이행을 위해 가족이 잘 협조하는 것을 말한다.

③ 보상이나 벌칙의 기준은 누가 보아도 명확하게 알 수 있도록 분명하게 알 수 있도록 설정한다.

④ 위의 계약이 이루어지는 동안에는 계약서에 적힌 보상과 벌칙 이외의 어떤 잔소리나 야단을 쳐서는 안 된다. 그것은 부모가 계약을 위반하는 것이 되고 이에 따라 계약내용을 지킬 필요가 없어지기 때문이다.

3 독백훈련

독백훈련이란, 말의 힘을 빌려 행동을 조절하는 것으로 아동의 생각을 말로 그대로 표현하게 하면서 말하는 동시에 행동으로 옮기게 하는 방법이다. 예를 들어, 산수문제를 풀 때 "문제를 차근 차근 풀자"라고 말을 하며 푸는 경우이다. 충동적으로 행동하거나 주의가 산만하여 한자리에 오래 있지 못하고 부산한 아동에게 효과가 있는 것으로 알려져 있다.

일반적으로 아동이 머리 속에 떠오르는 것을 모두 말로 표현하는데, 예를 들면, 위의 산수문제에서 "더하기와 빼기를 할 때에는 괄호 속을 먼저 풀고(실제로 풀면서), 나온 몫을 넣어 차례대로 푼다" 등으로 모든 진행과정을 독백으로 표현한다. 따라서 아동이 어려서 혼자 독백하지 못할 경우에는 어른이 하는 것을 옆에서 지켜보면서 하나씩 모방하게 한 후, 자신이 생기면 혼자 하도록 한다.

독백훈련은 아동의 생각을 건전하게 유도하고, 집중력을 향상시키며, 행동하기 전에 생각하는 침착성을 키우게 도울 수 있다.

4 주장훈련

주장훈련 또한 말이나 생각을 반복적으로 표현시킨 후 행동으로 옮기게 하므로써 쉽게 불안해하거나 소극적인 아동에게 자신감을 키워주는 데 효과적이다. 예를 들어, 소심하게 학급에서 발표하기를 두려워하는 아동에게 다른 아동들도 하기 때문에 자신도 할 수 있다는 것을 여러 번 반복해 말하거나 글로 여러 번 쓰게 함으로써 자신감을 키워주는 방법이다.

(5) 토큰경제

토큰경제(token economy)란, 실제적인 상(돈이나 물건) 대신에 토큰을 사용하여 약속된 상을 얻을 수 있도록 하는 방법이다. 토큰으로는 스티커, 표, 동전이나 플라스틱 조각 등을 사용하는데, 고학년 아동에게는 토큰 대신에 점수제를 도입할 수도 있다. 약속한 행동을 했을 때 보상으로 토큰을 주면 아동은 이를 일정 양만큼 모아 자기가 원하는 사물과 교환하게 된다. 토큰경제는 아동이 일상생활에서 잘 정돈하고 좋은 습관을 가지도록 훈련하는 데에도 유용하며, 특정 문제행동을 수정하는 경우에도 효과적이다.

일반적인 절차는 다음과 같다.

① 아동과 부모는 어떤 행동을 했을 때 토큰을 받을 것인지, 또 얼마나 받을 것인지 결정한다. 일반적으로 토큰을 받을 수 있는 행동은 5~6가지로 정하는 것이 적합한데, 이 중 3~4개는 아동이 쉽게 성공할 수 있는 것으로 하며 나머지 2~3개는 부모가 원하는 것으로 정한다.

② 목표행동은 아동과 부모가 의논하며 결정한다. 아동의 능력에 비추어 너무 어렵지 않은 행동을 선택하는 것이 중요하다. 만약 문제행동을 교정

하기 위해서 이용할 때에는 문제행동이 일어났을 때 별로 몇 개의 토큰을 잃을 것인지 아동과 상의하여 결정한다.

③ 보너스 토큰을 받을 수 있는 행동을 1~2가지 정한다. 문제행동을 예방하는 데 도움이 되는 바람직한 행동을 수행했을 때와 문제행동을 하지 않았을 때 조건을 아동과 부모가 상의하여 정한다.

④ 토큰과 교환할 보상품목을 아동과 상의하여 결정한다. 이 때 보상품목도 2가지 이상으로 정하는데, 하나는 평소에 하기 쉬운 활동이나 물건으로 정하고, 다른 하나는 평상시 하지 않는 특별한 활동이나 물건으로 정한다. 전자의 예로는 TV시청, 비디오 시청, 장난감 사용 등이 있고, 후자의 예는 자연농원 가기, 외식하기 등이며 일상적으로 할 수 있는 활동에 대해서는 적은 수의 토큰으로 그리고 특별활동에 대해서는 많은 수의 토큰으로 교환할 수 있게 한다.

⑤ 보통 1주일 단위로 진행상황을 점검하여 상의 종류나 토큰의 양을 조정한다.

토큰경제를 실시할 때 주의할 점은 다음과 같다.

① 문제행동으로 토큰을 잃어야 할 상황에서 부도가 나지 않도록 아동의 토큰을 벌 수 있는 기회가 더 많도록 정한다.

② 토큰경제 시행 중에는 토큰을 잃게 되는 계약된 벌칙 외에는 다른 처벌이나 야단을 쳐서는 안 된다. 부모가 가급적 중립을 유지해야 한다. 단, 어떤 행동을 하면 토큰을 벌 수 있다든지 잃어버리게 된다는 등의 토큰에 관한 정보를 줄 수는 있다.

③ 약속된 내용은 반드시 지킨다. 따라서 지키기 어려운 엄청난 보상을 제시하는 일이 없도록 주의한다.

④ 장애아동이나 어린 아동의 경우 토큰의 가치를 이해하지 못해서 호기심을 보이지 않는 경우가 있다. 그런 경우 좋아하는 간식이나 활동과 토큰을 교환하는 연습을 통해 토큰의 가치를 조성한 후에 토큰을 보상으로 사용한다.

2) 바람직하지 못한 행동을 교정하는 방법

일반적으로 아동이 나쁜 행동을 할 때 처음에는 좋은 말로 타이른다. 그러나 계속 거슬리는 행동을 하면, 야단을 치고 매를 들어 강압적으로 억제시키게 된다. 그러나 벌이 싫어 중단되었던 행동은 벌이 없는 상황에서는 다시 살아나게 되어 부모는 더 큰 벌을 사용하여 더 강압적이 된다. 이러한 과정에서 아동과 부모의 관계는 악화되고 아동의 문제도 더욱 심해지는 악순환이 계속된다.

(1) 처 벌

처벌(punishment)이란, 아동에게 혐오스럽거나 고통스러운 자극을 줌으로써 바람직하지 않은 행동을 중단시키는 방법이 일반적으로 알려져 있다.

물총 세례, 신레몬주스 세례, 암모니아 주사기 등이 사용되고 있으나, 이 방법은 다른 행동수정기법이 효과가 없으면서 문제행동이 아동이나 주변 사람에게 큰 문제가 될 때 마지막 수단으로 사용한다. 예로, 먹는 것을 계속해서 토해내는 아동에게 토할 때마다 신레몬주스를 입 안에 넣어주는 방법이 있다.

(2) 과잉정정

과잉정정(overcorrection)은 아동의 행동이 잘못되었을 때 그 행동에 대한 연습을 지나칠 정도로 많이 시킴으로써 문제행동을 막는 방법이다. 일반적으로 두 가지의 과잉정정기법이 많이 사용된다. 하나는 잘못한 행동의 결과를 원상회복시키는 원상회복법으로, 예를 들면, 밥알을 흘리고 먹는 아동에게는 흘린 밥알을 모두 주워 먹게 하는 것이다. 다른 하나는 어떤 행동을 올바르게 수행할 때까지 그 행동을 강제로 연습시키는 것으로, 잠자리에 오줌을 싸는 아동에게 잠자리에서 일어나 화장실에 가서 옷벗고 변기에 앉았다가 잠자리로 돌아와 눕는 과정을 연속적으로 10번 이상 연습시키는 방법이다.

(3) 고 립

학교에서 벌로 수업시간에 교실 뒤에서 벌을 서는 것, 이것이 바로 고립(timeout)의 예이다. 아동이 현재 즐기고 있는 상황에서 격리시키는 방법이다. 이 때 격리된 동안 아동은 다른 행동을 못하도록 엄중히 통제되어야 한다. 격리기간은 짧게는 30초에서 길게는 5분 정도로 10분 이상이 되면 벌의 효력을 상실하게 된다. 아동에 따라 구석에 서 있으면서도 계속 장난을 치거나 움직이는 경우가 있다. 이 때에는 아동을 벽의 구석을 향해 서게 한 후 아동의 몸을 벽에 대고 눌러서 움직이지 못하게 통제하거나 벽을 향해 의자를 놓은 후 아동이 움직이지 못하도록 아동의 어깨를 위에서 눌러주기도 한다.

이렇게 아동이 고립기간 동안 움직이지 못하도록 통제하는 방법을 '동작 억압 고립'이라고 한다. 동작억압 고립의 경우 고립기간은 15~30초로 짧게 한다. 고학년 아동에게는 다른 방에서 일정기간 동안 혼자 있도록 하는 '고립방' 기법이 사용될 수 있다. 이 때 고립방에는 아동이 좋아할 만한 장난감 등을 전혀 두지 않는다.

(4) 차등보상

차등보상(different reinforcement of other behaviors)이란 고치려는 문제행동 이외의 다른 바람직한 행동에 대해서 집중적으로 칭찬을 하거나 보상을 해 주는 것을 말한다. 예를 들면, 욕을 자주 하는 아동에 대해 욕을 할 때에는 무시하고, 동생과 사이좋게 지내거나 욕하는 것 이외의 행동에 대해서는 칭찬을 많이 해 주는 방법이다. 이 방법은 다른 행동수정 방법의 보조수단으로 사용된다.

(5) 관심중단

문제행동으로 인하여 주위로부터 받아온 관심들을 일시에 중단하는 것을 관심중단(extinction)이라고 한다. 여기서 관심이란 '……하지 말아라'고 타이르는 말, 야단치는 말, 벌을 주는 것 등 모든 관여를 뜻한다. 관심중단 방법 사용 후 처음에는 문제행동이 감소하다가 갑자기 그 행동이 폭발적으로 증가할 수 있다. 이는 그동안 야단맞는 형식으로나마 받았던 관심을 한꺼번에 잃어버린 데에 대한 반동현상이므로 얼마 지나면 원상태로 돌아온다. 따라서 이 문제가 악화될까봐 다시 관심을 주는 일이 없도록 주의한다. 관심중단 방법을 사용할 때는 차등보상법을 사용하는 것이 바람직하다.

(6) 포 만

아무리 좋은 것도 지나치면 싫증이 난다. 이러한 현상을 행동수정에 적용한 것이 포만(satiation)이다. 비록 문제행동이라도 그 행동을 실컷 할 수 있는 환경을 조성하여 싫증이 나서라도 그 행동을 더 이상 하고 싶지 않도록 만들어 주는 방법이다. 예를 들어, 종이를 찢기 좋아하는 아동에게 종이가 가득찬 상자를 주고 싫증이 날 때까지 찢게 하는 방법이다. 아동 자신이나 주변 사람에게 큰 피해가 되는 행동의 수정에는 적절하지 않다.

(7) 권리박탈

아동이 즐길 수 있는 권리를 미리 준 후, 약속을 어겼을 때 그 권리를 빼앗는 것을 권리박탈(response cost)이라 한다. 예를 들어, 귀가시간을 저녁 10시로 정해 준 후 이를 어겼을 때는 다음 1주일 간은 저녁 6시 이후의 외출을 금지하는 방법이 있다. 1주일치 용돈(7,000원)을 미리 준 후 약속을 어길 때마다 1,000원을 빼앗는 것도 권리박탈의 예이다.

(8) 상반행동 보상

문제행동을 중단시키고자 할 때 이 문제행동과 동시에 일어날 수 없는 행동이 발생할 때마다 집중적으로 보상해 주는 방법이다. 이 때 문제행동에 대해 처벌하지 않는다. 예를 들면, 손을 빠는 아동의 경우 손으로 무엇을 만들면 보상해 줌으로써 손을 빠는 행동을 처벌하지 않고, 손을 빠는 행동을 감소시킬 수 있다.

(9) 유관운동

문제행동이 일어날 때 문제행동과 비슷한 동작의 운동을 강제로 지칠 때까지 시킴으로써 문제행동의 발생을 직접적으로 벌하지 않으면서 문제행동을 교정하는 방법이다. 예를 들면, 다리를 떠는 버릇을 고치기 위해 다리를 떨 때마다 무릎굽혔다 펴기를 10회씩 시키는 것이 유관운동의 예가 된다.

(10) 이완운동

불안은 지적인 능력과 정서적인 적응 등 아동의 모든 기능에 영향을 미친다. 이러한 불안을 감소시키는 방법으로 이완운동(progressive relaxation exercise)이 사용될 수 있다. 이완훈련은 크게 두 가지로 나눌 수 있다. 첫째는, 생리적으로 근육을 풀었다, 경직시켰다를 번갈아 하는 방식을 통하여 정신적인 긴장을 해소하는 방법이다. 둘째는, 편안하고 감미로운 장면의 연상을 통해 긴장을 푸는 방법이다. 이완훈련은 전문가의 도움 없이 아동과 부모가 쉽게 활용할 수 있는데, 특히 고학년의 경우 여러 가지 불안상황에서 아동 스스로도 이완운동을 실시하여 불안도 감소시키면서 일의 능률을 높일 수 있다.

(11) 둔감법

불안을 일으키는 사상(事像)에 대해 불안을 느끼지 않도록 불안감을 둔화시키는 방법이 둔감법(desensitization)이다. 일반적으로 두 가지 방법이 있다.

하나는 불안을 일으키는 사상을 불안 야기의 순서를 정하여 가장 적게 불안을 야기하는 사상에서 점점 불안 정도가 높은 것에 노출시킴으로써 불안대상을 직시할 수 있도록 유지하는 방법이다. 예를 들어, 학교 공포증으로 학교에 가기 싫어하는 아동에게 처음에는 엄마가 학교까지 데려다 주고 점진적으로 엄마와 같이 걷는 거리를 단축시킴으로써 궁극적으로는 집에서 학교까지 혼자 갈 수 있도록 도와 주는 방법이다.

3) 아동행동수정의 연구 설계

행동수정에서는 연구의 초점을 개인의 행동변화에 두기 때문에 특정한 한 개개인이 아동을 대상으로 하는 연구방법을 주로 사용하는데, 가장 대표적인 연구 설계방법이 반전 설계법(reversal design)과 복식 기초선 설계법(multiple baseling design)이다.

(1) 반전 설계법

반전 설계법에 의한 행동수정의 연구는 다음 5단계로 진행된다.

1 기초선 1

반전 설계법에 의한 연구는 기초선의 측정으로 시작이 된다. 기초선 측정이란 일정한 기간 동안 평상시와 다를 바가 없는 조건 하에서 아동의 부적응 행동, 즉 행동수정을 위한 표적 행동의 수준을 관찰·측정하여 기록하는 것을 말한다. 즉 평상시에 아동의 특정 부적응 행동이 어느 정도 발생하였는가를 기록에 남기는 단계가 기초선 1단계의 주된 내용인데, 이 자료는 훗날 행동수정의 결과 부적응 행동이 얼마나 변화되었는가를 비교·평가할 때 유용하게 사용되어진다.

이 단계에서 아동의 부적응 행동을 관찰·기록할 때는 아동으로 하여금 그 자신이 관찰되고 있다는 것을 알지 못하도록 하여야 한다.

2 실험처치 1

기초선 측정이 마무리되면 즉시 행동수정기법을 적용하는 실험 단계가 시작된다. 이 단계의 기간 중에 부모나 교사는 실험조건이 미리 계획된 행동수정의 전략을 실천하면서 계속해서 아동의 부적응 행동의 강도를 관찰·기록하여야 한다. 이 때의 관찰은 기초선 단계에서와 같은 방법으로 수행해야 한다. 실험처치에서 사용되어지는 행동수정의 전략은 다양하다.

3 기초선 2

이 단계에서는 1차 실험처치 기간 중에 사용한 실험조건을 철회하여 실험 전 상태, 즉 평상시와 같은 조건으로 되돌아가 행동의 변화를 주는 기간이 주어진다. 이를 반전이라고 하는데, 이와 같은 기초선 2단계를 설정하는 이유는 실험처치 기간 중 표적 행동에 변화가 있을 경우 그러한 변화가 과연 실험조건에 의한 것인지, 아니면 자연적인 변화인지를 실증적으로 검증해 내기 위해서이다. 만일 실험조건을 철회함으로써 표적 행동이 다시 기초선 기간과 같은 수준으로 일어난다면 실험처치 기간 중에 생긴 표적 행동의 변화는 실험조건에 의해서 생긴 효과라는 것을 자신있게 주장할 수 있게 된다.

4 실험처치 2

아동의 부적응 행동을 수정하기 위하여 앞서의 단계에서 그 효율성이 입증된 기법을 적용하는 기간이 바로 실험처치 2 기간이다. 따라서 이 단계에서 행동수정의 궁극적 목적인 아동 부적응 행동의 수정이 이루어진다.

5 사후 점검단계

사후 점검단계란 반전 설계 연구법의 마지막 단계인데, 일단 형식적인 실험기간이 끝난 후에도 행동의 변화가 유전되고 있는가를 점검하게 된다. 따라서 사후 점검단계에서는 사용된 행동수정기법의 지속적인 효과를 확인하고 검증하게 된다.

이상과 같은 반전 설계법에 의한 행동수정은 비교적 단순하고 그 논리가 명확하기 때문에 행동수정 연구에서 가장 대표적으로 사용되고 있다. 반전설계를 통한 행동수정의 과정을 나타내 보면 [그림 4-1]과 같다.

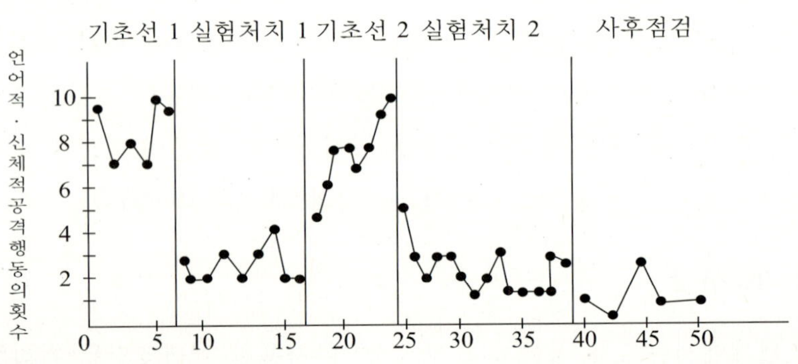

그림 4-1 반전 설계법을 통한 행동수정 과정

(2) 복식 기초선 설계법

아동의 부적응 행동, 즉 행동수정의 표적 행동이 신체적으로 위험하기 때문에 다시 반전하여 그러한 행동을 되살리는 것이 윤리적으로는 다시 반전되지 않으리라고 예상되는 경우에 사용하는 행동수정의 연구방법이 복식 기초선 설계법이다. 즉 반전 설계가 어려우며 하나의 통합된 연구를 통하여 행동수정 기법의 효과를 다양한 측면에서 검토하고자 할 때 사용되는 방법이 복식 기초선 설계법이라는 것이다. 따라서 복식 기초선 설계법에서는 행동변화의 요인으로 예상되는 실험조건, 즉 행동수정기법을 여러 행동과 여러 상황, 그리고 여러 사람에게 적용하여 그 효과를 검증하는 방식을 취한다. 이 설계법은 행동, 상황, 사람에 따라 그 구체적인 절차는 다르지만, 연구에 포함되는 논리가 같기 때문에 여기서는 한 실험조건이 한 아동의 여러 부적응 행동에 동시에 적용되는 경우를 예로 들어 설명하기로 한다.

철민이는 다른 아동에 대한 언어적·신체적 공격이 두드러지며, 활동 중에 프로그램의 내용과는 전혀 무관한 반응을 통해 학습의 분위기를 깨뜨리며, 교사의 지시에 따르지 않고 활동실을 마음대로 이탈한다.

이 때 교사는 철민이의 부적응 행동 각각에 대한 기초선 관찰을 시작한다. 기초는 반전 설계법과 마찬가지로 평상시와 같은 조건 하에서 철민이의 행동을 관찰·측정하여 기록하면 된다.

세 가지 표적 행동에 대한 기초선 수준이 확인되면 우선 그 중에서 하나의 행동을 선정하여 소멸기법 또는 반응대가기법 등과 같은 실험처치를 시작한다. 하나의 행동, 즉 언어적·신체적으로 공격하는 행동에 대하여 행동수정기법이 적용되는 동안에 나머지 두 행동에 나머지 두 행동에 대해서는 계속해서 기초선 관찰이 진행된다.

이후 일정한 기간이 지난 다음에 학습활동과 무관한 행동에 대하여 똑같은 실험처치를 시작한다. 그리고 나서 다시 일정한 기간이 지나면 마지막 행동인 활동실의 무단이탈 행동에 대하여 실험처치를 한다. 마지막 행동에 대한 실험처치가 적용되는 기간에도 앞의 두 가지 행동에 대한 실험처치는 계속되어야 한다.

이와 같은 과정을 통해 각각의 부적응 행동에 대한 실험처치가 모두 끝나면 교사는 각각의 행동 정도를 기초선과 비교한다. 모든 행동이 기초선 수준보다 개선되었다는 것이 확인되면 이 실험에서 사용한 행동수정의 기법이 효과가 있었다는 사실이 입증되는 것이다.

이상의 예를 나타내면 [그림 4-2]와 같다.

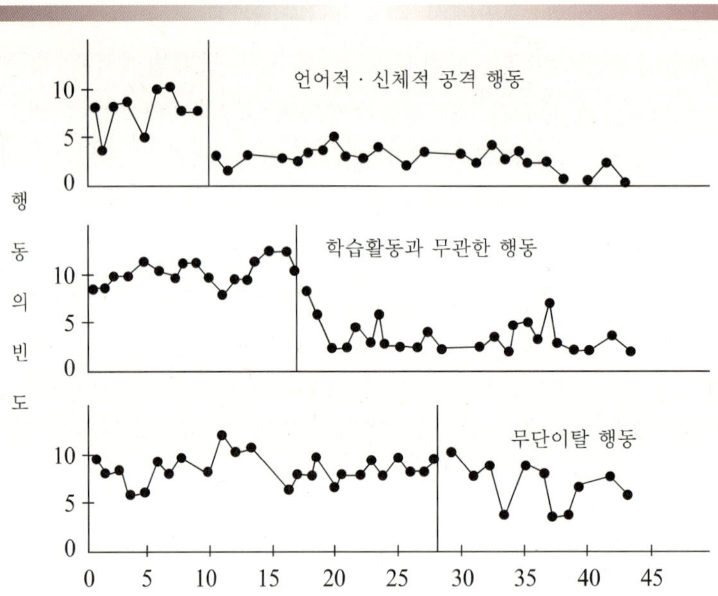

그림 4-2 복식 기초선 설계법을 통한 행동수정 과정

5 치료놀이(테라플레이)

1) 치료놀이의 의미

치료놀이는 부모와 아이가 서로 상호작용을 주고 받는 관계 속에서 전형적이고 행복한 부모-자녀 관계를 형성하게 한다. 이러한 행복한 부모-자녀관계는 구조, 개입, 도전, 양육의 범주에서 찾아볼 수 있다. 상호작용에 기꺼이 반응하면서 자아감이 고양되고 보호와 존중, 기쁨의 세계관을 형성하게 된다. 다양한 행동특성을 가진 아동들이 그들의 부모들과 적절한 초기애착을 실패함으로써 여러 가지 문제들을 일으키게 되는데 이러한 이유들이 부모역할, 아이역할, 이 둘 사이의 열악한 상호작용에 있다고 본다.

신체적 접촉을 통한 기쁨을 맛보지 못한 아동들은 자신을 그저 그렇고 재미도 없는 사람으로 여기며, 그렇지 않으면 짐이 되는 존재로 여기게 된다. 그들이 바라보는 세계는 사랑이 없고 기댈 수 없으며 거부와 단조로움, 신뢰할 수 없는 곳이다. 어떤 아동들은 공격적이고 의시소침하며, 또 다른 아동들은 정신신체적인 증상과 자살 충동, 약물과용, 우울감을 겪으면서 무가치와 절망감에 이르게 된다.

생동감 있고 적극적이면서 신체적이고 인격적이며 참여적인 치료놀이는 이런 아동들이 한 번도 경험해보지 못한 새로운 경험을 갖게 해 주며, 신뢰할 만하고 보호적이며 양육받으면서 즐겁고 흥미진진한 환경을 접하게 해 준다. 즉 치료놀이는 직접적이며 인격적이며 활동적인 참여방법을 사용한다.

2) 치료놀이의 원리

치료놀이의 4가지 영역들은 건강한 관계에서 부모-자녀 간의 상호작용을 모델로 이루어졌다.

① **개입** : 부모와 아동들 간의 상호작용은 개입을 이끌어오는 즐거운 강요의 지속적인 패턴이다. 아동은 바라보고, 웃고, 종알거리면서 관계를 맺고자 신호를 보낸다. 엄마는 엄마와 아동의 관계를 유지하기 위해 시간에 따라 민감하게 다양한 상호작용 반응을 보인다. 결과적으로, 아동은 의사소통을 하고, 친밀함을 갖고, 대인적 접촉을 즐기는 것을 배우게 된다. 많은 아동들은 자신에게 개입되기를 바라는 표면적인 메시지를 표현한다. 그런 아동들은 유쾌한 관계로 참여하도록 하는 공감적인 강요에 의해 위축되거나 회피하고 싶어하기도 한다. 성인이 그러한 아동들을 격려해주지 않으면, 그들은 무엇을 놓치고 있는지를 전혀 알 수 없다. 치료자는 모험, 다양성, 자극, 인생에 대한 신선한 관점들을 제공하게 되고,

아동들은 뜻밖의 활동이 재미있으며, 즐거운 새 경험일 수 있음을 알게 된다.

② **도전** : 부모-아동 관계에서 아동들은 한 단계 더 발전하고, 긴장이 생기는 경험들을 극복하며, 유능감을 높이기 위한 많은 기회들을 갖는다. 치료에서 도전하는 활동들은 아동의 숙달감을 고무시키는 데에 기여한다. 그런 도전들은 성인과의 재미있는 관계에서 성공하고 수행할 수 있게 고안되었다. 예를 들어, 아동이 베개를 쌓거나 베개 위에서 점프하며 균형을 잡을 수 있도록 도전시킬 수 있다. 그런 활동들은 아동이 유능감과 확신감을 증진시키기 위해 작고 연령에 맞는 위기를 다룰 수 있도록 돕는다. 이 영역은 특히, 위축되고 수줍어하거나 불안한 아동들에게 유용하다.

③ **구조** : 부모-아동관계에서 부모는 아동의 안전과 생존을 지키기 위해 경계들을 설정하고 아동이 살고 있는 세계를 이해하려고 돕는다. 아동의 환경에 대한 양육자의 구조화가 중요한 것처럼, 아동은 신체적 · 정서적 안정함을 누리고, 자기 환경에 대해 이해하고 알 수 있게 한다. 성인은 이런 메시지를 전달하게 된다. "나는 너를 잘 돌보고 있기 때문에, 너는 나와 함께 안전해"라고 한다. 구조의 영역은 분명히 기술된 규칙을 통해서, 시작과 끝이 있는 노래게임과 같은 활동을 통해서, 신체 경계를 명확히 하는 활동들을 통해서 설명된다. 비록 모든 아동들에게 구조의 예측가능성이 이로울지라도 이 영역은 지나치게 활동적인 아동, 주의집중이 안되는 아동, 지나치게 자극을 받는 아동, 조절될 필요가 있는 불안한 아동들에게 가장 중요하다.

④ **양육** : 부모-아동 관계에서 양육적인 활동들은 아주 많다. 즉, 먹여주기, 달래주기, 꼭 껴안아주기, 안아주기, 이름 부르기 등 여러 가지가 있다. 그런 활동들은 달래어주고, 차분하며, 조용하게 하고, 안심시켜주는 것들이다. 이런 활동들은 세상을 따뜻하고 안전하게 느끼게 하며, 아동에게 필요한 편안함을 성인이 제공해 줄 수 있다는 안심을 가지도록 돕는다. 이 영역은 특히, 과잉행동적이고 공격적이며, 가성숙한 아동들에게 특히 유용하다.

3) 치료놀이 활동

(1) 개별활동

환경구성은 치료실, 관찰실, 세션의 횟수와 시간, 그리고 누가 세션에 참여하는가를 고려해야 한다.

1 치료실

치료놀이는 아동과 성인 간의 관계에 강한 초점을 두고 있으므로, 물리적 환경구성은 매우 단순하다. 즉 청소하기 쉬운 바닥으로 된 공간에 큰 베개나 쿠션, 방석, 거울 등이 있다. 장난감이나 아동의 주의를 끌 수 있는 물건들은 멀리 두어야 한다. 활동에 필요한 물건들 역시 안 보이는 곳에 두되, 세션동안 필요할 때에는 쉽게 사용할 수 있도록 한다.

2 관찰실

부모 또는 다른 성인이 세션을 관찰할 수 있도록 일방경이 있는 관찰실이 이상적이며, 세션의 녹화를 위한 비디오 카메라가 필요하다. 세션을 녹화하는 이유는 세션에서 일어난 일들을 살펴보고, 아동과 함께 다음 번에 어떻게 해야 하는지를 잘 알게 하기 위해서이다.

3 세션의 횟수와 시간

치료놀이 세션은 전형적으로 30~40분 간이며 1주일에 1회이다. 가족이 시간을 낼 수 있다면 1주일에 2~3회의 보다 강화된 구성도 도움이 된다.

4 누가 세션에 참여할 것인가

치료놀이에서 적어도 두 명의 치료자가 참여하는 것이 이상적이다. 한 명의 치료자는 아동과 함께 하고, 다른 한 명 즉 해석해 주는 치료자는 부모와 함께 한다. 아동에 대해 책임이 있는 모든 사람을 참여시킬 수 있고, 또 형제를 참여시킬 수도 있다.

(2) 집단활동

1 집단치료놀이 환경

① 장 소

집단치료놀이를 하기 위한 최적의 장소는 특정한 물리적인 공간을 선택하는 것이 중요하다. 아이들이 안심하고 의지할 만한 공간을 선택하는 것이 모두가 응집력을 가지기 쉽고 모두를 좀더 편안하게 만들어 주며 최종의 문제점까지도 제거시켜 줄 것이다. 공간은 집단을 넉넉히 수용할 수 있도록 하되 적당히 작을 필요가 있다. 어느 정도 적당히 폐쇄적인 느낌은 통제가 수월하고, 놀이 구성에도 도움을 주며, 산만한 느낌을 줄이고, 또한 아늑한 느낌을 더하기 때문이다. 장소가 정해지면 모두를 실내의 지정된 한구석에 원형으로 양탄자나 매트 위에 앉히고 일체의 소도구는 치워 놓는다.

② 도 구

치료놀이는 거의 소도구를 필요로 하지 않지만 항상 가까이 두고서 사용해야할 재료들이 몇몇 있다. 이것들을 작은 상자나 바구니 같은 것 안에 담아 선반이나 창고에 보관하여 매 세션마다 가지고 오는 것이 좋으며, 그룹 안에서는 상자를 치료자 등뒤에 놓아 필요할 때마다 꺼내면 된다.

③ 세션의 길이

세션의 길이는 집단의 특성에 따라 달라질 수 있다. 여기서 고려하게 되는 집단의 특성에는 집단원의 연령, 주의집중의 기간, 집단의 크기, 심리적 어려움의 강도와 형태를 볼 수 있다.

2 집단치료놀이 계획

집단치료놀이의 과정은 시작단계, 중간단계, 종결단계로 나눌 수 있다.

① 시작단계

시작단계는 간단한 상호 간의 인사를 포함하고 아동들이 서로를 알도록 돕는 활동들로 주로 구성된다. 집단규칙, 형식, 등을 이 때 소개한다. 모두가 문제가 없고 즐길 준비가 되어 있다면 상처를 입은 아이는 없는지 점검을 하고 살펴보는 것이 일반적인 시작단계의 일이다. 단순하고 잘 짜여진 편안한 활동들이 가장 좋다.

② 중간단계

중간단계의 활동은 시작단계보다 더욱 신뢰감과 자기조절, 집단의 협동을 요하는 활동을 선택할 수 있다. 이 단계의 활동은 눈맞춤과 접촉으로 편안함과 신뢰감을 주며, 순서를 지키고 협동심을 발달시키고, 흥분을 다루며 도전에 맞선다.

③ 종결단계

종결단계에서는 조용하고 차분하며 양육적인 것이 좋다. 음식을 나누거나 "오늘 여러분과 함께 해서 즐거웠어요"라든지 "오늘 너의 웃는 모습이 참 좋았단다"와 같은 식의 특별한 인사를 해 주는 것이 좋다. 분명한 도입단계가 있었던 것과 마찬가지로 종결시에도 분명한 마무리를 갖는 것이 필수적 요소이다.

3 집단치료놀이 규칙

집단치료놀이는 4개의 치료놀이 요소에서 발전된 단순한 규칙들에 의해 이끌어진다.

① 상처주지 않기　　② 함께 하기

③ 재미있게 지내기　　④ 성인이 책임지기

기사거리

위안부 피해자 미술치료전시회 '역사가 된 그림'전 개최

차의과학대 김선현 교수, 일본군 위안부 피해자 할머니들이 직접 그린 작품들 100점 전시

CHA의과학대학교 미술치료대학원 김선현 교수(대한트라우마협회장)는 광복 70주년을 맞아 오는 8월10일(월)부터 15일(토)까지 6일간 영등포에 위치한 국회의원회관 3층에서 위안부 피해자 할머니들이 직접 그린 임상미술치료 작품 전시회 '역사가 된 그림' 을 개최한다. 이번 전시회에서 선보이는 그림들은 김선현 교수가 2006년부터 미술치료 차 방문했던 광주 나눔의 집 할머니들이 직접 그린 그림으로 사실성, 작품성이 우수한 작품 100점이다. 이 그림들은 지난 2014년 12월 국가지정기록물로 지정되기도 했다.

차의과학대학교 미술치료대학원 김선현 교수는 "이번에 전시되는 그림들은 위안부 할머니들이 직접 그린 그림들로 위안부 피해의 실태와 아픈 기억을 직접 담은 유일한 기록물이라 할 수 있을 것" 이라며, "이번 전시를 통해 당시 할머니들이 받았던 아픔과 고통을 공감할 수 있는 시간들이 됐으면 좋겠다" 고 전했다.

[세계일보 헬스팀, 이재승 기자, admin369@segye.com]

Chapter 05

아동 집단상담과 부모 및 가족상담

Chapter 05

아동 집단상담과 부모 및 가족상담

1 아동 집단상담

1) 집단상담의 본질과 정의

인간은 집단 속에서 살아간다. 즉 인간이 존재하는 기본조건은 집단생활이라고 볼 수 있다. 사람은 가정, 학교, 직장 및 각종 사회단체와 국가라는 집단 속에서 다른 사람과 관계를 맺으면서 살아가고 있다. 다시 말하면 사람은 이와 같은 여러 가지 집단 속에서 인간관계를 통해 자기의 생활목표를 추구하면서 살아가고 있는 것이다. 그리고 이러한 집단생활을 해 나가는 가운데 자기가 속한 집단에 대해 영향을 미치기도 하고, 집단의 속성에 의해 영향을 받기도 한다.

상담집단에서는 개인상담과는 달리 동료와의 동일시가 많이 이루어지며, 열등감이나 부족감 때문에 위축되는 경향이 적어지게 마련이다. 따라서 생활상의 문제를 새로운 각도에서 보게 되며, 사회관계에서의 자신과 타인을 새롭게 받아들이는 분위기가 형성된다. 집단상담의 참여자들(또는 내담자들)은 자기의 말과 행동에 대한 동료들의 반응을 수용하는 경험을 갖게 되며, 결과적으로 상담자의 지적과 충고보다는 동료들의 자극과 조언에 의해서 많은 문제가 자각되거나 해결되는 경우가 많다. 바람직한 집단상담의 과정에서는 불안과 위협을 크게 느끼지 않으면서 당사자의 개인적 수용능력과 준비도에 맞추어서 이러한 문제해결의 과정(즉 문제에의 구체적인 자각 → 생산적인 대처행동의 모색 → 시도적 실천행동 → 결과의 검토 등)이 효과적으로 이루어지는 것이 특징이다.

요컨대, 인간의 문제는 기본적으로 사회적인 것이며, 개인의 인간적 위치는 특히 집단장면에서 분명히 확인될 수 있다. 아울러 집단장면에서 나타나는 언행과 상호작용을 통하여 각자의 자아개념, 생활관, 대인관계 양식 등이 사실적으로 검토되고 실행될 수 있다.

집단상담의 정의에 관해서는 여러 학자들이 내놓은 개념적 설명이 있으나 대체로 다음과 같이 요약할 수 있다(이장호 · 김정희, 1998).

"생활과정 상의 문제를 해결하고 보다 바람직한 성장 · 발달을 위하여, 전문적으로 훈련된 상담자의 지도와 동료들과의 역동적인 상호교류를 통해 각자의 감정, 태도, 생각 및 행동양식 등을 탐색 · 이해하고 보다 성숙된 수준으로 향상시키는 과정이다."

2) 아동을 위한 집단상담

집단상담의 상황은 아동의 실제 세계를 축소해 놓은 것으로, 아동들은 서로 대화를 나누고 또래로부터 자신의 감정, 행동에 대한 피드백을 받으면서 상호작용한다. 개인적 상호관계를 가지면서 효과적이거나 비효과적인 사회적 기술을 확인하기도 하고, 다른 아동들이 자신을 어떻게 지각하는지를 들음으로써 자신에 대해서도 배운다. 경우에 따라서는 협동하고 순응해야 한다는 것을 알게 된다. 아동은 간섭이나 구속이 없는 환경에서 자신의 행동이나 생각을 실제 그대로 시험해 볼 수 있다.

아동 집단상담의 목표는 아동의 개인적 성장과 문제해결을 위한 기회를 제공하는 것이다. 따라서 아동 집단상담은 성장 중심 집단상담과 문제 중심 집단상담으로 구분될 수 있다. 성장 중심 집단상담은 아동들이 일상생활에서 부딪히는 문제들에 좀더 효과적으로 대처할 수 있는 능력을 극대화시키는 데 초점을 두고 있다. 문제 중심 집단상담은 아동의 성장에 방해가 될 수 있는 개인적 갈등을 치료하는 것에 초점을 두고 있다. 성장 중심 집단상담에서 아동은 우정, 자기관리 등과 같은 발달적 과제와 관련지어 자신의 생각, 태도, 느낌 및 행동을 검토할 수 있다.

(1) 성장 중심의 집단상담

성장 중심 집단상담은 정상 아동들로 구성된다. 집단원들은 집단구조와 상호작용을 통해서 개인적인 가치, 신념, 태도 및 결정을 탐색하고 조사하게 되며, 궁극적으로는 자신과 타인을 더 잘 인식하고 이해하며 수용하게 된다.

성장 중심의 집단상담은 아동들의 생활에너지를 이용할 수 있는 분위기를 창출해서 아동의 개인적 성장을 가져오게 한다. 아동들은 자기와 연령이나 환경이 유사한 다른 아동들과 생각, 감정, 행동을 논의하고 비교하는 기회를 가짐으로써, 안전, 자기확신, 소속감을 증진시키며, 수용, 보호, 지지, 격려 등의 느낌을 발전시킨다. 아동들은 증진된 자기인식을 통해 생활에 대한 통제력을 얻게 되고 효율적인 생활을 할 수 있게 된다.

1 집단구성원의 선정

성장 중심의 집단이 효과적이기 위해서는 자원하는 아동들로 집단이 구성되어야 한다. 강요된 참여는 아동들에게 해로운 결과를 가져올 수도 있다. 만약 아동이 집단상담을 받을 준비가 되어 있지 않다면, 집단상담보다는 개인상담을 받게 하는 것이 좋다.

아동들이 집단상담에 지원을 하면 연령, 성별, 이전의 배경, 성격 등과 같은 요인들을 고려하면서 예비면접을 한다. 집단 구성시에는 같은 연령이나 같은 학년의 아동들을 한 집단에 포함시키는 것이 바람직하다. 또한 연령과 성별 이외에 이전의 배경과 개인차도 고려해야 한다. 그리고 의사소통에 방해가 되고 집단이 여러 기능을 발휘할 수 없게 하는 성격이나 배경을 지닌 아동들은 포함시키지 않는 것이 좋다.

2 집단의 크기

집단의 크기를 결정할 때에는 집단의 목적, 아동의 연령, 발달수준, 이용 가능한 시간 등의 변인들을 고려해야 한다. 성장 중심 집단의 성공 여부는 구성원들 간의 토론의 질과 깊이에 달려 있으므로, 집단은 최소한 4명으로 이루어져야 한다. 집단의 크기를 결정할 때의 한 가지 지침은 아동의 나이가 어릴수록 집단이 작아야 한다는 것이다. 5세에서 8세 사이의 아동은 나이 많은 아동에 비해, 덜 성숙하고 언어기술과 주의집중이 부족하다. 따라서 이 연령층의 아동을 위한 인원수는 4명에서 6명 사이가 이상적이다. 집단이 작을수록 상담자가 각각 아동에게 주의를 더 기울일 수 있기 때문이다. 나이가 좀더 들고 성숙한 아동들에게는 6명 내지 8명 사이의 집단이 효과적이다. 구성원이 6명 내지 8명일 때에 상호작용의 소재가 가장 다양하기 때문이다.

집단의 크기를 결정할 때 생각해야 할 또 하나의 문제는 개방집단과 폐쇄집단의 문제이다. 집단의 성격과 목표에 따라 개방집단이 유리하기도 하고 폐쇄집단이 유리하기도 한데, 아동 상담집단인 경우에는 폐쇄집단이 바람직하다. 폐쇄집단은 상담자가 조직하고, 형성하고, 통제하기가 쉬우며, 아동들도 또한 이러한 집단에서 보다 높은 수준의 안정감과 소속감을 경험할 수 있다.

3 모임의 길이와 빈도

집단모임의 길이와 빈도를 계획할 때에는 아동의 연령과 이용 가능한 시간을 고려해야 한다. 모임의 시간은 상담자가 말하는 시간을 제외하고 각 아동에게 최소한 5분 정도의 발언기회를 주도록 계획되어야 한다. 예를 들어, 모임시간이 40분일 경우, 6명의 아동이 각자 5분 동안, 합해서 30분 동안, 그리고 상담자가 총 10분 동안 말하도록 모임의 길이가 조절될 수 있다. 그러나 일반적으로는 상담자가 아동보다 두 배 정도의 길이로, 그리고 필요 이상으로 자주 말하는 경향이 있으므로 이런 점에 유의해야 한다.

모임의 빈도는 일주일에 한 번 내지 두 번이 바람직하다. 일반적으로 어린 아동들인 경우에는 한 번의 집단모임 시간을 짧게 하면서 자주 만나는 것이 좋다. 예를 들어, 6세 아동 4명으로 구성된 아동집단을 위해서는 일주일에 두 번 정도 30분씩 만나는 것이 적절하고, 12세가 된 8명의 아동집단을 위해서는 일주일에 한 번, 1시간씩 만나는 것이 효과적이다.

일주일에 한 번 만나는 것으로 계획되었다면, 토론을 위한 시간이 따로 마련되어야 한다. 앞의 예에서의 경우, 상담자는 6세 된 4명의 아동집단에 대해서는 1시간으로, 12세로 된 8명의 아동집단을 위해서는 2시간으로 시간할당을 두 배로 늘릴 수 있기 때문이다. 그러나 집단이 일단 제대로 활동을 하게 되면, 상담자는 어떤 내용을 다루든 간에 예정된 시간 내에 상담을 끝내야 한다. 또한 모임이 생산적이지 못할 경우에는 일찍 종결시킬 수도 있다.

4 집단의 지속기간

대체로 집단상담을 시작하기 전에 집단모임의 횟수를 정해 놓는 것이 보통이다.

성장 중심 집단의 경우에는 10번 내지 15번 정도의 모임이 바람직하다. 이 정도의 기간이면 성장 중심 상담집단의 주요한 목표 중의 하나인 아동수준에서의 자기인식과 자기이해, 그리고 궁극적으로는 태도변화를 가져오기에 충분하다.

상담집단이 특정한 목표를 위해 형성되는 경우에는 10회 이내의 모임으로 충분히 목표를 달성할 수 있는 경우가 많다.

집단모임의 횟수를 정하는데 있어서 상담자는 융통성을 발휘해야 한다.

(2) 문제 중심의 집단상담

문제 중심 집단상담의 내담자들은 문제 아동들로서 현재 개인적 갈등을 겪고 있거나, 지금 해결되지 않으면 앞으로의 건전한 성장과 발달에 장애가 될 수 있는 과거의 개인적 갈등을 극복하려는 아동들이다. 상담자는 이러한 아동들의 개인적 갈등과 부족한 점들을 치료하는 데 초점을 둔다. 따라서 문제 중심 집단은 성장 중심 집단보다 더 고도로 구조화되고, 조직화되며, 통제되는 집단이고, 상담자는 집단 내에서 좀더 일관성 있는 행동을 취해야 한다.

1 집단구성원의 선정

성장 중심 집단과는 달리 문제 중심 집단의 아동은 대개 교사나 부모 등 타인에 의해 의뢰된다. 문제 중심 집단상담의 상담에서는 성장 중심 집단보다, 집단구성원들이 서로 관계를 맺고 서로를 신뢰하게 되는 단계인 집단의 형성기에서 더 오랜시간을 보내게 된다. 또한, 이 아동들은 불안과 저항이 심하기 때문에 그 불안과 저항의 극복을 위해 더 많은 시간의 탐색기와 활동기가 소요된다.

성장 중심의 상담집단과 마찬가지로 문제 중심 상담집단에서도 집단의 균형이 충분히 고려되어야 한다. 그밖에 문제 중심 상담집단의 상담자는 집단에 참여하게 될 아동들의 성격특성도 고려해야 한다. 수줍어하는 아동은 쉽게 지배받고, 복종적이고, 공포심이 많은 데 비해서, 공격적인 아동은 부적절한 방법으로 욕구불만을 표현해서 다른 아동들에게 계속해서 부담을 줄 수 있다.

문제아동은 대개 성격적인 결함을 가지고 있다. 따라서 상담자는 집단에 어떤 아동을 참여시킬 것인가를 결정내리기 전에 각 아동의 개인적인 내력을 철저히 알아두어야 한다. 상담자는 아동의 생활에 영향을 끼치는 성인과도 면담을 할 수 있다.

문제 중심 집단의 구성원을 선정할 때 명심해야 할 또다른 규칙은, 아동들의 성격과 문제행동이 가능한 한 동질적이 되도록 한다는 것이다.

2 집단의 크기

문제아동은 좀더 개별적인 주의를 필요로 한다. 따라서 문제 중심 집단은 성장 중심 집단보다 적은 인원으로 구성된다. 즉 문제 중심 집단은 최저 3명에서 최고 6명을 넘지 않는 선에서 구성되어야 가장 효과적이다. 어리거나 덜 성숙한 아동들과 급박한 위기나 심각한 문제를 경험하고 있는 아동들에게는 작은 규모(3~5명)의 집단이 효과적이고, 나이가 많거나 좀더 성숙한 아동들과 자신의 문제를 부분적이나마 직접 해결할 수 있는 아동들에게는 보다 큰 규모(4~6명)의 집단이 효과적이다.

문제 중심 집단은 항상 폐쇄되어 있어야 한다. 즉 일반 집단원들을 선정하여 상담을 시작한 후에는 새로운 구성원을 받지 않아야 한다.

3 모임의 길이와 빈도

문제 중심 집단에서는 성장 중심 집단에서보다 모임의 길이가 길고 빈도도 많다. 각 모임의 길이는 각 아동이 발언하는 시간으로 최저 10분, 시작에 앞서 준비하는 시간으로 5분, 그리고 필요에 따라 마무리짓는 시간으로 10분을 할당할 수 있도록 계획되어야 한다.

문제 중심 집단에 대해서는 모임을 일주일에 최소한 두 번에서 많이는 거의 매일 만나는 것이 좋다. 일반적으로 아동의 나이가 어릴수록 한 번의 모임 시간을 짧게 해서 자주 만나는 것이 좋다. 정신분열증이 있거나 약물중독, 음식습관 등과 같은 문제가 있는 아동은 매일 만나야 한다.

집단상담자가 지녀야 할 두 가지 중요한 특징은 창의력과 융통성이다. 상담자가 제한된 시간 내에 문제 중심 집단을 이끌어가야 하는 상황에서는 모임의 길이와 빈도를 조절해서 적절한 시간표를 짜야 하기 때문에 상담자의 이러한 특징이 최대로 활용되어야 한다. 무엇보다 중요한 것은 상담자가 집단의 목표를 이용 가능한 시간 내에 성취하는 일이다. 만약 상담자가 그렇게 할 수 없거나, 그렇게 할 수는 있지만 집단지도자로서의 경험이 없다면 상담을 시작하지 않아야 한다.

4 집단의 지속기간

문제 중심 집단은 집단의 목표가 성취될 때까지 계속된다. 성장 중심 집단과는 달리 아동행동의 의미 있고 지속적인 변화를 관찰하기 위해선 15번 이상의 집단모임이 필요하다. 집단모임의 횟수는 성장 중심 집단에서와 같이 상담이 시작되기 전에 정한다. 이 경우 상담자는 개인과 집단을 위해서 현실적이고 성취 가능한 목표를 세워야 한다. 만약 상담자와 내담자가 더 나은 결과를 얻고자 한다면 집단을 다시 계획하거나 목표를 확대시켜 계속 진행해 나갈 수 있다. 집단의 지속기간을 결정하는 데 있어서는 개인과 집단의 목적을 확인하는 것이 유일하고도 가장 중요한 요인이 된다.

2 부모 및 가족상담

1) 부모 및 가족상담의 필요성

부모 및 가족상담이란 아동이 현재 당면하고 있는 문제를 해결하기 위하여 상담자가 그의 부모 또는 가족을 만나 상담하는 것을 말한다. 아동들은 그를 둘러싸고 있는 주위 환경을 민감하게 받아들이며 생존적인 필요에 의해 부모에 의존해 있기 때문에 그들의 행동을 올바르게 이해하고, 또한 그들의 부적응 행동을 원만하게 치료하기 위해서는 아동을 둘러싸고 있는 1차적 환경인 부모나 가족들에 대한 상담이 아동상담과 함께 병행되어야 한다.

특히 아동 문제 행동의 대다수는 전체적인 가정의 분위기나 또는 부모의 양육태도, 혹은 가족 간에 생기는 심리적인 갈등에서 비롯되는 경우가 많기 때문에 가족상담이 아동상담과 같이 이뤄짐으로써 아동 부적응 행동에 대한 근본적인 지도가 가능해지게 된다.

아동들은 가정의 한 성원으로서 가정 내의 역기능적인 여러 환경적인 조건을 무비판적으로 받아들이게 되며, 그 과정 속에서 부적응 행동을 학습하게 되거나, 자기가 느끼게 되는 불안이나 공포 등이 원인이 되어 부적응 행동을 유발하기도 한다.

따라서 아동상담을 통해 대상 아동의 부적응 행동을 고쳤다 하더라도 가정의 기능이나 역할이 개선되지 않은 채 종전과 같은 조건이라 할 것 같으면 근본적으로 그 부적응 행동은 고쳐질 수가 없다. 따라서 가족상담을 통해 가족 간의 심리적인 갈등을 해소시켜 주고 의사소통을 시켜줌으로써 아동을 둘러싼 1차적인 환경, 즉 가정을 아동에게 보다 좋은 환경으로 바꾸어 주어야 하는 것이다.

이장호(1995)는 가족 중에서 누가 어떤 상태에 있든지 가정적 기능이 불안정하고 가족들이 자주 당황하거나 긴장을 느끼게 될 때에 가족상담과 같은 노력이 필요하다면서 그 구체적인 장면을 다음과 같이 설명하고 있다.

① 어느 두 사람의 관계 때문에 다른 사람이 계속 긴장과 소외감을 가질 경우
② 가족 간에 서로 대화가 통하지 않고 서로 오해를 자주 산다고 생각될 경우
③ 집에 있는 시간이 계속 불만스럽고 밖에 있는 시간보다 긴장을 더 느낄 경우
④ 한 사람이 '문제'라고 생각되어 다른 식구들과의 관계가 계속 불안정할 경우
⑤ 식구 중 한두 사람의 존재(위치)가 갑작스럽게 변화함으로써 가족 전체에 불안을 가져올 경우
⑥ 또는 가정에 중대한 영향을 미치는 외부사건의 발생으로 식구 전체가 긴장속에 빠져 있을 경우 등이다.

2) 가족체계

가족이란 구조와 과정을 가진 기능하는 하나의 사회체제이다. 가족에는 여러 개의 하위요소가 포함될 수 있으며, 이 하위요소들끼리 상호작용하고 각 요소가 다른 요소에게 영향을 미치며, 또 반대로 다른 요소에 의해 영향을 받기도 하면서 전체체계를 이룬다. 그러나 이 전체체계는 상호의존적인 각 부분들의 합(合)만이 아니다. 왜냐하면, 각 요소들 사이의 상호작용에 의한 부분이 더 포함되기 때문이다. 체계는 그 자체대로 위계질서를 가지고 있기 때문에 상위의 단계는 여러 하위체계들로 구성된다. 모든 체계는 또한 조직을 이루며 일종의 균형상태 또는 항상성을 추구해 나간다. 가족체계의 특징은 다음과 같다.

(1) 가족규칙

가족은 규칙에 의해 운영되는 체계이다. 부부가 처음 결혼하면 돈벌이, 살림살이, 성생활, 자녀양육 등 여러가지 면에서 자신들의 관점과 감정을 교환한다. 그럼으로써 각 배우자의 권리와 의무가 규정된다. 이렇게 성립된 가족

규칙은 각 가족성원들의 행동을 유형화하고 가정생활을 운영하는 원리가 된다. 각 가정의 규칙을 이해하면 가족들의 관계가 어떻게 유형화되고 있는가를 알 수 있다. Jackson에 의하면 가족성원들의 행동을 규정하는 것은 개인의 욕구나 성격이라기보다 이러한 규칙들이다. 가족들은 규칙에 따라 일상생활을 영위해 나간다. 아침에 일어나 어머니는 식사준비를 하고, 아버지는 집안을 청소한다. 자녀들의 입을 옷은 어머니가 선택해 주고, TV 프로그램은 일단 아버지가 먼저 선택한다. 이러한 규칙들은 분명하게 제시되는 경우도 있지만 대부분 불문율이다. 따라서 상담자는 가족들의 반복적인 행동유형을 통해 추론할 수밖에 없다. 규칙이 없는 가정은 없다. 왜냐하면, 규칙이 없는 그것도 그 가정의 규칙이기 때문이다. 그리고 규칙은 가정마다 다르다.

역기능적인 가족규칙은 가족들의 역기능적인 행동을 유발한다. 따라서 상담자는 이러한 불문의 규칙들을 일깨워줌으로써 수정할 수 있도록 해야 한다. 역기능적인 규칙은 대체로 비인간적이며 경직되어 있다. 한때 아무리 좋은 규칙이라 할지라도 가족의 생활주기에 따라 시대에 뒤떨어진 낡은 비적절한 규칙은 가족의 기능개선과 자유로운 성장을 위해 수정되어야 한다. 비적절한 규칙의 고수가 기능적 행동을 낳는다. 다음은 가족규칙의 예이다.

- 어린 아이들은 10시 전에 잠자리에 들어야 한다.
- 아버지가 9시 뉴스를 보는 것을 방해해서는 안 된다.
- 밥먹을 때는 말해서는 안 된다.
- 아버지는 외박을 자주한다. 어머니는 거의 우울증에 빠져 있다. 누나는 애인과 성관계를 가지고 있다는 등의 좋지 못한 이야기는 입에 올려서는 안 된다.
- 화를 밖으로 표현하는 것은 나쁜 일이다.

(2) 가족 하위체계와 경계

모든 가족체계는 여러 개의 하위체계로 구성되어 있다. 남편과 아내가 한 쌍으로 하나의 하위체계를 이루고, 어머니와 자녀 또는 아버지와 아들이 하나의 하위체계를 이루게 되며, 형제자매들도 또 하나의 하위체계를 이룬다. 이처럼 하위체계는 얼마든지 만들어질 수 있다. 하위체계는 파악이 어려울 때가 많다. 각 가족 구성원들은 한꺼번에 여러 하위체계에 동시에 소속되어 있으므로, 각자 소속된 체계에 따라 다른 권한을 행사하고 다른 기술을 습득하고 있기 때문이다. 예를 들어, 맏아들은 하위체계에서는 맏이로서 권한을 행사할 수 있지만, 부모와의 상호작용에서는 이를 유지하지 못한다.

가족은 여러 가지 다른 하위체계를 통해 기능을 수행하게 된다. 따라서 가족 구성원 각자는 동시에 여러 하위체계에 속해 있기 때문에 어떤 하위체계에 소속되느냐에 따라 그때마다 가족 구성원들과 다른 상호작용을 일으키며 관계 또한 달라지게 된다. 예컨대, 한 여인은 아내도 될 수도 있고 어머니 될 수도 있으며, 동시에 다른 구성원과의 관계에 따라 언니, 동생, 조카, 고모가 될 수도 있다. 이 때 다른 구성원들과의 관계에 따라 그 역할과 의사소통 방법 역시 달라지게 된다.

하위체계 간에는 다양한 연합과 동맹이 일어날 수 있다. 즉 딸이 새 옷을 한 벌 사달라고 하면 부부가 함께 일치된 주장을 내세울 수 있으며, 새로운 힘이 필요한 딸은 할머니와 동맹을 맺어 부모에게 맞설 수 있다. 이처럼 가족체계 내의 일시적인 동맹은 가족 하위체계의 특징을 이룬다.

가족체계에서 지속적이고 중요한 하위체계는 부부, 부모와 자녀 간, 형제 간의 하위체계이다(Minuchin, 1974). 특히 남편-아내 하위체계는 한 가정에서 가장 중요한 위치를 차지한다. 이 하위체계에 역기능이 일어나면 곧 가족 전체에 영향을 미친다. 실제로 가족치료에서 많이 나타나는 사례는 부부 간의 갈등으로 인해 자녀가 속죄양이 되는 경우이다. 그리고 이러한 부부 하위체계는 자녀들의 사회화 과정에서 남녀 간의 친밀한 관계 또는 그러한 관계에서 의사소통의 모델이 되며 결혼한 자녀들의 부부관계에까지 영향을 준다.

부모-자녀 하위체계는 자녀양육에 있어 지도, 통제의 기능을 수행한다. 이를 통해 어린이는 의사결정과 자기통제의 능력을 발달시키며 권위자와 관계를 맺는 방식을 터득한다.

형제 하위체계는 어린이로 하여금 협상, 협동, 경쟁의 방식을 배우도록 해준다. 어린이가 배우는 이러한 대인관계 기술은 가정에서부터 벗어나 학교에 들어갔을 때, 그리고 나중에 사회생활을 할 때 중요한 의미를 지니는 것이 된다.

각 가족 구성원들 간에 또는 각 하위체계 간에는 경계가 설정되어 있다. 경계란 가족 개인과 개인, 하위체계 간의 필요한 분화를 가능하게 해주고 그들의 분리성과 독자성을 보호해 주는 기능을 한다. 또한 경계란 하위체계들 간의 의사소통에 누가 어떤 방법으로 참여할 것인가를 규정하는 일종의 규칙이라고 할 수 있다. 경계는 눈에 보이지 않지만 가족성원들 간의 접촉의 양과 질을 결정한다.

건강한 가족은 경계(boundary)가 분명하고 개방적이다. 경계가 분명하다 함은 개인이나 하위체계가 독립성과 자주성을 가지고 자기의 역할과 기능, 책임을 다하고 있다는 의미이다. 그러나 역기능적인 가족은 경계가 분명하지 못하고 모호하거나 분명하다 하더라도 개방적이지 못하거나 경직 또는 폐쇄되어 있다. 경계가 모호하면 각 하위체계가 제대로 기능을 못한다. 가족끼리 지나치게 간섭하고 침범하여 자주성과 독립성을 잃게 한다. 또한 경계가 경직되거나 폐쇄적일 때 가족구성원들끼리의 의사소통은 이루어지지 않는다.

(3) 가족 항상성

인간의 외부환경에 급격한 변화가 일어나면 인체 내 자동조절 장치를 작동시켜 안정된 상태를 유지하려는 경향이 있음이 알려졌다. 예를 들어, 외부 기온이 크게 떨어졌을 때 사람은 체온을 유지하기 위해 몸을 웅크리며 살갗에는 오톨도톨한 것이 일어난다. 또한 운동으로 체온이 상승하면 일정한 체온을 유지하기 위해 땀을 배출하며 오염된 공기를 마시면 자동적으로 재채기가 나오는 등의 현상이 그것이다. 이와 같이 일정한 균형을 유지하려는 인체의 자동적인 경향을 항상성이라 한다.

3) 부모 및 가족상담의 목표와 원리

부모 및 가족상담은 가족 모두가 자기의 의사나 감정을 솔직하고도 분명하게 표현하고, 또한 다른 식구가 지니고 있는 생각이나 감정, 또는 처해있는 입장 등을 그대로 수용(受容)할 수 있게 도와준다는 데 의의가 있다. 이렇게 볼 때 결국 가족상담은 가족 간에 원만한 의사소통을 이루며 정확한 의미를 전달하고 받아들이는 태도를 갖도록 도와준다는 데 그 목표가 있다.

가족상담은 약 20년의 역사를 거치는 동안 여러 이론이 발달되어 왔는데, 요즈음에는 가족 간의 집단적 의사소통 양식의 변화에 초점을 맞추려는 의사 및 감정소통의 체계적 접근방법이 두드러지게 나타나고 있다. 이장호(1995)는 가족상담의 기초로써 9가지의 원리를 제시하고 있는데, 이를 요약하면 다음과 같다.

① 가족의 문제는 한 사람에 대한 정신병리학적 관점에서보다는 다른 가족들과의 관계에서 이해되고 다루어져야 한다.
즉 가족 중 한 사람의 문제는 가족체제의 문제성을 반영하는 것으로 간주된다. 예컨대, 한 자녀가 흥분상태에서 조용한 상태로 바뀌면 어머니가 흥분하고, 자녀와 어머니가 조용해지면 아버지와 다른 자녀가 흥분하는 식이다. 하나의 가족원을 이해하기 위해서는 가족체제 전체의 심리적 특성을 염두에 두어야 한다.

② 가족관계가 식구들의 내면적인 심리의 산물(또는 투사)이기 보다 내면적 심리과정이 가족관계의 산물이다.

③ 또한 한 아들(또는 딸)의 행동이 부모 간의 갈등의 희생물이기보다 부모의 비정상적 관계를 유지시키는 데 기여하는 경우가 많다.

④ 상담자가 현재의 상황을 이해할 수 없을 경우와 가족들이 과거의 맥락에서 이야기해야 쉽게 상담이 진행될 수 있다고 생각될 경우에만 과거의 사건이나 경험을 묻고 듣는다.
즉 현재 일어나고 있는 양상은 과거로부터 지금까지 오랫동안 반복되고 있다는 전제 아래 현재의 양상에 상담의 초점을 맞추는 것이다. 대개 가족상담의 초기과정에서는 부모가 자녀들이 다같이 자기의 입장을 이해시키기 위해서 상담자를 향하여 많은 과거의 경험을 털어 놓는다. 이렇게 과거에 관한 이야기를 상담자가 듣는 것은 가족상담에의 심리적 투자의 기회를 준다는 의미에서 초기에는 필연적인 과정이라고도 볼 수 있다. 그러나 상담자는 "그런 과거의 경험이 현재의 당신 행동에 어떻게 연결되는가?"라고 묻는 식으로 반드시 현재의 상황에서 생각을 정리하도록 촉진하여야 한다.

⑤ 처음부터 가족문제에 대한 각 식구들의 기대를 알아보고 현재의 가장 큰 관심사를 이해·수용한다.

⑥ 가족관계에서의 부정적인 감정을 노출시키거나 내면적 욕구를 지적하기보다, 바람직하지 못한 행동과 심리를 이해하는 방향으로 또는 긍정적인 표현으로 어떻게 그런 행동이 필요했던가를 해석한다.

흔히 가족상담을 처음으로 하는 상담자는 식구들이 서로 얼마나 싫어하거나 불만스러워하는지를 사실화하고 표현시키는 것이 중요하다고 생각한다. 그러나 내면적인 적개심을 분명하게 하는 것이 가족상담의 목적이 될 수도 없고, 가족문제를 해소하는 첩경이 될 수도 없다. 오히려 가족상담은 전개심이 생기는 관계적인 장애를 해소한다는 명제에서 출발하여야 한다. 따라서 노련한 가족상담자는 과거와 다른 행동을 시도하도록 설득하는 경우에만 기술적으로 해석적 반응을 하고, 그 외에는 별로 하지 않는다. 또한 바람직하지 못한 특정 상호관계를 수정하기 위해 서로 간의 갈등을 명료화하는 데에는 적극적으로 임하지만, 대체로 부정적인 측면은 강조하지 않는 것이 원칙이라고 할 수 있다.

⑦ 한 사람이 말한 후에 그 다음 사람이 말하는 '앉은 차례대로 돌아가며 말하기 식' 보다는 모든 식구들이 아무 때고 서로 하고 싶은 말을 할 수 있도록 해야 한다.

⑧ 가족 내에서 무슨 일이 일어나고 있고 어느 식구들 간에 어떤 갈등이 있는가에 초점을 두기보다, 구체적인 상담목표로 보아서 어떤 결과가 일어나고 있는가에 주목한다.

경험이 적은 상담자는 흔히 가족 역사, 부부 간의 심리적 갈등을 포함한 가족 역할, 가족 간의 복잡한 상호작용 등에 너무 신경을 쓰는 나머지 상담의 목표를 달성하기 위한 노력을 게을리하는 수가 있다. 즉 서로 얽히고 설킨 심리적 지원 및 갈등관계 자체에 '재미'를 느끼고 이를 뒷받침하는 여러 경험적 일화를 듣는데 많은 시간을 소비할 수 있다는 말이다.

⑨ 단순히 식구들 간의 감정 및 의사표현이 향상되고 전보다 자유스러워지는 것만을 상담의 목표로 삼기보다, 가족생태(또는 가정풍토)의 변화와 가족들의 구체적인 행동변화에 초점을 두는 것이 바람직하다.

여기서 말하는 생태적 변화나 행동의 구체적 변화는 결코 상담자가 목표 및 결과를 과학적으로만 설정하고 평가해야 한다는 의미가 아니다. 그보다는 가족관계가 변하고 있는지의 여부와 이와 관련된 가족 행동의 변화가 중요하다는 것을 뜻한다.

가족상담에 있어서는 가족 문제를 식구 하나 하나의 문제로 보거나 성인(부모) 한 사람과 자녀의 문제로 나누어 생각할 것이 아니라, 가족이란 생태학적인 테두리에서 새롭게 문제를 정의하고 새로운 방법을 모색하는 것이 바람직하다.

4) 부모 및 가족상담이론

오늘날 대표적인 가족상담의 이론적 배경은 정신분석적 가족상담, 의사소통 가족상담, 구조적 가족상담, 그리고 행동주의적 가족상담 등을 들 수 있다.

정신분석학적 가족상담은 가족을 계속 진행되는 체제로 간주하며 정신분석학에 바탕을 두어 가족관계에 있어서 연동병리를 강조한다(Ackerman, Bowen).

의사소통 가족상담은 그릇되고 모순적인 또는 2중 구속적인 메시지의 역할을 강조한다(Jackson, Haley, Satir).

구조적 가족상담은 가족의 조직을 상호작용 유형의 결정요인으로 간주하는 전체론적 입장을 취한다. 가족 내 여러 하위체계 간의 관계, 경계의 유연성, 그리고 변화하는 각 발달단계에서 재조직하고 조절하는 가족의 노력을 중시한다(Minuchin).

행동주의적 가족상담은 정적 강화행동 등의 학습이론의 원리를 이용하여 가족성원들 사이에 부적응 행동이 어떻게 발달하는지를 설명, 가족들에게 강화행동을 번성하노록 지도한다(Liberman, Stuart, Patterson).

(1) 세대 간 가족상담 모형

세대 간 가족상담 모형은 Murray, Bowen, Framo를 중심으로 만들어진 이론으로 핵가족 영역을 넘어서 확대가족의 영역까지를 다루고 있다. 진화론의 영향을 받은 이론으로서 인간의 합리성을 가장 중요한 특성으로 여기는 이론이다.

Bowen이론의 핵심은 가족의 분화와 통합이다. 그는 가족을 하나의 감정적 단위로 보았으며, 상호 맞물린 관계로 다세대 간의 역사적 관점을 통해서 이해되어야 한다고 보았다.

개인의 성장이란, 가족의 감정덩어리로부터 자신을 분화해 내는 과정을 의미하며 이를 분화라 부른다. 분화를 위해서는 지적체제를 통해서 자신의 감정을 통제하는 힘을 길러야 한다. 가족 구성원들은 감정적 삼각관계나 세대 간의 감정투사를 통해서 개인이 분화되지 못하도록 한다. 이러한 가족의 병리적 체제를 묶어서 분화를 하지 못하면 개인들은 불안증상을 발달시킨다.

내담자들이 호소하는 심리적 증상은 미분화를 통해서 생기는 현상이다. 내담자를 돕는 상담활동은 분화를 촉진시키는 활동이다. 인간이 성장한다는 의미는 곧 한 인간이 자기 가족의 분화되지 않는 자아덩어리로부터 자신을 분화시킴을 말한다.

1 주요 개념들

① **자아분화**: Bowen이론의 핵심개념으로 가족에서의 유일한 문제는 정서체계와 지적체계를 분화하는 데 실패한 것으로 보았다. 자기분화는 하나의 과정으로 지적체제와 정서과정을 구분할 수 있는 능력과 확고한 자기와 거짓자기의 구분이다. 분화가 많이 되면 될수록 진짜 자아의 부분이 가짜 자아의 부분보다 늘어난다.

② **삼각관계**: 사회집단에서 세 사람은 안정적 인간관계를 맺을 수 있는 최소한의 단위이다. 삼각관계는 세 사람과 불안에 의해서 형성되는 체제이다. 두 사람 사이에 갈등이 생겼을 때 이를 직면하지 못하게 하는 불안이 커지면 둘의 체제를 유지하기 위하여 제 삼자를 관계 속에 끌어들이고 이를 통해서 삼각관계가 형성된다. 삼각관계가 형성되면 원래 두 사람 사이에 있었던 갈등은 삼각관계를 통해서 제 삼자와의 관계로 전이되어서 원래 두 사람 사이의 관계를 유지하게 된다. 가족관계에서 삼각관계가 지속되면 가족 구성원들은 개인으로 분화되기보다는 서로 간의

상호작용에서 고전적인 역할을 맡게 된다. 부-모-자 삼각관계는 가족체계에서 가장 흔한 삼각관계이다.

③ **핵가족 정서체계** : 가족과의 분화정도가 비슷한 사람끼리 배우자로 선택하여 이들 관계에서 혼합의 정도가 높게 되면 분화가 낮은 가족을 만들게 된다. 결과적으로 핵가족 정서체계가 불안하게 되어 긴장을 낮추고 안정을 찾기 위해서 많은 방법을 사용하게 된다. 핵가족이 이런 가족 내에서 발생되는 긴장과 불안정을 다루기 위해서 체제를 만들게 되는데, 이를 핵가족 정서체계라고 부른다.

④ **가족 투사과정** : 부모가 그들의 미성숙함과 분화의 부족을 자녀에게 전하는 과정이다. 부부 간의 감정적 혼란은 결혼갈등이나 정서적 거리감을 이끈다. 가족들 간에 감정적 갈등을 다루기 어렵거나 인지적인 힘을 통해서 처리를 하지 못하는 경우에 가족들 자신의 불안을 다른 가족 구성원들에게 투사하게 되는데, 이 과정을 가족 투사과정이라고 말한다.

⑤ **다세대 간 전이과정** : 자녀들의 자아분화 정도는 현재 속에 있는 세대에서만 형성된 것이 아니고 여러 세대를 거치는 동안 전개되어 온 투사과정에서 형성된 것이다. 따라서 전이과정은 세대 간에 가족들의 기능을 연결하는 질서와 예견할 수 있는 관계의 과정을 말한다. 세대 간의 전이과정은 가족들의 감정적 형태와 밀접한 관계가 있는데, 이러한 감정적 형태가 세대를 통해서 전달되는 과정을 가리켜서 다세대 간 전이과정이라고 한다.

⑥ **출생순위** : 출생순위가 각 개인의 성격적 특성과 밀접한 연관을 맺고 있다고 말한다. 각자가 태어난 가정은 달라도 출생순위가 동일하면 비슷한 성격적 특징을 나타내는 사실만 보아도 가족체제의 기능적 위치를 파악할 수 있다는 것이다. 그러나 맏이라 하더라도 부모로부터 투사가 심했던 사람은 막내와 같은 성격을 띠기도 한다.

2 상담목표 및 방법

Bowen은 가족의 체제이므로, 한 부문이 변화하면 필연적으로 다른 부분의 변화가 일어나게 된다고 본다. 그러므로 상담은 개인이 체제에 묶여서 반사행동을 할 것이 아니라 체제에 대해 반응할 수 있는 위치에 설 수 있게 하는 것이라고 보고, 가족상담의 목표는 가족성원들로 하여금 보다 높은 수준의 자아분화, 즉 미분화된 가족자아 덩어리로부터의 해방을 이루게 하는 것이다.

Bowen의 전형적인 상담방법은 두 사람의 성인과 자신을 포함한 삼자관계의 상황에서 하며, 비록 지적된 환자가 어린이라 하더라도 Bowen은 부모에게 기본문제가 있음을 상기시킨다. Bowen은 이러한 상황에서 어린이를 전혀 참여시키지 않는 경우도 있다.

Bowen은 불안을 느끼거나 가족들 간의 관계에 장애가 있는 가정에 중요한 타인(친구, 선생, 성직자 등)을 참여시키면 가족들 간의 관계를 수정시킬 수 있다는 입장을 취하고 있다. 가족상담자도 가정 내에서 가장 중요한 두 사람(대개 부모)과 정서적인 접촉을 유지하면서 삼각관계에 빠져들지 않고 정서적으로 비교적 객관성을 유지하면 이러한 역할을 할 수 있다고 한다.

Bowen의 상담기법 중 공통적인 것은 부모 중 한 사람을 선택하여 먼저 일정기간 동안 상담하는 것인데, 이 때 보다 성숙하고 자아의 분화를 이룰 가능성이 많은 사람을 선택하는 것이 상례이다.

Bowen의 상담기법은 조용하고 직접적이며, 정서적 긴장감을 유발시키지 않는다. 부부는 각자 서로에게 말하지 않고 각자 상담자에게 말하게 된다. 부부간에 일어날 수 있는 정서적 긴장을 피하기 위해 직면시키는 일은 삼간다. 이 때 Bowen은 부부 중 한 사람(또는 두 사람 모두)이 자기를 끌어들여 삼자관계를 맺으려는 노력에 끼여들지 않는다. 그리고 해설도 하지 않는다. 그 대신에 조용한 질문으로 정서적 긴장을 완화시키고, 부부로 하여금 어려움을 야기시키는 문제에 대해 생각하게 한다. 그리고 Bowen은 부부가 상대방을 비난하게 하거나 해결책을 얻기 위해 서둘러 일치를 도모하려 하지 않고, 부부 간의 관계 문제에서 각자가 차지하고 있는 부분에 대해 고찰하게 한다.

(2) 의사소통 가족상담 모델

의사소통 가족상담 모델은 가족체계 내에서 현재 일어나는 상호작용에 초점을 둔 접근으로 언어적·비언어적 의사소통을 연구함으로써 가족체계를 파악할 수 있다는 것을 전제로 한 이론이다. 따라서 상담의 목표는 가족구성원

간의 자아존중감을 높여 주어 가족체계 내의 잘못된 의사소통을 인식하게 하고, 그런 역기능적인 의사소통방법을 교정하여 성장지향으로 개선함으로써 가족들이 건강하게 상호작용하도록 하는 데 있다.

이상에서 살펴 본 의사소통 가족상담이론은 미국의 Pale Alto 그룹에서부터 일반체제이론을 기반으로 발전되었으며, Jackson, Haley, Satir 등에 의해 많은 연구가 이루어졌다. 이 중에서 Satir(1983)는 가족구성원들의 정서적 측면과 감정에 관심을 두면서 가족체계와 의사소통하는 방법을 개선하는 데 초점을 두었다.

1 의사소통이론의 기본명제

① 사람들은 행동하지 않을 수 없듯이 의사소통 또한 하지 않을 수 없으며 모든 행동은 의사소통이다.

② 모든 의사소통에는 '내용'과 '관계'의 두 차원이 있으며, 내용측면은 정보를 전달하고 관계측면은 정보가 받아들여지는 방법을 전달한다. 예를 들어, 설명하면 "창문을 좀 열어 주시겠어요?"라는 말이나 "그 창문을 좀 여시오"라는 말은 같은 내용의 메시지이지만 전혀 다른 관계를 보여주고 있다. 전자는 동료관계를 나타내고, 후자는 상하관계를 가리킨다. 보통 이 관계의 측면을 의식하면서 살아가지는 않고 건강한 관계에서는 이것이 단지 배경으로만 위치하는 경향이 있다. 반면에 문제를 갖고 있는 사람들은 내용보다 관계의 성질에 대해 계속적으로 다투는 경향이 있다.

③ 모든 체계는 '규칙'에 의해 규정되며 이러한 규칙으로 인해 '항상성'이 유지되고 그 결과로 체제가 보존된다.

④ 모든 행동과 의사소통은 '상황' 안에서 검토되어야 하며, 상황에 대한 고려 없이는 완전한 이해가 있을 수 없다. 인간은 언어적인 방법과 비언어적인 방법을 사용하여 의사소통을 한다. 언어적인 의사소통 방법을 통해서 개념적 지식은 적절히 전달되지만 관계적인 면을 이해하기는 부족하다. 그렇기에 비언어적인 방법은 관계에 대한 것을 잘 보여주지만 관

계의 성질에 대해서는 불분명하다. 분명히 비언어적인 메시지는 그 성질상 애매하다. 예를 들면, 눈물은 감격과 슬픔을 나타낼 수 있으며, 미소는 용납을 나타낼 수도 있지만 경멸적인 거부를 나타낼 수도 있다.

⑤ 의사소통은 끊임 없이 이어지는 순환적 상호교환의 연속이다. 의사소통은 시작과 끝이 없이 순환적으로 상호작용하며 교환되는 것이다.

⑥ 의사소통 유형은 의사소통이 일어나는 상황 내의 환류(feedback)로 인해 반복되고 따라서 문제 또한 유지된다.

2 의사소통이론의 주요 개념

① **역설적 의사소통**: 의사소통은 여러 경로를 통해 일어나는데, 이러한 메시지가 항상 일치하는 것은 아니며 한 경로의 메시지를 다른 경로의 메시지가 수정, 보완, 강화, 부정하기도 한다. 역기능적 대화를 바꾸기 위해서는 역기능적 대화의 형태를 직접적으로 지적하고 이를 바꾸기 위하여 가르치는 적극적인 노력이 필요하다. 분명한 대화를 위한 규칙들을 설명하고 이를 자신들에게 먼저 적용하는 방법을 가르친다. 자신의 욕구를 분명히 표현하도록 가르치며 자신이 문장의 주인이 되도록 한다. 가족구성원 간에 상대방에 대한 이야기를 하기보다는 자신을 문자의 주어로 해서 자신의 원하는 바나 혹은 욕구를 표현하도록 한다. 이 때를 상담자가 해석의 기법을 사용하여 가족구성원들이 하고 있는 역기능적 대화의 형태를 알려 준다.

② **이중구속**: 한 사람이 다른 사람에게 논리적으로 상호 모순되고 일치하지 않는 두 가지 메시지를 동시에 전달하는 것을 의미한다.

③ **가족 항상성**: 항상성이란 가족이 어떠한 상황에서도 안정성을 유지하려는 속성을 의미하며, 항상성은 가족 내에서 발전시킨 상호작용 유형에 의해 지속된다는 것이다.

④ **대칭적 관계와 보완적 관계**: 대칭적 관계란 의사교환자 한 쪽의 반응이 다른 쪽에 영향을 주고, 이것이 다시 한쪽의 반응을 상승시키는 효과를 가져오게 되어 언쟁, 싸움으로 발전하게 되는 경우이다. 보완적 관계란 의사교환자가 우월－열등관계에 놓여 있어 한 쪽이 다른 한 쪽을 보완

하는 관계를 의미한다.

3 Satir의 이론

Satir의 가족상담의 목표는 가족원들이 직접적이고 분명하게 정직한 의사소통을 하며 그런 경험을 토대로 하여 개인이 가족 안에서 자아존중감이 증진되고 성장하게 되는 것이다. Satir의 가족상담이론의 가장 핵심적인 개념은 자아존중감과 의사소통이다.

① **자아존중감** : 자아존중이나 자기 가치는 다른 사람들이 자기를 보는 것과는 별개의 것으로 자기가 자신에게 가지는 애착, 사랑, 신뢰, 존중, 가치로움이다. Satir(1983)는 자아존중감을 인간이 기본욕구로 간주하여 자신의 이론에 핵심적이고 기본적인 개념을 사용하였다. 그녀는 Freud의 인간의 기본적인 욕구가 성욕이라는 주장을 부정하고 성적욕구를 부차원적인 것으로 간주하였다. 즉 성적욕구는 자아존중감을 높이고 자아존중감을 상하지 않도록 보호하기 위하여 사용한다는 것이다. 그러므로 자아존중감에 대한 욕구를 성적욕구보다 더 원초적인 것으로 보았다.

Satir(1972)는 자아존중감이 높은 사람은 전체적으로 원만하고 정직하며 책임감있고 사랑, 활력, 많은 관심, 자신의 능력에 대한 믿음이 있으며, 다른 사람들에게 도움을 청할 수 있으나, 스스로 결정할 수 있는 자기 자신이 가장 좋은 자원이라고 믿으며 자신의 가치에 감사하며 언제나 다른 사람의 가치를 인정하고 존중한다. 그리고 일시적으로 낮아진 자아존중감의 상태를 있는 그대로 나타낼 수 있고, 뭔가 불편한 것을 느끼나 숨길 필요는 없고 그것을 한 순간의 위기로 다룰 수 있다.

반대로 Satir(1983)는 가족상담을 받으러 오는 사람들에게 공통된 것으로 자아존중감이 낮은 것을 발견하였다. 자아존중감이 낮은 사람은 자기 자신에 대하여 상당히 불안해하고 확실한 자기상이나 계획을 갖고 있지 못하고, 다른 사람이 자신을 어떻게 생각하는가에 대하여 지나치게 민감하고 신경을 쓴다. 그는 자기 스스로 가치가 없다고 여기고 있기 때문에 다른 사람들이 자기를 죽이거나 짓밟으며 비난하리라고 생각한다. 이런 상태에 있는 사람은 상황을 정확하게 파악하지 못하여, 거절당하는 것에 대하여 두려워하고 객관적인 자료와 견해를 근거로 자기 자신, 타인 사건 등을 파악할 수 있는 능력이 부족하다.

이렇게 자아존중감이 낮은 사람은 자신의 낮은 자기 이미지나 존중감을 보충할 수 있는 존재로서가 아니라, 자기 자신의 연장으로서 자기에 부족한 부분을 제공해 줄 수 있는 사람을 배우자로서 선택할 것이다. 이렇게 결혼한 부부는 배우자를 존중하지 못하여 오히려 부정적인 감정을 가지기 쉽다. 이런 상황에서 자녀의 출생은 부모에게 자아존중감을 획득할 수 있는 기회로 받아들여진다. 부모는 자신의 환상이나 이익의 관점에서 자녀를 보며, 자녀를 부모로서의 자신의 가치, 다른 사람에 대한 자신의 가치를 시범하는 하나의 수단으로서 의미를 갖게 된다. 이런 부모는 자녀를 결코 가치나 존중감을 가진 독립된 한 인간으로 간주하지 않는다. 따라서 이런 가정에서 자란 자녀는 결코 성숙될 수 없으며, 자기의식이 부족한 인간으로 성장할 수밖에 없다. 그러므로 높은 자아존중감을 가진 부모는 문제 가족을 돌보고 자녀를 잘 양육할 수 있고, 낮은 자아존중감을 가진 부모는 문제 가족을 만들어낼 수 있다. 즉 가족체계는 부모의 건축물이고 부부관계는 가족체계의 핵심을 이룬다. 자기 가치감과 존중감은 주로 원가족체계에서 부모와의 관계를 중심으로 학습되고 발달된다. 따라서 어른들은 자아존중감의 전수자이고 교사이며 모델이기도 하다. Satir의 대부분의 상담기법도 사람들이 새로운 경험을 하도록 하고, 아동기에 학습한 것 가운데 제한적이거나 역기능적인 행동유형을 발견하고 그것에서 벗어나게 함으로써 자아존중감을 체득하게끔 하는 것이다.

② **의사소통**: Satir는 의사소통한다는 말이 일반적으로 사회적 맥락 내에서 언어적 행동과 비언어적 행동을 다 포함하는 말이라고 했다. 그래서 의사소통이란 상호작용 또는 거래(transaction)의 뜻을 포함하며, 또한 사람들이 의미를 전달하거나 전달받을 때에 사용하는 모든 상징과 단서가 포함된다. 따라서 의사소통이란 주고받는 과정이며 남들과 어떤 관계를 맺고 무슨 일을 겪는가를 결정하는 최대의 단일한 요인이 되는 것이다.

③ 대화의 형태 : Satir는 대화의 형태를 다섯 가지로 나누었다.

㉠ 회유형 - 다른 사람들만을 즐겁게 하는 사람이다. 다른 사람들을 기쁘게 하고 즐겁게 하는 데에서 위안을 얻는다. 만일 다른 사람들이 위안을 얻지 못하면 자신이 형편 없는 사람이라고 느끼게 된다. 회유형의 사람들은 자신에 대한 존중감을 가치 없게 여기고 다른 사람들이 요구하는 대부분의 것에 동의한다. 회유형은 자신의 가치를 부정하고 스스로는 정말로 중요하지 않다는 메시지를 자신에게 보낸다. 회유형은 다음과 같은 내적인 독백을 한다. "나는 항상 다른 사람들에게 잘 대해 주어야만 한다", "나는 어떤 사람이라도 화나게 하면 안된다." 회유형은 마치 그들 삶의 유일한 목적이 다른 사람의 문제를 덜어주기 위한 것처럼 행동한다. 게다가 회유형은 잘못되어 가고 있는 모든 일을 자신의 책임으로 돌린다.

㉡ 비난형 - 다른 사람을 비난하고, 비난을 통해서 상대방을 통제하려고 하는 사람이다. 상대방이 자신에게 굴복할 때 비난자들은 편안하고 안전하게 느낀다. 이런 사람은 쉽게 흥분하여 다른 사람들과 싸움의 관계에 잘 들어가게 된다. 자신을 제외하고 다른 사람들은 다 잘못한 사람들이다라고 생각한다. 비난형은 회유형과는 정반대의 유형이다. 비난형은 다른 사람의 가치를 무시하고 단지 평가만 한다. 그들 자신을 보호하기 위해서 비난형들은 다른 사람에게 해를 입히고 다른 사람의 탓으로 모든 책임을 돌린다. 그들은 종종 적대적 · 권위적 · 폭력적으로 묘사되어진다. 하지만 그들의 내면세계는 자주 외롭고 긴장감으로 가득 차 있다. Satir는 심하게 비난하는 것은 도움을 구하기 위한 빌미를 찾기 위한 행동으로 해석하였다.

㉢ 초이성형 - 조용하고 침착하나 행동의 폭이 매우 좁다. 다른 사람들과 대화할 때 바른 말들만 하며 말의 속도는 대단히 느리다. 말 속에는 감정이 거의 들어 있지 않다. 감정적으로 매우 상처받기 쉽기 때문에 감정적으로 다른 사람들과 연결되는 데 두려움이 있다. 초이성형들의 인격은 비인간적이다. 그들은 다른 사람의 감정을 부정한다. 지나치게 합리적이며 객관적인 자료나 논리에 근거해서 의사소통을 한

다. 그들의 심리적인 자세는 경직되어 있고 공격적이며, 항상 올바른 것을 추구하는 것으로써 묘사되어진다. 초이성형은 겉으로 보기에 차갑고 건조하며 지루하게 보인다.

㉣ 산만형 – 산만형은 일반적으로 즐거워하는 것이나 익살맞은 것과 혼합된 것으로 혼돈스러운 것을 말한다. 산만형은 초이성형과는 정반대의 유형이다. 다른 사람들이 자신으로부터 떠나도록 만들며 이로 인해 외로움과 공허감을 동시에 느끼게 된다. 산만형들은 자신의 외로움이나 공허감과 부딪치지 않으려고 끊임 없이 움직이며 다른 사람들을 혼란스럽게 만든다.

㉤ 일치형 – 언어와 행동이 일치되어 있으며 다른 사람들과 감정적으로 잘 연결되어 있다. 이들은 자신의 대화형태를 스스로 조절할 수 있으며, 이를 통해서 다른 사람들과 좋은 관계를 맺을 수 있는 균형 잡힌 사람이다.

(3) 구조론적 가족상담 모델

1970년대 구조적 가족상담은 가장 인기 있고 영향력 있는 상담법으로 떠오르고 있었다. 가장 큰 특징은 상담의 목적으로 가족 내의 구조적 변화를 강조한다. 가족상담을 위해 오는 대부분의 사람들은 대안을 가지고 있기에 Minuchin은 가족구성원이 경직되거나 밀착된 관계로부터 벗어날 수 있도록 도움을 제공하므로 구조적 가족상담 분야를 개척하였다.

가족은 하나의 전체이면서도 또한 부분들로 나눠는 구조를 가지고 있다. 그러나 가족의 구조는 가족원들이 어떻게, 즉 누구누구 구성되어 있느냐는 물리적인 구성을 뜻하는 것이 아니라 가족 상호작용의 유형에 나타난 사람과 사이의 ‘경계선’, 즉 질적인 상태를 추상화한 것이다.

1 주요 개념

① **구조** : 구조적 가족상담은 가족 내 상호작용의 형태에 초점을 둔다. 구조란 보이지 않는 일련의 기능적 욕구로 가족원끼리의 상호작용법과 연속성, 반복, 예측되는 가족행동 등을 조직한다. 가족의 구조는 강제로 구속

되는 두 가지의 일반적인 체계에 의해 지배된다고 볼 수 있다. 첫 번째는, 모든 가족은 아동에게 더 큰 권위를 행사하는 위계구조를 갖는다는 점이다. 둘째는, 각 가족의 특유한 규칙과 형태는 서서히 형성, 진화된 것으로 가족의 구조는 역할, 규칙, 양식을 규정한다. 이들 상담자들은 기본적으로 가족이란 서로가 특정한 방식으로 영향을 주고받는 개인들로 구성된 하나의 살아 있고, 개방적인 체계라고 보는 것이다. 가족을 하나의 단위(초점체계)로 보면 가족은 밖으로는 보다 큰 사회의 다른 체계들(상부체계)과 연관되어 있고 가족 안으로는 또다시 여러 소체계(하위체계)로 구성되어 있다.

② **하위체계들**

㉠ 배우자 하위체계－이 체계는 결혼과 더불어 적응과 조화, 배우자 간의 역할과 타협이다. 이 체계에서 상호 보충성이란 논리적으로 모든 행동이 상호 보충되며 각자는 개인으로 남되, 상대방의 성격, 자원, 유일성에 적응하면서 서로의 입지를 존중하는 것이다.

㉡ 부모 하위체계－아이가 태어나면서 형성되는 체계로 부모로서의 책임이 있으며 아동의 각 발달단계에 따른 요구에 타협, 적응하는 것이다.

㉢ 형제 하위체계－이 하위체계는 아동으로 하여금 아동이 되도록 하며 또래집단과의 관계를 실험하게 한다.

③ **경계선** : 가족원 A와 B 그리고 C 사이에서 A-B, B-C, A-C 사이의 거리가 얼마나 가까운가 먼가에 따라서, 적당한 거리(분명한 경계)를 넘어 지나치게 투입(밀착)되어 있는가, 아니면 좁혀질 수 없는(경직된) 거리를 두고 있는가를 말한다. 거리가 멀고 가까운 기준은 바로 '침투성', 즉 얼마나 자유롭게 서로 관여할 수 있는가로 결정된다. 어느 한 쪽에서 상대방에게 지나치게 관여하면 그 상대방은 관여하는 쪽에 그만큼 수동적으로 내저하세 되고 의존성이 높아질 수밖에 없다. 개인과 하위체계간 구성원은 가족 간의 허용할 수 있는 접촉의 양과 종류에 있어서 명확한 경계성, 경직된 경계성, 혼돈된 경계성 등 셋으로 구분된다.

④ **정상적 가족발달** : Minuchin은 최상으로 기능하는 가정에서는 가족 간의 경계가 분명하고 '우리'라는 집단에 소속된 의식을 가지고 있으면서도 자의식

을 잃지 않는다고 본다. 즉 가족성원은 개성을 띠고 있으면서도 가정에 대한 소속감을 잃지 않으며, 하위체계의 경계도 분명하여 올바른 가족기능이 이루어진다고 본다. 반면, 가족 간의 경계가 모호한 '속박된 가정'에서는 하위체계의 경계가 미분화되거나 약하게 쉽게 뒤바뀐다.

속박된 가정의 가족성원들은 가족의 소속감을 지나치게 중시하여 자주성이 없거나 가정 밖에서 문제를 탐구하고 해결하려는 의지가 없다. 한편, 경계가 지나치게 경직되어 하위체계들 사이의 의사소통이 힘든 '유리된 가정'에서는 가족성원들은 지나치게 자주적·독립적으로 기능하여 상호 의존성이 없고 필요할 때에도 가족들에게 도움을 청하지 않는다. 가족 중의 한 사람이 심한 스트레스를 받을 때에만 겨우 다른 가족성원들이 관심을 갖는 정도이다. 가족상담은 가족체제에 초점을 맞출 뿐만 아니라, 그 체제 내에서 일어날 수 있는 변화들에도 관심을 집중한다. 즉 가족상담의 내담자는 가족 내의 특정 식구가 아니라 전체 가족 및 식구 간에 이루어지는 상호작용이며, 가족 내의 특정 식구가 갖는 문제는 오히려 병든 가족체제에서 생기는 하나의 결과적 증상에 불과하다고 이야기할 수 있다.

2 상담방법

① 합류
② 실연형성
③ 가족의 의사소통 규칙에 도전
④ 재구성
⑤ 재명명
⑥ 가족구조의 변화
⑦ 과제 수립
⑧ 가족 오찬

(4) 전략적 가족상담이론

전략적 가족상담 모델은 가족체계의 의사소통이론을 출발점으로 삼아 반복되는 행동의 연쇄과정과 의사소통 유형에 관심의 초점을 둔다. 전략적 가족상담이론은 방법지향적이며 문제행동을 분석하는 데 있어 상당히 지적이지만, 내담자에게 통찰력을 갖게 하기 위한 의도로 행동을 조작하지는 않는다. 이들 상담의 목적은 문제에 대한 통찰력의 변화가 아니라 특정한 행동을 변화시키는 것이다. 이 입장을 취하는 대표적인 연구자는 Haley로 인간행동의 원인에는 관심이 없고 오직 행동을 변화시키는 전략에만 관심이 있다. 여기에는 문제의 발달에 대한 배경을 설명하는 이론적 틀이 전제되지 않는다. 그 문제들이 과거에 생겼는지 아니면 현재의 관계형태에 의한 것인지에 대해서도 역시 관심이 없다. 단지 문제행동을 변화시키는 해결방법을 기술하는 데 그 초점을 맞추고 있다. 따라서 인간행동을 통제하고 지배하는 가족의 규칙에 일차적 관심을 갖는다. 가족의 규칙은 가족구성원들의 행동을 가족이라는 맥락에서 의미있게 만든다. 가족구성원 중에 한 사람이 발달시키는 증상은 가족의 규칙을 유지하는 기능을 하게 된다.

(5) 동참적 가족상담

동참적 가족상담은 상담자가 가족전체를 대상으로 하는 상황을 말하며, 이 때 그는 가족 내의 상호작용 패턴에 초점을 맞추게 된다. 때때로 모든 식구가 모두 자리를 같이 한 상태로 상담이 이루어지기도 하지만, 상담의 초점이 개개인 식구가 가진 문제가 아니라 전체가족의 공동문제에 주어지는 한 그러한 조건이 필수적인 것은 아니다.

(6) 다중 충격 가족상담 모델

다중 충격 상담은 여러 명으로 구성된 한 팀의 상담자들이 여러 식구들과 2~3일 간 집중적으로 활동하는 방법인데, 이 때 상담자들은 매번 각 식구들을 서로 다른 식구끼리 짝을 짓게 하여 여러 형태의 짝을 만나게 된다. 여기에서도 상담의 초점은 가족체제에 있다. 이 상담은 다학문적인 상담팀을 활용하고 공식적인 상담시간을 집약시킨다는 특징이 있다.

(7) 사회적 지지망 가족상담 모델

사회적 상담팀은 3~4명으로 구성되어 가족문제 해결을 위해 가족과 의미 있는 타자(친척, 친구, 이웃 및 지역사회 주민)를 포함하는 사회적 지지망을 활성화시키게 된다. 사회적 지지망 가족상담은 전문 상담자가 문제해결을 주도해 가는 것이 아니라, 사회적 지지망이 자발적 해결을 활성화시키는 데 주안점을 두고 있다. 보편적으로 사회적 지지망 상담은 40명에서 100명 정도의 지지망을 관여시키는 대규모적 상담접근법이다.

상담의 범위를 핵가족으로부터 이웃사람, 친구, 의미 있는 타인들을 포함하는 가족과 관련되는 인사들까지로 확대하는데, 이러한 상담법도 가끔 필요하며 도움이 된다고 여겨진다. 사회적 지지망 상담은 갱생, 즉 곤란에 처해 있는 개인 또는 가족을 위해 생동적인 사회망을 창조하는 것을 목적으로 한다. 사회 지지망 상담의 기본가정은 부족 혹은 개인을 둘러싸고 있는 사회적 지지망은 그들 자체 내에 상담할 수 있는 힘을 지니고 있다는 것이다.

(8) 복수 가족상담

복수 가족상담은 서로 다른 여러 가족들이 동시에 만나는 상담방법이다. 다른 가족들이 함께 있으므로 해서 상담자와 내담자(가족) 사이의 거리감이 완화될 수 있다. 내담자 가족이 다른 가족을 관찰하고 모방하며 동일시할 수 있는 기회를 가질 수 있기 때문에 상담자와 내담자 가족 간의 어떤 장애들이 쉽게 해소될 수 있는 것 같다.

5) 부모 및 가족상담 과정

가족상담에 하나의 통일된 원리와 기법은 없다. 어떻게 해야 가족상담을 효과적으로 수행하고 어떤 절차를 따라야 하는가는 가족원 가운데 단 한 사람을 만나도 가족상담이 가능하다고 생각한다. 상담기간도 길게는 해를 두고 계속될 수도 있고 보통 8 내지 20회 정도를 잡기도 한다.

가족상담자가 하는 일도 어떤 상담자는 역기능적인 의사소통 방식을 바로 잡아 주는데 관심을 가지고 있고, 어떤 상담자는 문제행동을 고치기 위해

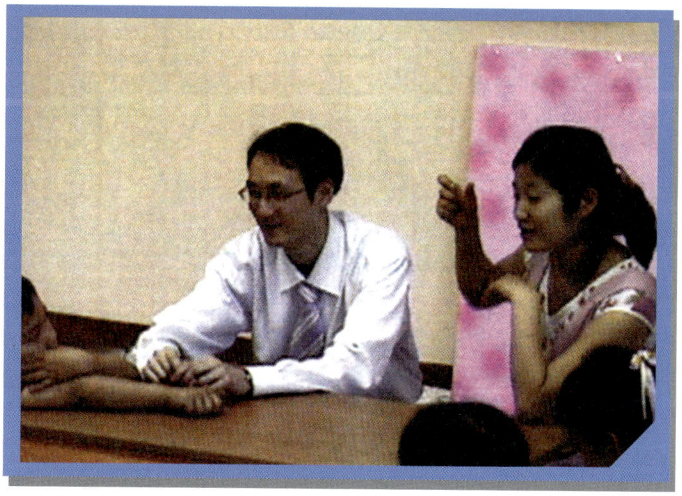

역설적으로 그런 행동을 더 맘껏 해 보도록 권장하기도 하며 힘들고 어려운 일을 시키기도 한다. 이들은 이렇게 하여 가족관계 안에 존재하는 문제의 원인과 그 결과에 대해 가족들이 새로운 인식을 활성화시켜서 가족들 스스로 문제를 해결하고 기능적인 관계를 유지하도록 도와준다. 그들의 역할은 때로는 시범자, 교사이기도 하며 때로는 권위자로서 가족들에게 명령과 지시도 내린다.

가족상담은 보통 가족과의 첫 접촉(보통 전화문의)에서 시작하여 단계별로 진행된다. 대부분의 가족상담자들은 어떤 경우 어린이들을 제외시키기도 하지만 전체 가족 아니면 가능한 많은 가족을 참여시키려고 한다. 상담자는 도전자요 수용자로서 위험과 발전요소들 간에 균형을 취해야 하며, 가족의 문제해결 방법에 도전하는 것이지 그들의 동기에 도전하는 것이 아니다. 상담자가 채택하는 기법은 첫째, 상담체제를 형성하는 것을 돕고, 가족이 '자아존중감'을 유지하는 것을 돕는 것과, 둘째, 자아감에 도전하고 체제를 불균형시키며 변화를 조장하는 것에 모아진다.

(1) 가족상담의 단계

1 첫면접

첫면접을 실시하는 데에 일정한 방법은 없다. 미리 계획된 일련의 단계를 거치는가 하면(Haley, 1976), '지금 여기'를 강조하여 자발적인 동기와 자기개방이 일어나게도 한다(Kempler, 1973). Satir(1967), Franklin과 Prosky(1973)와 같은 상담자들은 첫면접 때 가족력을 수집하는데, 이 때 '지적된 환자'에게 일어난 과거의 중대한 사건들에 대한 가족 각자의 견해를 비교하는 일이 많다. 또 Zuk(1976)와 같은 상담자는 가족력에도 관심을 가지고 있지만 주로 현재의 가족기능과 활동에 중심을 둔다. Minuchin은 첫단계에서의 상담자의 역할은 가족의 문화에 합류하여 그들을 있는 그대로 받아들이고 지지(maintenance)하는 가운데 문제를 추적(tracking)하는 것이라고 하였다.

2 중간단계

가족상담의 중간단계는 상담과정에서 핵심을 이룬다. 첫면접이나 몇 번의 간단한 면접을 바탕으로 상담자와 가족은 정기적으로 보통 1주일에 한 번 한 시간 반정도 만나기로 약속한다. 가족상담의 중간단계에서 자기들의 관계가 수정되어야 하고, 가족들끼리 파괴적인 동맹을 무너뜨려야 한다는 사실을 깨닫게 된다. 가족이 상담에 참여하여 성공을 거두려면 가족구조의 재조직이 이루어지기 시작해야 한다. 이 단계는 문제 확인, 구조의 확인, 상담의 목적 설정과 계획수립 및 재구조화의 작업이 진행된다. 이 단계에서의 기법은 경계선 만들기, 실연(실제연습), 재구조화, 강조, 균형 깨뜨리기 등이 있다.

가족성원들의 자주성이 증대되고 가정 내에서의 역할이 덜 경직되어야 하며 가족의 숨겨진 경험들을 서로 공유하고 인정해야 한다. 가족성원들이 피드백, 즉 자기행동에 대한 타인의 반응을 받아들이기 시작해야 한다. 상담기법은 재구조화로써 적절한 구조의 소개와 강화, 결탁의 해제, 부모 하위체계의 강화, 그리고 개인 구성원 간의 역기능적 배치의 교정 등이 포함된다.

일단 변화가 나타나기 시작하면 그것이 유지될 수 있도록 강화해 주어야 한다. 그렇지 않으면 예전의 유형으로 되돌아갈 수 있기 때문이다.

3 종결단계

Bell(1975)은 경험 많은 가족상담자라면 대개 8회에서 20회 정도로 상담기간을 잡는다고 했다. 가족상담이 성공적이라면 가족은 대개 몇 개월 후에 종결시킬 준비를 갖추어 자기들의 문제를 집단으로 보다 잘 해결할 수 있고 파괴적인 행동유형을 변화시킬 수 있게 된다. 상담이 종결될 때 가족성원 모두에게 문제가 사라지거나 가족성원 모두가 동일한 수준까지 개선되는 법은 없다. 그렇지만 가족과 상담자가 다같이 이제 가족이 스스로 가정을 이끌어 갈 준비가 되어 있고, 또 상담이 종결되어 상담자의 도움이 없어도 당황하지 않고 독립적으로 기능하고자 한다는 점을 느낄 수 있다.

(2) 부모 및 가족상담기법

면접의 목적은 두 가지로 나눌 수 있는데, 하나는 가설검증을 위한 정보의 수집이며, 다른 하나는 가족체계를 변화시키기 위한 개입이다.

1 가설검증을 위한 기법

① 원환적 인식론(circular epistemology)에 근거한 질문법

② 특정상황에서 가족원의 구체적인 상호행동

③ 동적 가족도(kinetic family drawing)

㉠ 가족들이 마주 앉아서 서로 보게 한 후 커다란 종이(30×45cm)에 가족들이 무엇인가 하고 있는 것을 그리게 한다.

㉡ 행동관찰

- 무슨 색을 선택하는가?
- 누가 먼저 그리고 크기는 어떠한가?
- 무엇을 그렸는가?
- 누가 정리하는 역할을 하는가? 등이다.

㉢ 가족은 무엇을 느끼고 무엇을 의미하며 어떻게 설명하였는가?

④ 가족조형법(family sculpture)

㉠ 가족성원이 다른 가족성원을 이용하여 자기 가족에 대한 이미지를 조각으로 하게 한다.

㉡ 조각을 만든 가족도 조각의 일부분이 되어 일분 간 행동을 정지한다.

㉢ 각각의 가족성원에게 조각되어질 때와 정지하였을 때에 어떻게 느꼈

고 지금의 느낌은?

⑤ **가계도**: 3세대 이상의 가족성원과 그들의 인간관계를 기록한 가계도 작성법이다.

⑥ **합의 로르샤하**(consensus Rorschach)

㉠ 5매의 Rorschach 도판(1, 2, 4, 7, 10번)을 사용하여 가족의 의견으로서 합의된 반응을 하도록 지시한다.

㉡ 가족의 이미지 카드를 선택하도록 한다.

㉢ 행동관찰은 개인과 가족 반응의 차이, 의사소통의 과정, 발언의 양과 발언의 방향성 등으로 한다.

2 가족으로의 개입기법

여러 가지 정보를 통하여 가설이 검증되어지면, 다음은 가족체계에 변화를 일으키기 위한 개입이 행하여지는 단계로 나눌 수 있다.

① **의사소통에 대한 개입**: 문제의 행동은 그릇된 의사소통에서 비롯한 역기능적 관계이며, 행동이 곧 의사소통이라고 보는 의사소통 이론가(Donjackson, Jay Haley, Virginia Satir)의 영향을 기법들이다. 한 마디로 이야기하면 언어적 의사소통과 비언어적 의사소통의 차이에 착안하는 것이다.

㉠ 의사소통 이면에 숨어있는 잘못된 의사소통(miscommunications)을 명확히 하면서 개입해 가는 방법

㉡ 좌석을 변경하여 의사소통의 흐름을 변화시키는 방법

㉢ 상담자가 특정 가족원의 가정위치(family position)에 서는 방법

㉣ 행동을 나타내는 방법(role play)

② **행동에 대한 개입**

㉠ 실행화(enactment)－어떤 특정 상황시의 가족원의 구체적인 행동을 재현함으로써 상담장면에서 고립된 가족의 양상을 변화시키기 위한 새로운 교류양상을 체험학습을 하게 한다.

㉡ 가족관계(family task, family ritul)－상담장면에서만의 행동 변용을 추구하는 것이 아니라, 실제 가족 내에서의 변화를 촉진시키기 위하여 중재(intervention)에서 어떤 과제를 지시함으로써 면접 후에도 가

족 자신을 변화의 과정으로 끌어들이는 방법이다. 가족이 고착하고 있는 여러 가지 교류의 양상이나 규칙을 변화시키기 위하여 가족 전원이 언제, 어디서, 누구와, 무엇을, 어떻게 하라고 상세히 지시를 하게 된다.

ⓒ 게임을 행하게 하는 방법－가족 간의 갈등이 은폐되어 있는 경우에는 그것을 곧 표면화하는 것에 상당한 불안을 느낀다. 그러므로 게임으로써 싸움 등을 하게 하여 행동화시키게 된다. 이 때 만약 정말 싸우게 된다면 "정말 연기가 훌륭하군요" 하여 어디까지나 게임이라는 것을 강조하여 서로가 상처받지 않도록 하면서도 갈등의 표면화를 시도하는 방법이다.

ⓓ 역설적 기법(paradoxical technique)－악순환에 빠진 가족의 행동양상을 역설지향에 의해 단절시키려고 지금까지 행하여 온 문제행동을 그대로 하게 할 뿐만 아니라, 더 나아가 그것을 의식적으로 행하게 함으로써 정반대의 행동을 끌어내려는 것이다.

③ 긍정적 재조정(positive reframing, positive connotation) : 가족이 부정적으로 파악하고 있는 사건을 상담자가 긍정적으로 재조정하면 가족은 그에 대한 충격이 크며 그로 인한 새로운 시각을 제공하게 된다. 이와 같은 기법은 가족의 항상성(homeostasis)에 도전하여 안정성을 위협하는 것과는 달리 가족의 저항을 피하면서 항상성이 변화, 성장하도록 돕는데 목적이 있다.

(3) 상담자의 자세

상담자는 상담시 중립적(neutrality)인 자세를 취하는 것이 전제되어야 한다. 중립적인 자세란 어떤 가족원이나 또는 특정의 하위체계의 편이 되거나 동맹을 맺지 않으며 가족성원에 대한 어떤 종류의 도덕적 판단도 하지 않는 것을 의미한다. 또한 상담자는 가족의 의식, 감정 수준과는 다른 수준에 서서, 가족 전체의 구조를 볼 수 있어야 한다. 상담자가 이러한 중립적인 자세를 지니면서 효과적인 개입을 해나갈 때 가족체계 속에서 변화가 일어난다고 생각된다. 그리하여 상담초기의 문제행동이 포함되지 않는 새로운 가족의 항상성을 형성하여 가족 스스로가 문제를 해결할 수 있다는 자신을 되찾게 될 때 상담은 종결되는 것이다.

3 아동의 변화를 돕는 방법

1) 아동에게 필요한 것들

아동양육의 모든 과정에서 어린이의 연령을 막론하고 정서적인 필요가 존재하는 것은 의심할 여지가 없으나, 생의 첫 6년 동안에는 정서적인 필요가 결정적으로 중요하다. 이 시기는 어린이 인성의 기반들이 많이 마련된다. Erik Erikson이 개인의 심리적 발달에 관해 쓴 바에 따르면, 이 시기 동안 어린이의 인성은 놀라울 만큼 정해진 양식으로 여러 단계를 차례로 거쳐 나간다.

아동이 7살까지 성취해야 하는 세 가지 심리적 '이정표'는 다음과 같다.

(1) 이정표 1 : 기본적 신뢰감 대 불신감

삶의 첫 6년 중, 아동은 처음으로 기본적 신뢰감 대 불신감의 문제에 직면하게 된다. 변화가 있기 전에 항상 설명이 먼저 주어지고, 따뜻한 담요처럼 안정감이 어린이를 감싸는 안정되고 예측 가능한 환경이 결정적인 요인이다.

우리는 상담할 때 이웃이나 학교에서 '깡패'라고 불리는 아동들을 많이 보게 된다. 이들은 주위 사람들을 밀치는 일을 되풀이하고 다른 사람들, 특히 나이 어린 아동들을 통제하기 위해 물리적 힘을 사용하고 못살게 구는 아동들이다. 알고 보면 거의 예외 없이, 이 '깡패 아이'들은 아동 방임의 희생자들이다. 이 어린이들은 자신의 필요를 충족시키기 위해 사람들을 의지할 수 없음을 알게 되었고, 그래서 그들이 갈구하는 관심을 얻기 위해 주위 사람들을 밀치고 쑤시기 시작했던 것이다.

장시간 아동을 가정밖에 둔다거나, 어머니나 아버지가 오랫동안 없다거나, 부모 중의 하나가 사망하거나, 동생이 태어나거나, 혹은 가정의 사회적 구조의 일관성과 예측 가능성을 변화시킬 만한 다른 어떤 사건이 일어나는 것 등은 아동에게 긴장을 초래할 수 있다.

사실 긴장은 반드시 나쁜 것만은 아니다. 소량의 긴장은 아동의 자립성을 발달시키는 데 도움이 될 수 있다. 그러나 이 시기에 아동의 우선적인 주요 과제는 부모와 주위 세계의 안정성과 보장성에 대한 믿음과 신뢰를 형성하는 것이다. Erikson에 따르면, 이러한 신뢰감을 얻기 위한 아동의 고투는 생후 첫 2년 동안 주로 이루어지거나 첫 10년이란 기간 동안 분명히 계속된다.

(2) 이정표 2 : 자기통제 대 자기회의

두 살부터 네 살까지의 아동은, 내면적으로 자율적이고 싶어하는 (자신의 세계를 통제하고 싶어하는) 마음과 자기 회의라는 어려움 사이를 오간다. 이 나이의 아동들은 글자 그대로 자신의 두 다리로 설 수 있게 될 뿐만 아니라, 배변훈련과 같은 자기통제도 실험하게 된다. 또 떼를 쓴다거나 화를 내거나 '싫어'를 나타내는 말과 행동들을 수단으로 이용하여, 환경에 대한 통제력을 어느 정도 얻기 위한 방법들도 실험한다.

이 단계에서 부모는 아이를 바로잡는 것(한계를 존중하도록 가르치는 것)과 동시에 자제력과 자신감을 받쳐 주는 '자유로운 기'를 발달시키도록 북돋우는 것 사이의 미묘한 균형을 유지해야 한다. 아이가 가구나 의자에 기어올라가기 시작하는 것을 보면, 부모들은 처음에는 대단히 자랑스러워하지만, 몇 분 후 그러한 모험 때문에 아이가 굴러 떨어지면 부모는 숨을 헐떡거리고 놀라게 된다. 부모들은 어떤 것은 안전하고 어떤 것은 안전하지 못한지의 한계를 아이가 알기를 바라지만, 한편으로는 독립을 향한 진출들을 막기는 망설인다. 물론 사랑과 수용이 있는 예측 가능한 환경 속에서라면 부모는 이 두 과제를 모두 달성할 수 있다.

두 살에서 네 살 사이의 어린이는, 부모가 무조건적인 사랑을 주고 있다는 것을 느끼고자 하는 욕구가 절실하다. 어린이는 성취의 정도에 상관 없이 부모가 자기를 사랑하고 수용하며 인정해 주기를 원한다.

(3) 이정표 3 : 주도성 대 죄책감과 당혹감

유아기의 마지막 부분이 되면 어린이는 주도성을 보이고자 하는 욕구를 나타내게 된다. 그러나 한편으로는 저지른 실수에 대해 죄책감도 느끼게 된다.

다섯 살 혹은 여섯 살 짜리들은 종종 몹시 시끄럽거나, 자기가 원하는 쪽으로 이끌기 위해 창의적인 논리나 극적인 제스처를 이용해서 자신을 표현하기도 한다.

이 나이의 아이들은 병정과 야생동물, 농장, 전투지, 은하 등으로 가득 찬 세계를 창조하고 거기에 자신의 노획물들을 옮겨 놓기도 한다. 혹은 극적으로 과장된 의상으로 걸쳐 입고 상상의 가족 속에서 부모가 되기도 하고, 위대한 일을 하고 대단한 성취를 해내는 사람들에 대한 이야기를 끝없이 지어내기도 한다. 만약 성인들이 이 아이들의 놀이를 하찮다거나 역겹다고 보면, 아이들은 수치스럽고 바보스럽다고 느끼게 되기 쉽다. 이 시기에 아이에 대해 너무 많은 비판을 하게 되면 아이가 오랫동안 자괴감을 갖게 될 수 있다. 어린시절에 스스로를 비웃는 버릇은, 성인시절의 열등감과 부서지기 쉽고 약한 자기 신뢰감으로 연결된다는 것이 우리의 임상적 경험으로 밝혀졌다.

여섯 살 짜리는 7~8분 거리의 학교에 혼자 걸어갈만큼 자랐다고 느끼고 싶어한다. 그러나 일시적으로 길을 잘못 들면 몹시 당황스러워한다. 만약 그 아이의 부모가 그러한 실수를 사랑과 관심으로 다루지 않고 그 일시적 실수를 꾸짖는다면, 그것은 몇 년 동안 그 아이에게 상처가 될 것이다.

(4) 네 가지 기본적 필요들

앞에서 언급했듯이, 어린아이들에게는 네 가지의 기본적 필요가 있는데, 그 중 하나는 본보기의 필요이다.

1 본보기

"보는 대로 행한다"는 말은 어린아이를 기르는데 있어서 가장 두드러진 원리를 묘사하는 것이다. 어린이는 행동의 대부분에 있어서, 부모가 행동하는 것을 본 대로 따라서 하기 때문이다. 아이들은 부모를 끊임 없이 지켜본다. 부모가 말하는 것뿐만 아니라 비언어적인 암시들도 계속 관찰한다. 부모가 자기를 어떻게 수용하는지, 부모가 배우사나 형제늘을 포함한 다른 사람들에게 어떻게 접근하는지, 삶 속에서 어디에 우선 순위를 두는지 등을 계속 관찰하는 것이다.

두 살 짜리 아이는 벌써 자기 부모에게 어떤 것이 중요하고 어떤 것은 중요하지 않은지를 알고 있으며, 다양한 상황에 대하여 부모가 어떻게 반응할지를 놀랄만큼 정확하게 예측할 수 있다. 최근에 『과학 뉴스』(*Science News*)란 잡지에 소개된 연구에 따르면, 14일 된 영아가 성인이 한 주 전에 보인 행동을 상당히 모방하더라는 것이었다. 시애틀에 있는 워싱턴 주립대에서 최근 이루어졌던 한 연구는, 영아들이 성인의 행동을 내면화하고 기억할 수 있으며, 시간 간격이 뜨더라도 그러한 기억을 후속 행동의 지침으로 이용할 수 있다고 결론지었다.

부모의 주요한 반응과 행동은 아이 자신의 내면 행동과 가치체계의 기초를 제공한다. 부모는 인내와 일관성을 보여야 할 뿐만 아니라, 아이에게서 이런 점들을 관찰할 수 있는 상황을 마련해야 한다. 어떤 부모들은 본보기는 잘 보이는데, 관찰할 수 있는 상황을 창출하는 데는 부족하다 또 어떤 부모들은 관찰상황은 정기적으로 창출하는데, 인내와 일관성으로 본보기를 보이는 데는 모자란다. 상담자는 부모들이 좋은 특성들을 본보기로 보여야 할 뿐만 아니라, 이상의 세 가지 이정표들을 보일 수 있는 상황을 창출하는 것도 중요함을 강조해야 한다.

사업관계로 정기적으로 바깥에서 손님과 함께 식사를 해야 하는 어느 부부가 그들의 다섯 살 난 딸에게 바람직한 식사예절을 가르치려고 하였다. 아이에게 바람직한 식사예절을 '연습'하게 하려고, 한 달에 한 번쯤 부모 중 한 사람이 아이를 데리고 나가 외식을 하였다. 그 아이는 부모가 말로 가르쳐 준 바에 의해서 뿐만 아니라, 자기 아버지나 어머니가 나이프와 포크를 이용해서 고기를 자르고 냅킨을 사용하는 것을 관찰함으로써 식사예절을 배웠다.

2 관 심

부모의 관심은 어린이의 건강한 인성발달에 있어서 결정적이다. 부모가 아이들과 함께 보내는 시간의 양이나, 그들의 발달기 동안 보여주는 부모의 관심 정도는 성숙과정에 결정적인 영향을 준다.

관심은 부모가 단지 수동적으로 아이들을 아는 것이 아니다. 아이들 스스로 그들 자신이 중요한 존재임을 확신하도록 부모가 의도적으로 시간을 들이는 것이다. 이런 이유로 부모가(혹은 아동이) 오랫동안 집을 비우는 것은 어린이의 정서건강에 위험할 수 있다.

아동에게 보여진 관심의 정도는 매우 중요하다. 예를 들어, 아이가 공룡에 정신이 팔려 있다는 것을 아는 부모는 공룡에 관한 책을 빌리기 위해 일부러 도서관을 찾을 수 있다. 또는 새로운 공룡 전시회를 보여 주기 위해 부모는 아이를 데리고 과학박물관을 방문할 수 있다. 아동들은 부모들의 그러한 관심의 표현을 결코 잊지 못한다.

회사의 한 고위 행정가는, 처음으로 그의 아버지가 그에게 자전거 바퀴 갈아 끼우는 법을 보여 주었던 때를 기억하면서 눈물을 흘렸다. 어떤 여성 고객은 그녀의 상담자에게 그녀가 특별히 간직하는 것들 중에 색이 칠해진 책의 페이지에 관해 이야기했다. 그 페이지는 그녀의 아버지가 처음으로 그녀에게 휴지로 크레파스의 흔적을 지우는 방법을 가르쳐 주던 때를 생각나게 했던 것이다.

이러한 기억들은 인성의 핵심을 이루고 아동의 정서발달에 중요한 초석으로서 필수 불가결한 요소이다.

3 애 정

"사랑해"라고 말하는 것도 필요하다. 그러나 사랑한다는 말이 아이에게 애정을 보이는 방법의 전부는 아니다. 아이에 대한 애정은 아이에게 가는 눈길 속에 담겨 있는 부드러움 속에, 부모와 아이의 눈이 마주칠 때 자연스럽게 피어나는 미소 속에, 또 아이가 뭔가 자기 일을 하거나 놀고 있을 때 스치는 부드러운 부모의 손길 속에 담겨서 전해진다. 잠자리에 들기 전에 한 번 껴안아 주고 뽀뽀해 주면서 "잘자라, 사랑해"라고 하는 것보다 하루 종일 지속적으로 전해지는 작은 애정의 표현들이 훨씬 더 효과적이다.

애정의 표현은 어린이의 인성에 있어서 정서적인 '호흡'과 같다. 아무리 건강한 폐라도 지속적으로 기능하기 위해서는 지속적으로 호흡해야 한다. 같은 식으로, 하루에 한 번 애정을 표현하는 것이 아무리 순수하고 강렬할지라도, 하루에 한 번의 애정표현으로는 아이가 생존할 수 없다.

우울증에 걸린 사람들을 치료하는 상담자들은 종종 부모가 "사랑해"라고 말하는 것에 대한 기억이 전혀 없는 환자들을 보곤한다. 이러한 애정 결핍은 심각한 심리적 손상을 가져올 수 있다는 것을 많은 연구들이 보이고 있다. 부자간에 친밀과 수용이 결여된 것은 젊은 남성과 아버지들 간의 유대가 잘 이루어지지 못하는 주된 요인으로 떠오르고 있다. 성역할 정체감의 손상은 이후의 동성애적 경향과 깊은 연관이 있다는 것이 미국정신의학회(American Psychiatric Association)의 1988년 총회 때 발표된 15년에 걸친 연구에서 보고되었다.

부모의 결혼생활이 건강한 것을 볼 때 어린이는 "가족에서 가장 중요한 관계는 어머니와 아버지의 관계이며, 이 관계는 견고하다"는 의미를 깨닫게 된다. 이런 의미가 전달될 때 아이는 자신의 성역할 정체감을 견고히 발전시킬 수 있는 가능성이 크다. 어린 남아는 "남자 아이인 것이 아주 괜찮다"는 것을, 그리고 어린 여아는 "여자 아이인 것이 아주 괜찮다"는 것을 알아야만 한다. 자신이 성역할 정체감의 확실한 안정성에 대해 믿는 것은 매우 중요하다.

4 지 지

아동은 자기의 관심과 활동을 부모가 긍정적으로 지지해 주는 것을 필요로 한다. 현대사회의 부모들은 종종 부모노릇 중의 이 요소를 간과한다. 아들의 축구시합을 되풀이해서 빠지던 어느 바쁜 아버지가 축구 코치에게 "우리 아들은 내가 저를 위해서 그의 뒤에 있다는 걸 알고 있어요. 그러니 우리 아들의 축구시합에 내가 꼭 있어야 된다고 생각하지 않습니다"라고 변명했다.

그러나 아이들은 그러한 것을 그냥은 알지 못한다. 축구시합을 매주 할 때마다 슬퍼보이던 아이의 표정이 그 증거이다. 아이들에게는 부모의 지지가 필요하다. 상담자는 부모가 아이에 대한 지지를 보여 주도록 도와야 한다. 그 지지는 부모가 격려자로서 행동할 때, 또 동료로서 같이 참여할 때 보여진다.

아동은 자기가 하는 활동을 부모가 인정한다는 것을 느껴야 할 뿐 아니라, 자기의 건강한 관심과 추구를 부모가 적극적으로 승인한다고 느껴야 한다. 지지와 격려는 자기 수용감의 기초를 형성하며, 자기 수용감은 자기에 대한 건강한 사랑의 기초가 된다. 자신에 대한 건강한 사랑은 인성 자체에 결정적인 요소일 뿐 아니라, 적절한 대인관계의 발달을 위해서도 결정적이다.

자신을 미워하는 사람들은 결국 타인에게도 냉소와 미움을 갖게 된다. 불행히도 이러한 유형은 종종 어린시절에 시작되고 성인기를 통해 더 강화된다. 아동의 발달에 있어서 이러한 시점에서 고군분투하고 있는 가족을 돕는 상담자는, 현재의 가족이 삶의 질을 향상시키는 데 뿐만 아니라 그 아동들이 성인이 되었을 때, 그들이 미래에 이룰 가족과 그들의 자식의 자식까지 삶의 질을 향상시키는 데 기여할 수 있다.

삶의 첫 6년은 아동에게 흥미진진한 시기이며 부모도 많은 것을 이룰 수 있는 도전해 볼 만한 시기이다. 능숙한 상담자는 이 시기 동안 아이에게 진행되는 발전을 부모가 볼 수 있도록 도울 것이다. 처음에 아동은 자기가 우주의 중심이라고 보며, 종종 끊임없는 관심을 요구한다. 아동은 종종 자신이 원하는 대로 해도 된다고 느끼며, 규칙이라는 제한으로부터 면제되는 것으로 생각한다. 그러나 한편으로 아동은 자신의 세계에서 일어나는 모든 나쁜 일의 원인이 자기라고 믿는다. 이 점은 어린아이에게 불편한 이율배반이 될 수 있다. 이는 자신의 정체감을 확립해야 하고, 자신을 둘러싼 세계를 통제하는 데 있어서의 한계를 이해하기도 해야 하는 어려움의 일부이기 때문이다.

이 시기의 아동은 자신을 세상 사람의 일부로 보기 시작한다. 인간관계의－

형제와의 관계뿐만 아니라 부모와의 관계, 또 나중에는 더 많은 다른 사람들과의 관계의－복잡 미묘함을 조정하는 법을 삶의 첫 6년이란 시기에 배우는 것이다. 이 발달시기에 상담자가 잘 개입하여 도와주면, 현재뿐만 아니라 미래에 풍부한 결실을 가져올 수 있다.

2) 아동의 변화를 촉진하기 위한 관계

(1) 부모 간의 관계

어린아이에게 영향을 미치는 세 가지 중요한 관계들은 ① 부모 간의 관계, ② 어머니와 아이의 관계, 그리고 ③ 아버지와 아이의 관계이다.

이 중 첫째인 부모 간의 관계는 가정에서 이루어지는 부부관계의 질에 관한 것이다. 아이에게 가장 중요한 두 사람(아버지와 어머니)을 아이는 직접 관찰하고 있으므로, 이 두 사람 간 관계의 질은 안정 가능성에 대한 아이의 신뢰감에 중대한 영향을 미친다.

특히 관계의 측면에서 아이들은 보는 대로 많은 것을 모방한다. 많은 경우 이 모방은 무의식적으로 일어나지만, 부모가 관련된 중요한 관계들의 긍정적 측면과 부정적 측면들을 아이는 끊임 없이 평가하고 내면화하며 궁극적으로는 재현하고 있다는 것을, 상담자는 부모로 하여금 이해하도록 도와야 한다.

"많은 사람들이 자기 부모들이 자기에게 했던 것과 같은 식으로 자기 아이들을 대한다"고 펜실베이니아 의과대학의 가정학과 교수인 Martin Goldberg가 말한다. 그의 말은, 예컨대 아버지가 어머니의 결정을 자주 반박하는 것을 아들이 관찰하면, 그 아들은 나중에 결혼했을 때 같은 식으로 행동하기 쉽다는 것이다.

아동에게 심각한 부정적 효과를 초래할 수 있는 가장 치명적인 부모관계 측면은 부모 간의 역할파괴이다. 이는 부모 중 한 쪽이 다른 쪽의 권위를 손상시킬 때 일어난다.

대략적으로 보건대 네 가지 유형의 부모 간 역할방해가 일어난다. 즉 적극적 유형, 수동형 유형, 내면적 유형, 그리고 간접적 유형이 있다.

1 적극적 역할 방해

이는 부모 중 어느 한 쪽이 부모로서 하려는 행동을 다른 쪽의 부모가 직접적으로 방해하기 위하여 행동을 취하는 경우에 일어난다. 예를 들어, 어머니가 아이를 위해 체조교습을 예약해 두었는데, 아버지가 교습비를 지불하지 않겠다고 하거나 아이를 교습장소까지 태워다 주기를 거부하는 경우가 이에 해당한다.

2 수동적인 부모역할 방해

이는 어떤 결정이나 행동과정을 방해하기 위하여 질질 끌고 미루거나, 잊어버리거나, 시간계획을 중복되게 잡거나, 우유부단하게 나오는 것 등을 포함한다. 예컨대, 집안일을 어떻게 가족이 나누어 할 것인지를 부모가 합의해 놓고는 어머니가 아이들에게 어떤 일들을 맡기기로 했는지를 계속 잊어버리고, 따라서 아이들로 하여금 책임을 피할 수 있도록 허용하는 결과를 초래하는 경우를 들 수 있다.

3 내면적인 부모역할 방해

이는 부부가 합의한 사항이나 계획한 것들을 그대로 실행하기에는 어느 한 쪽의 부모가 너무 병이 심하거나, 너무 우울하거나, 혼돈되거나, 불안한 경우에 일어난다. 아이의 성적을 올리기 위하여 어머니가 아이의 숙제를 도와주는 것이 필요하다고 부부 간에(또 교사와도) 합의가 되었으나, 두통이나 허리통증, 위장병 혹은 기타의 병이 항상 있어서 아이의 숙제를 도와주기 어려운 어머니의 경우가 예가 될 것이다.

이러한 유형의 부모역할 방해는 특히 다루기 힘들다. 아이들이 종종 신체적인 문제나 정서적인 문제들을 모방하거나 실제로 심화하는 경우가 많기 때문이다. 불행히도 내면적 부모역할 방해를 항상 사용하는 쪽의 부모에 대한 다른 쪽 부모의 동정심이 시간이 흐름에 따라 고갈된다. 그러면 가정에 심각한 갈등이 일어날 수 있다.

4 간접적 부모역할 방해

이는 어느 한 쪽의 부모가 다른 쪽 부모의 권위를 깎아내리기 위하여 제 3자를 이용하는 경우에 일어난다. 시가나 처가의 식구들 혹은 아이의 친조부모나 외조부모를 이용하는 것은 간접적 부모역할 방해의 고전적인 기법이다. 이혼한 부부들이 상대방의 계획들을 방해하기 위하여 아이들을 이용하는 것도 많이 쓰는 방법이다.

부부 간의 부모역할 방해는 부부 자신의 생활을 힘들게 할 뿐 아니라, 아이에게는 자신에게 무엇이 기대되는지를 정확히 가늠하기 어렵게 만들기 때문에 여러 가지로 좋지 못하다. 더 나쁜 것은 모순과 배제와 강요라는 좋지 못한 유산을 대물림하는 풍토를 만든다는 점이다.

반박(한 부모가 배우자와 다른 편에 서는 것), 배제(한 부모가 의사결정 과정으로부터 배우자를 제외시키는 것) 혹은 강요(한 부모가 자신의 생각이나 배우자의 생각이 가족의 결정을 좌우하도록 허용하는 것)는 부모역할 방해의 기시들이다.

부부가 서로 부모역할 방해를 하지 않도록 도우려면 상담자는 가능한 한 많은 가족 구성원들을 상담에 참가시켜야 한다. 평가과정에서는 특히 더 그렇다. 그리고 각 배우자가 필요로 하는 것이 무엇인지 그 특정 필요 영역에 초점을 맞출 수 있다. 각 배우자가 필요로 하는 것을 알아내면 개인상담으로 연결될 수도 있다.

만약 조부모나 의붓부모가 부모역할 방해에 연루되어 있다면, 상담자는 가능한 한 그들을 상담에 포함시켜야 한다. 가족 구성원들 각자가 하고 있는 역할을 인식하도록 상담자가 도와야 한다. 이렇게 할 때, 어느 한 배우자나 가족 구성원 중 한 사람에게 모든 탓을 돌리는 식이 되지 않도록 주의해야 한다.

부모역할 방해가 많이 일어나고 있는 가족을 돕는 것은 아마 길고도 어려운 싸움이 될 것이다. 거기에는 새로운 의사소통 양식과 의사결정 방법을 익히는 것뿐만 아니라 기본적 신뢰감을 다시 쌓는 것이 필요하다. 그러나 그 길고 어려운 과정의 결과로 얻어질 아동의 건강한 인성발달은 모든 노력이 가치가 있다는 것을 보여준다.

(2) 어머니와 아이의 관계

어머니와 아이의 관계는 아이가 일생동안 정서적 필요를 적절히 충족시키는 능력에 지대한 영향을 미친다. 어머니는 양육적이어야 하나 위압적이어서는 안 된다.

어머니들은 때로 아이가 현재 필요로 하는 것들을 채워주기 위하여 어머니 자신의 정서적 필요를 한동안 희생해야 한다. 어머니와 아이 간의 유대에서 진정한 공평함이란 존재하지 않는다. 적어도 아이가 어린시절 동안에는 이 관계란 어머니가 아이의 기본적 필요들(자아 중심적인 필요들)을 충족시키고 아이가 그 보답으로 어머니의 필요를 충족시켜 주리란 기대는 할 수 없는 일방적인 관계이다.

어머니는 모범과 인내로써 가르쳐야만 한다. 어머니는 아이에게 그냥 답을 내려버리지 않고 아이가 진정한 느낌들을 표현할 수 있도록 허용하고 끈기있게 질문을 던짐으로써, 혼란스럽고 어려운 상황들을 다루어 나가야 한다. 다양한 상황에서 일관적이고 효과적인 계획에 따라 행동하는 한편 정서적으로도 안정되고 민감할 수 있다는 것을 꾸준히 보여야 한다.

진정한 어머니다운 모습은 다음의 네 가지 유형을 피해야 한다.

1 '숨막히게 하는' 어머니

이런 어머니는 아이의 모든 욕구를 채워주고자 한다. 사실 많은 경우 이런 어머니는 아이의 필요를 채워주는 것을 통해서 자신의 정서적 욕구를 채우려고 한다. 아이가 스스로의 실수를 통해서 배울 수 있는 기회를 좀처럼 주지 않고, 항상 불편이나 좌절, 수치와 같은 상황으로부터 아이를 보호하려고 한다.

아이가 도시락을 자꾸 잊어버리고 갈 때 얼른 학교로 뛰어간다. 아이가 야단맞을 짓을 해서 선생님에게 야단맞거나, 나쁜 학습 습관 때문에 성적이 좋지 않은 경우라도 금방 교사에게 간섭을 하려 든다.

이런 어머니는 비록 의도는 좋다 할지라도 아이가 겪어낼 필요가 있는 자립심 촉진 경험들을 막기 때문에, 아이의 건강한 정서발달을 해치기 쉽다.

2 '흡혈귀' 어머니

이런 어머니는 자식의 어린시절을 통해 사실상 자신의 모든 개인적 욕구를 충족시키고자 한다. 이런 어머니는 종종 자기의 성장시기에 어떤 정서적 경험을 갖지 못했음을 아쉬워하고, 자기 자식을 통해 자신의 어린시절을 다시 사는 것이다.

이런 유형의 고전적 예는 자신의 성장 시기에 예쁘다거나 인기가 있다고 느끼지 못했기 때문에 자기 딸을 학교의 제일가는 미인으로 만들려는 어머니이다. 그런 어머니의 자식들은 종종 자라나는 것에 대하여 편안하게 느끼지 못하고 죄책감을 느낀다. 자식이 성장해서 부모의 울타리를 떠나는 자연적인 이별을 어머니가 감낭하지 못할 것이라고 자식들이 걱정하는 것이다.

3 '압도된' 어머니

이런 어머니는 자기가 여러 가지 상황들을 다룰 수 없다고 느끼며, 따라서 실제로 상황들을 능숙히 다루지 못하는 경우도 많이 생긴다. 본질적으로 이런 어머니는 아이로부터 정서적으로나 신체적으로 떨어져 있다. 그래서 가정 밖에서 수많은 관심사를 찾는다.

이런 유형의 어머니 밑에서 자라는 아이들은 자기 어머니가 자기에게 상관하지 않는 것이 자기 잘못이 아닐까 두려워하기 시작한다. 어떤 경우에는 자기가 사랑받지 못하고 있다고 느끼게 된다. 이런 어머니가 아이에게 제공하기도 하는 수많은 활동과 교습, 그리고 특별한 선물 등도 어머니가 자기에게 정서적으로 곁에 있지 못하다는 아이의 느낌을 보상하지는 못한다.

그러한 영향 아래서 아이는 종종 뭔가 속이 빈듯한 느낌을 가지게 될 수 있는데, 이러한 느낌은 평생 동안 지속될 수도 있다. 그들은 자신의 어머니와의 강렬한 정서적 유대를 갖지 못했기 때문에 다른 사람들의 사랑에 대해서 편안하고 안정된 느낌을 가질 수 없게 된다. 창조적인 활동들이 가득찬 세상에서 물질적인 풍요와 많은 교육적 기회들을 갖게 되는 이런 아이들은, 압도되고 바쁘며 정서적으로 멀리 있는 어머니의 피해자가 되어 심리적으로 '보행 가능한 병자'로서 눈에 띄지 않을 수 있다.

4 '동물원지기' 어머니

이런 어머니는 아이의 정상적인 정서적 · 신체적 요구들을 종종 성가시게 생각하곤 한다. 많은 경우 이런 어머니는 자식이 여럿 있는데, 연속되는 경험들이 지속적으로 정서적인 고갈을 초래하여 심리적으로 마모되기 시작한다.

이런 어머니는 자식들을 손에 넣고 행동을 조종하려고 '깎아내리는 말들'과 '목소리를 높인 말들'을 사용하는 경향이 있다. 예를 들어, 아이가 무엇을 엎지르면, 동물원지기 어머니는 "넌 도대체 왜 그 모양이냐? 세상에서 가장 둔해 빠진 사람이 되려고 하는 거니?"라고 말하기도 한다. 그러한 말은 다음에 아이가 둔한 행동을 좀더 의식하게는 만들 수 있을지 모르나, 아이의 자아개념에 지울 수 없는 흉터를 내게 된다.

'목소리를 높인 말들'을 사용함에 있어서, 이런 어머니는 아이의 행동을 통제하기 위하여 소리치고 고함을 질러댄다. 다루기 힘든 아이에 대해 점점 더 자신의 통제력이 약화되는 것을 보면서, 아이의 행동을 잡으려고 위협적으로 큰소리를 내뱉기도 한다. 좀더 큰소리로 지시하면 아이들이 더 잘 반응한다는 것은 미신에 불과하다. 사실 최근에 이루어진 몇몇 과학적 연구들에 따르면, 부모가 고함치고 소리지르는 식으로 말할수록 아이들은 부모가 말하는 내용을 덜 듣는다고 한다.

아주 부드럽게 말하는 여성인 Lavonne 선생님이 아이들로 하여금 주의를 매우 잘 기울이게 하는 것에 대해 다른 주일학교 선생님들은 항상 감탄했다. 사실 목소리를 낮추는 것은 Lavonne 선생님이 아이들의 주의를 집중시키기 위해 쓰는 기법의 한 부분이었다. 선생님이 하는 말의 일부가 애를 써서 들어야 들릴 때 아이들은 스스로 조용해진다는 것을 Lavonne 선생님은 알았던 것이다.

번개를 피하기 위해서 머리를 홱 숙이는 것과 마찬가지로, 날카롭게 소리치는 어머니의 지시에 아이는 행동을 즉시 바꿀 수 있다. 그러나 고함친 지시는 영속적인 인성의 변화를 가져오지 못한다.

다음과 같이 보면 간단하지만 잘 이해될 것이다. 즉 지시와 기대를 전달하기 위해서 어머니가 아이에게 목소리를 높이고 있는 것을 스스로 발견할 때,

그 어머니는 그 순간 아이와 자기의 관계가 얼마나 효과적인지를 재평가할 필요가 있다. "선원이 소리치고 있다는 것은 배가 가라앉고 있다는 것을 반영한다"는 말에 진리가 담겨 있다.

(3) 아버지와 아이의 관계

아버지와 아이의 관계는 아이가 성숙해 가면서 긍정적으로 변화하는 중요한 방법들을 발달시키는 데 도움을 주게 된다. 가정에서 아버지는 적어도 네 가지의 핵심적인 기능을 가진다.

1 아버지의 첫째 기능– 제공자

아버지는 경제적 지원과 안정된 생활, 그리고 전반적인 안정감을 제공해야 한다. 이러한 아버지의 역할은, 세상이 믿을 만한 곳이라고 어린아이가 믿게 하는 데 결정적인 공헌을 한다. 성경에서는 자기 가족을 돌보지 않는 아버지는 "불신자보다 더 악하다"(딤전 5 : 8)고 하였다.

아버지는 제공자로서의 기능을 잘하기 위해 자신의 생래적인 기업가적 본능들을 옆으로 젖혀 놓고 아이에게 안정된 기반을 제공하기 위하여 삶의 양식을 바꿔야 할 때도 있다. 불확실성과 사업상의 모험은 아버지에게는 흥분제가 될 수 있으나 가정에서 자라는 아이에게는 불안정하고 두려운 것일 수 있다.

삶의 신비에 관하여 궁금해 하고 이해할 수 있는 기회와 같은, 출생 후 여섯 살까지의 시기에 정상적인 여러 가지 경험들을 아이가 할 수 있도록 보장하는 것도 아버지의 책임이다. 이 시기에 아버지가 아이와 같이 시간을 보내지 못하는 것은 아이에 대해 아버지가 가진 제공자로서의 책임을 저버리는 것과 마찬가지라는 점을 아버지가 인식하도록 상담자는 도와야 한다. 아버지가 물질적으로 풍족하게 제공할 수 있을지 모르나, 성경에서 아이에게 충분히 제공하라고 하신 말씀은 물질적 제공보다 많은 것을 포괄한다.

어느 아버지가 새 직장의 일이 너무 많은 시간을 요구하는 것이라서 아이에게 죄책감을 느낀 나머지, 비싸지만 쓸모 없는 로봇을 크리스마스날 아이에게 사 주었다. 얼마 지나 이 아버지는 자기가 아이에게 줄 수 없는 시간을 보상하느라 아이에게 물질적으로 너무 과하게 해 주었다는 것을 인식하였다. 그

즈음 아이는 떼를 쓴다거나 다른 반항적인 행동을 하는 등으로 자신의 좌절감을 표출하기 시작하였다. 그래서 이 아버지는 아이에게 더 많은 물질적인 선물을 해 주는 대신, 아이와 좀더 많은 시간을 보낼 수 있도록 직장일을 조정하였다. 그 결과 아이의 기분도 향상되었다.

불행히도 아버지들은 가끔 질적인 시간이란, 아이를 매료시키고 지울 수 없는 인상을 남길 희귀하고 비일상적인 활동을 고안해 내는 것을 뜻하는 것으로 생각한다. 어떤 아버지들은 아이의 관심을 끌기 위해 돈이 많이 드는 비싼 놀이동산이나 관광지, 기타 장소들에 가려고 계획한다. 그러나 아이와 아버지가 같이 있을 때 아이의 말에 귀기울여 듣고 아이에게 관심을 기울이는 것으로도 간단히 질적인 시간을 보낼 수 있다. '가족에 대하여'란 방송을 듣는 동안, "당신이 거기에 있을 때, 거기에 온전히 있으라"는 말을 들은 적이 있다. 이 말은 아버지가 아이와 질적인 시간을 보낼 수 있는 가장 좋은 방법을 이해하기 위하여 우리가 즐겨 이용하는 말이 되었다.

중요한 경험들이 있을 때 아이 곁에 있어 주는 것은 결정적으로 중요하다. Gordon MacDonald가 말했듯이, "비효과적인 아버지는 소파에서 졸거나 바깥의 끊임 없는 모임들이나 '월요 축구'같은 '중요한' 일들 때문에 붙들려서 아이가 잠자리에 드는 시간의 가치를 주로 놓친다."

부모로서의 역할을 아내와 좀더 공유해야 한다고 강조하는 요즘 추세는, 요즘 아버지들이 아이들과 좀더 많은 시간을 보내는 이유 중의 일부일 것이다. 연구결과에 따르면, 1976년에는 평균적으로 아버지가 아이를 돌보는 데 보낸 시간이 한 주당 137분이었는데, 1982년에는 173분이었다. 이는 상당한 증가라고 볼 수 있다.

유타 주립대학교(University of Utah)의 Michael Lamb은 말하기를, "아이와 많은 상호작용을 보이는 아버지의 아이들일수록, 인지적인 능력도 높고 공감적 이해력도 높으며 성차별적인 생각이 덜하며, 자신을 통제 불가능한 외부의 힘에 내맡겨진 존재로 보기보다는 자신감을 더 많이 갖는 경향이 높다"고 하였다. 상담자로서 우리가 아버지들에게 즐겨 사용하는 말이 있는데, 그것은 "당신이 당신 아이에게 영향을 미치지 않으면, 누군가 다른 사람이 영향을 미친다"라는 말이다.

2 아버지의 둘째 기능– 보호자

아버지는 집밖과 집안, 심지어 아이 내부에 있는 부정적 영향들과 위험으로부터 아이를 보호해야 한다. 아버지는 아이가 자라는 곳인 이웃에 대해 잘 알고 있어야 한다. 이웃에 누가 살고 있는지, 안전도 수준은 어느 정도인지 등을 잘 알아야 한다. 아이에게 위험이 될만한 잠재적 요소들을 무시하면 불필요한 비극을 낳을 수 있다. 위험은 집안에도 존재한다. 아버지는 어머니와 함께 가정이 아이가 자라기에 안전한 곳이 될 수 있도록 챙겨야 한다. 아기를 돌보는 사람들이나 집을 방문하는 사람들을 포함해서 낯선 사람들이 어린아이에게 절대로 해롭지 않도록 확실히 해야 한다.

물론 이런 기능들은 아버지와 어머니가 공유하는 것이다. 그러나 효과적인 아버지는 아이가 집의 다른 형제들에 의해 주눅들거나 괴롭힘을 받지 않도록 보장하는 전반적인 책임을 회피하지 않는다. 예를 들어, 다른 형제들이 아이를 조롱하거나 비웃거나 아이의 신체적 결함을 들추는 등의 행동을 함으로써 아이가 주눅들 수 있다. 부모들은 이러한 점들을 감지하여 제거해야 한다.

또한 아버지는 아이 자신의 충동으로부터 아이를 보호해야 한다. 어린아이들은 종종 파괴적인 충동을 갖는다. 그렇지 않다 하더라도 미성숙하고 잘못된 판단에 근거한 행동을 보이기도 한다. 적절히 양육되면, 아이가 자라나면서 이러한 행동들은 줄어들 것이다. 그러나 이런 시절에는 아버지가 어머니와 함께 이러한 행동의 결과들로부터 아이를 보호해야 할 뿐만 아니라 아이가 권위체계에 의해 정해진 한계 내에서 행동하고 충동적 행동들을 줄이도록 훈련시켜야 한다.

아버지는 아이가 다른 형제에게 파괴적으로 화를 분출하지 않도록 제지함으로써도 자녀들을 보호해야 한다. 피해자 입장의 자녀가 상처를 입거나 심리적으로 주눅들지 않도록 해야 하며, 가해자 입장의 자녀가 다른 사람과 관계를 잘못 맺는 온상을 만들지 않도록 보호해야 한다.

어머니와 함께 아버지는 해로운 텔레비전 프로그램이나 라디오 프로그램, 영화뿐만 아니라 학교, 심지어는 주일학교의 해로운 가르침, 그리고 집에 찾아오는 아이들의 행동 등 외부의 영향들로부터 자녀를 보호해야 한다.

3 아버지의 셋째 기능– 영적 지도자

가정의 영적 지도자로서의 아버지 역할은 자랑하거나 교만할 것이 아니라, 오히려 자녀에게 하나님의 길을 가르치라고 하신 하나님의 영적인 명령에 대한 복종의 책임에 관한 것이다.

> "오늘날 내가 네게 명하는 이 말씀을 너는 마음에 새기고 네 자녀에게 부지런히 가르치며 집에 앉았을 때에든지 길에 행할 때에든지 누웠을 때에든지 일어날 때에든지 이 말씀을 강론할 것이며"(신 6 : 6-7).

자녀의 영적 성장에 대한 아버지의 책임은 배우자나 교회, 다른 어떤 외부에도 이양할 수 없는 것이다. 아이에게 하나님을 증거하는 데 있어서 핵심적인 요소들로는 다음과 같은 것들이 있다.

① 아이가 가지고 있는 하나님의 상을 수용하라. 아이는 하나님을 모호한 방식으로 이해할 수 있다. 그러나 그러한 것은 어린아이에게 전적으로 용납될 수 있다. 어린아이들은 하나님을 구름 위에 떠다니는 나이 많은 존재로 볼 수도 있다. 그러나 시간이 가면 그들은 하나님의 위대함과 은총, 성화, 영원히 함께 하심 등의 추상적인 점들을 이해하게 될 것이다.

② 어떤 부모도 하나님이나 성경을 완전히 이해하지 못한다는 점을 인정하라. 아이들은 어려운 질문에 대해 둘러 붙인 답이나 설명들을 꿰뚫어 볼 수 있는 지혜가 있다. 왜 애완동물이 죽었는지, 왜 비극적인 사건이 일어났는지에 대해 얼른 이해할만한 이유들을 아버지가 댈 수 없을 때도 있다. 그러나 아버지도 하나님에 대한 어려운 질문들에 대한 답을 찾으려고 고심하고 있다는 것을 아이들에게 말할 수는 있다.

③ 사랑과 지속된 돌봄의 빛으로 하나님을 제시하라. 아이의 주된 공포 중의 하나는 자기가 버려지거나 이유 없이 벌을 받으며 모욕을 당할지 모른다는 것이다. 사랑과 돌봄의 빛이며 언제나 기댈 수 있는 아버지로 하나님을 제시하는 것은 아이가 어릴 때 하나님에 대해 갖는 개념으로 매우 중요하다.

④ 당신의 가치들을 행동으로 보여 주라. 아이의 마음 속에 있는 하나님의 '명성'의 많은 부분은 부모가 보여 주는 일관성과 의존 가능성과 사랑 담긴 수용성의 정도로부터 나온다. 부모가 하는 행동의 90퍼센트를, 부모가 말하는 것의 10퍼센트를 아이가 받는다는 격언은, 아이의 부모에 대한 상에 대해서 뿐만 아니라 아이가 어린 시절 하나님에 대해 갖는 개념에 대해서도 정확히 들어맞을 것이다.

⑤ 가족관계의 맥락 속에서 하나님을 보도록 하라. 성인들 간의 상호 만족스럽고 값진 관계의 맥락 속에서 신앙의 실천이 행해짐을 아이가 보아야 한다. 아빠가 교회에서 친밀한 교우관계를 맺는 것과 성경 공부가 집에서 행해지는 것, 그리고 어려움이 있으면 기독교 신자인 친구들이 서로 돕는 것을 볼 때, 아이는 하나님이 아버지이며 교회가 몸된 지체라는 개념을 더욱 쉽게 느낄 수 있다. 영적 지도자로서의 아버지 역할은 분명히 하나님의 존재를 실재하는 것으로, 하나님의 영향을 항시적인 것으로, 또 하나님의 계심을 마음 든든한 것으로 보이게 하는 것을 포함한다.

4 아버지의 넷째 기능— 선도자

아버지는 본보기로서 선도해야 한다. 가정에서 영적 성장과 정서적 건강, 진솔성, 그리고 일관성의 흐름을 조정하고 선도해야 하는 것이다. 자녀들은 본보기를 따를 것이다. 기회가 주어지면 아이는 정말 모든 상황에서 누군가의 선도를 따를 것이다. 아버지가 그러한 선도자가 되지 못하면, 아이는 다른 곳에서 선도자를 찾을 것이다.

이는 가정의 선도팀의 한 부분으로서 어머니의 경향을 감소시키지 않는다. 그러나 우리의 임상적 관찰에 의하면, 아버지가 가정의 선도자 역할을 포기하면 아이가 가치의 많은 부분을 외부에서 찾기 쉽다.

청소년의 부모들이 자녀에 대해 종종 "그 애들이 어디서 그런 생각을 갖게 되었는지 정말 모르겠어요"라고 말하곤 한다. 그러나 많은 경우, 아버지가 자녀들에 대한 진정한 선도자로서의 역할을 포기해버렸기 때문에 불건전한 생각과 개념들이 가정으로 파고든다. 일탈적인 이상과 반항적인 생활양식은 선도자 없는 가정에서 잘 자란다. 자녀의 본보기가 되기 위해서 아버지가 완벽

해야만 한다고 생각해서는 안 된다. 또한 본보기로서의 역할이 항상 즐거울 것이라고 생각해서도 안 된다. 그러나 그 역할은 결정적으로 중요하다.

누군가 아버지에게 적용되는 영적 지도자의 몇 가지 원리를 제안한 것이 있다.

① 아버지는 하나님께 감사드려야 하며 가정에서 하나님에 대한 헌신을 보여 주어야 한다. 가족에게 성취를 위한 압력을 계속 가하면서 가족 구성원들이 성취한 것을 반가워하지도 않고 가족 구성원들을 인격체로서 인정하지도 않는 아버지는 가족을 금방 기운빠지게 한다. 가족 구성원들은 자기들이 도저히 아빠를 즐겁게 할 수 없다고 느끼게 되는데, 그들이 무엇 때문에 노력을 하겠는가?

② 아버지는 진정한 겸손의 정신을 지녀야 한다. 아버지는 자신이 잘못했다는 것을 기꺼이 인정해야만 하고, 자신의 실수를 자신의 것으로 받아들여야 하며, 자신의 결함을 합리화하거나 대신 다른 사람을 비난하지 말아야 한다. 그의 아내와 자녀들은 이러한 아버지의 진솔성을 높이 살 것이며, 남편과 아버지가 자신감에 차 있다거나 '슈퍼맨'이 되려 한다고 가정하기보다는 아버지의 투명성을 진정으로 자랑할 것이다.

③ 아버지는 자신의 감정과 혀를 통제할 수 있어야 한다. 아버지는 자신의 감정과 신념에 대해 투명해야 하지만, 가혹한 말이나 생각 없는 말, 파괴적인 행동 등을 폭발시켜서는 안 된다. 아이의 어린 영혼을 찌르는 가혹한 비난과 힐책은 아이가 어른이 된 훗날까지 치명적인 손상을 입히는 암과 같을 수 있다.

④ 아버지는 친절하고 좋은 태도를 보여야 한다. 다른 사람에 대한 신사적인 존경과 예의 바른 특성이 미국 남성들에게서 사라져가고 있다고 믿는 사람들이 있다. 훌륭한 아버지는 아내를 존경으로 대한다. 그리고 특별한 날들을 기억하며 관심을 보인다.

⑤ 아버지는 가족 구성원인 각각을 있는 모습 그대로 수용해야 한다. 가족 구성원들을 더 큰 능력과 성취를 보인 다른 사람들과 비교해서는 안 된다. 자녀들을 전혀 맞지도 않는 틀에 억지로 끼워 넣기 위해 깎아내리는

말을 하지 말아야 하며, "넌 절대로 안돼"라는 말을 써서는 안 된다. 자녀들은 모두 진정으로 원하던 자식이었으며 주님께서 특별히 예비하신 자녀라는 점을 아이들에게 확신시켜야 한다.

⑥ 아버지는 자신의 말이 권위가 있는 것이 되도록 노력할 필요가 있다. 비록 하나님께서 가정의 영적 지도자 역할을 아버지에게 부여하셨지만, 존경은 노력에 의해서 얻어야 한다. 아버지는 존경을 요구할 것이 아니라 아버지의 생활방식과 가족에 대한 사랑, 그리스도에 대한 헌신으로 인정을 받고 존중감을 낳을 수 있어야 한다. 이러한 방식으로 가족과의 관계를 발전시킴으로써 존경이란 특권을 얻어야 하는 것이다.

이러한 특성들을 기꺼이 보이려고 하는 아버지들은 드물다. 그러나 우리 사회에서 그렇게 하는 아버지들은, 하나님을 알고 미래세대의 희망이 되시는 하나님의 말씀에 따라 사는 길을 선도할 것이다. 구소련의 반체제 작가인 솔제니친(Alexander Solzhenitsyn)은 다음과 같은 글을 썼다.

"20세기 전체의 주된 특징을 말하라고 한다면 이 말을 되풀이하는 것보다 더 정확하고 함축성 있게 표현하는 말을 찾지 못할 것이다. '인간은 신을 잊어버렸다.'
아버지가 주님을 아는 나라는 그 아들과 딸들이 주님을 아는 나라가 될 것이다. 어머니의 사랑이 양육적인 사랑이라면 아버지의 사랑은 힘을 북돋우는 사랑이다. 물론 양쪽 다 다른 요소들을 담고 있다. 부모가 자녀의 신뢰감과 자율성을 키우고 건강한 자아 정체성을 확립하기 바란다면, 사랑의 이 두 가지 유형은 가정에 풍성히 공급되어야 한다."

기사거리

'노키즈존' 논란, "아이가 애완견인가요?"

입력: 2015.08.16 05:00 / 수정: 2015.08.15 21:21

'노키즈존'(No Kids Zond)이 뜨거운 감자다. 최근 일부 업체에서 어린 아이들의 카페 또는 음식점 출입을 금지하면서 찬반 논란이 일고 있다.
몇 년 전부터 서울 강남 · 홍대 일대에서 생겨나기 시작한 노키즈존은 보통 만 5세 미만 아이들의 출입을 금지하고 있다. 경기 수원, 파주 등으로 노키즈존은 확산하고 있으며, 일부 카페는 만 7세 이하 미취학 아동까지 확대했다.
노키즈존을 도입한 업주들은 다른 손님에게 피해를 주는 것을 원천적으로 막기 위한 특단의 조치라고 주장한다. 업주가 특정 손님 출입을 막는 것 자체를 규제할 법적 근거는 없다. 엄마들 사이에서도 찬반 의견이 분분하다.
지난 7월 한 프랜차이즈 카페 매장 안에서 아이의 소변을 컵으로 받아 내거나 패밀리레스토랑 탁자 위에서 아이의 똥 기저귀를 갈아준 일 등이 알려지면서 SNS(사회관계망 서비스)를 달궜다.
때문에 SNS 상에서도 "노키즈존만 골라가겠다(@par*****)", "부모들의 매너 교육이 되겠다. 용기를 갖고 추진해라(@lady******)" 등의 반응을 나타냈다.
각자의 삶이 존중받는 시대다. 때문에 노키즈존은 갈수록 더 확대될 것으로 보인다. 하지만 어린아이도 하나의 인격체이고 특정 손님을 막는 것은 역차별 소지가 있는 만큼 노키즈존에 대한 논란은 지속될 전망이다.

[더팩트, 신진환 기자, yaho1017@tf.co.kr]

기사거리

혹시 나도 맘충? 육아 이기주의가 아이를 망친다

어린 자녀를 핑계로 몰지각한 행동을 하는 부모를 비하하는 신조어 '맘충(mom+蟲)'. 카페나 음식점, 대중교통 등의 공공장소에서 자녀가 타인에게 피해를 주는 행동을 해도 이를 방조하거나 두둔하는 부모들이 이슈화되면서 맘충이라는 단어가 생겨났다.
자신의 아이와 편의만을 생각하는 일부 이기적인 부모들에 의해 아이를 키우는 엄마들의 불편이 생기기도 한다. 공공장소에서 아이가 사람들에게 피해를 주지 않을까 전전긍긍하게 되거나 노키즈존이 늘어가는 추세 등이 그 예다.
점점 예의와 공동체 의식을 외면하고 있는 우리 엄마들. 타인을 생각하지 않은 부모의 모습은 아이에게도 좋지 않다.

◆ 자유와 방치는 다르다
예의범절을 가르치는 것이 개방적이고 현대적인 양육 방식이 아니라는 생각을 갖고 있는 부모들이 있다. 타인에 대한 배려가 자신이 원하는 것보다 우선시됐던 과거의 사고방식과는 다르게 요즘은 개인이 타인보다 중요시 여기는 사회 분위기가 형성되고 있기 때문이다. 따라서 부모들은 자식의 인성보다 행복에 신경을 쓰고 있는데, 이는 지칫 육아 이기주의로 빠지기 쉽다.
친구 같은 부모가 돼주는 것은 좋다. 하지만 좋은 아빠엄마 역할에만 몰입해 타인에게 경솔하게 구는 언행을 용납하는 것은 아이에게 자신의 행복과 욕구를 타인의 것보다 우선시해도 좋다고 가르치는 것과 같다. 이는 아이가 자만하고 자기중심적인 사람으로 자라게 한다.

〈참조 – 세상의 엄마들이 가르쳐준 것들(부키)〉
[키즈맘, 신세아 기자, sseah@hankyung.com]

Chapter

06 아동상담과 심리검사

Chapter 06

아동상담과 심리검사

1 심리검사의 정의 및 특징

1) 심리검사의 정의

심리검사는 인간행동에 대한 객관적인 평가와 정확한 예측이 가능하다는 전제 하에 고도의 훈련을 쌓고 그 분야에 전문지식을 가진 전문가에 의해 이론과 선행 연구를 통하여 표준화된 방법으로 만들어졌다. 그 검사가 측정하고자 하는 목적에 따라 심리적 특성에 대한 개인의 한 측면을 양적으로 정확히 파악하려는 것이다.

2) 심리검사의 특징

전세계적으로 수많은 종류의 심리검사가 사용되고 있다. 그러나 심리검사의 유형에 상관 없이 모든 심리검사는 몇 가지 공통적인 특징을 갖고 있다(탁진국, 1988 ; 김계현 외 2000).

(1) 행동표본

심리검사는 본질적으로 개인의 행동을 측정하기 위한 측정도구이다. 수많은 개인의 행동 가운데 일부를 표본으로 삼아 측정하는 것은 쉬운 일이 아니다. 예를 들어, 개인의 내향성 정도를 측정하는 검사라면 이 검사는 개인이 얼마나 내향적인 행동을 보이는지를 알아보는 것이나, 그러나 심리검사가 측정하려는 속성과 관련된 모든 행동을 측정하지 못한다. 예를 들어, 개인의 작문실력을 측정하려는 경우 정확한 측정을 위해서는 지금까지 특정 개인의 작문한 모든 내용(일기에서부터 보고서까지)을 모아서 분석해야 할 것이다. 그러나 한두 명도 아니고 많은 사람을 대상으로 한다면 시간과 비용면에서 이러한 방법은 실용적이지 못하다. 따라서 정해진 주제에 관해 간략히 작문하게 하는 방법이 바람직하다.

이 상황에서 주의해야 할 점은 검사에서 측정하려는 행동표본이 얼마나 전체 행동을 잘 대표하는지의 여부이다. 예를 들어, 개인의 지적 능력을 측정하는 지능검사에서 수리력은 빼고 어휘력만 포함시킨다면 이 검사는 완전한 검사가 되지 못할 것이다. 다른 예를 들어 보자. 한국의 현행 자동차 주행시험에는 길 옆으로 주차하는 부분이 빠져 있다. 최근 들어 주택가, 아파트 및 백화점 등에서 주차하려면 차와 차 사이에 주차시켜야 하는 경우가 많이 발생하는데, 주행시험에서 이 능력을 검사하지 않기 때문에 시험에 합격한 초보운전자들은 이러한 상황에서 주차시 많은 어려움을 겪게 된다. 따라서 지금의 자동차 주행시험이 자동차 운전에 필요한 모든 행동을 다 포함한다고 보기는 어려울 것이다.

(2) 표준화

두 번째 특징은 심리검사는 표준화(standardization) 조건 하에서 실시되어야 한다는 점이다. 이는 검사가 실시되는 장소의 소음, 조명, 습도, 온도, 검사반응 요령에 대한 설명 등이 모든 사람에게 동일하게 적용되어야 함을 의미한다. 동일한 검사를 실시할 때마다 검사시간, 소음, 조명, 온도 및 지시사항에 많은 차이가 난다면, 아무리 그 검사가 잘 만들어졌다 하여도 검사점수를 신뢰하기는 어려울 것이다. 이러한 차이는 심리검사의 접수에 큰 영향을 주기 때문이다. 예를 들어, 지능검사를 실시할 때 대부분의 피검사자는 외부에서 소음이 많이 나는 시끄러운 장소보다는 조용한 교실에서 검사를 받을 때 더 높은 점수를 얻을 수 있다. 얼마 전 대학진학 희망자들을 대상으로 실시한 수능검사에서 듣기평가 문제가 나왔을 때 공항 주변에 있는 학교에서 시험을 치르는 학생들을 위하여 그 시간 중에는 일체의 비행기 이착륙을 통제한 경우가 있었다. 또한 매미소리가 지장을 줄 수 있다고 해서 시험을 치르는 학교마다 때아닌 매미잡이에 시간을 뺏긴 적도 있었다. 이러한 갈등은 모두 검사가 표준화된 조건 하에서 실시되도록 만들기 위한 것이다.

물론 모든 심리검사가 완벽하게 동일한 표준화 조건 하에서 실시될 수는 없다. 실내 온도, 습도, 조명 및 소음 등을 매번 동일하게 만들기도 어려울 뿐 아니라 다행스럽게 이를 동일하게 만든다 하여도 검사를 실시하는 검사자도 동일한 사람으로 할 수는 없을 것이다. 물론 집단검사인 경우는 지시사항도 테이프를 틀어서 하게 되면 검사자가 검사에 미치는 영향을 상당히 줄일 수 있다. 그러나 웩슬러 지능검사와 같이 개인 검사이면서 검사자가 계속해서 피검사자에게 설명을 해 주어야 하는 경우 검사점수에 미치는 영향을 완전히 배제할 수 없을 것이다.

(3) 점수규칙

또 다른 심리검사의 특징은 검사를 채점하는 데 있어서 명확한 규칙이 있어야 한다는 점이다. 피검사자들이 동일한 반응을 했어도 채점규칙이 명확하지 않아서 개인마다 점수에서 큰 차이가 있다면 그 검사는 올바른 심리검사라 할 수 없다. 지능검사와 같이 대부분의 심리검사는 개관적인 채점규칙이 있다. 따라서 한 개인의 반응을 여러 사람이 채점하더라도 언제나 동일한 점수가 계산된다. 반면에 주제통각검사(thematic apperception test)나 Rorschach의 잉크반점검사(inkblot test)같이 일부 심리검사는 주관적인 규칙에 의해서 점수가 계산되기도 한다. 주관적 채점규칙은 아무리 명확하게 마련해도 채점자의 주관적 판단이 점수에 영향을 미치게 마련이다. 따라서 피검사자의 동일한 반응에 채점자마다 다른 점수를 부여할 수 있을 것이다. 잘 만들어진 심리검사라면 이러한 점수 차이가 작게 나도록 채점규칙을 좀더 명확하고 자세하게 만들어야 할 것이다.

(4) 신뢰도

심리검사는 그 검사를 통하여 얻어진 점수를 얻을 수 있어야 한다. 즉 검사점수가 측정하는 사람에 따라, 검사 실시의 시기에 따라, 혹은 검사문항의 표집에 따라 점수변화의 정도가 어느 정도 안정적으로 일관성을 유지해야 한다. 만일 한 학생이 월요일에 실시한 검사에서는 120의 지능지수를 얻고, 토요일에 재검사했을 때에는 80의 지능지수를 얻었다면 어느 한 쪽의 점수도 믿을 수가 없을 것이다. 우리가 심리검사를 유용하게 활용할 수 있기 위해서는 우선적으로 그 검사를 통하여 얻어진 결과를 믿을 수 있어야 한다.

(5) 타당도

하나의 검사는 그 검사가 측정하고자 하는 내용을 충실하게 측정해 내야 한다. 만일 지능을 측정하기 위한 검사도구가 실재로는 성격을 측정하려 한다든지 혹은 학력을 측정하려 한다면 그것은 지능검사 본래의 기능을 이행하지 못하고 있는 것이며, 따라서 타당한 검사라고 말할 수 없다. 타당한 검사가 되기 위해서는 하나의 검사가 본래 목적했던 내용을 충실히 측정해야 하고, 또한 그렇게 될 때 그 검사는 믿을 수 있는 검사가 된다.

검사의 타당도를 결정하는 일은 그 검사가 측정하고자 한 것이 무엇이든간에 독립적인 외부의 준거를 필요로 한다. 예컨대, 직업적성검사는 새로 채용된 종업원들로 구성한 시행집단의 직무 성공을 통해 타당화될 수 있고, 비행적성검사는 비행훈련 성취도를 통해 타당화될 수 있다.

2 심리검사의 유형

1) 지능검사

아동을 이해하기 위한 도구로 심리검사를 사용하는 것은 여러 가지의 장점을 가지게 된다. 특히 표준화 과정을 거친 검사는 대체로 잘 표집된 대집단의 규준이 있기 때문에 이 표집집단에 비추어서 개개 아동의 행동이나 성격, 흥미, 성취도 등을 비교하는 것이 가능해진다. 또한 대부분의 표준화 검사는 전문가에 의해서 만들어진 것이기 때문에 정확하게 실시, 해석한다면 진단의 도구로서의 역할도 할 수 있다. 그 뿐만 아니라 표준화된 심리검사는 이미 그 검사의 신뢰도(reliability of psychological tests)와 타당도(validity of psychological tests)가 검증된 것이므로 이 검사를 통해서 아동을 이해하는 객관적인 자료를 얻는 것이 가능해진다.

심리검사에는 흥미검사, 적성검사, 지능검사 등 그 종류가 다양하나 아동을 이해하기 위하여 한국에서 개발된 심리검사는 거의가 지능검사들이다.

김재은이 제작한 아동지능검사와 B형과 인물화에 의한 지능검사, 이상로가 제작한 지능진단검사, 김호권이 제작한 일반지능검사 가 · 나형, 전용신이 제작한 고대 비네검사, 이창우와 서봉연이 제작한 KEDI-WISC, 행동과학연구소가 제작한 아동지능검사, 서봉연 · 정보인 · 최옥순이 제작한 아동 · 아동용 그림지능검사 등이 곧 그것이다. 이들 지능검사는 집단용 지필검사로서 김호권이 제작한 일반지능검사와 김재은이 제작한 인물화에 의한 지능검사, 개인검사로서 KEDI-WISC검사와 PTI검사를 간략하게 소개한다.

(1) 일반지능검사

김호권이 1970년대에 제작한 이 표준화 검사는 아동의 일반지능, 즉 아동 학습의 기초가 되는 일반적 능력을 측정하기 위하여 제작되어진 것이다. 가 · 나형의 동형 검사로 되어 있는 이 검사는 아동이 직접 검사지에 답을 달도록 되어 있는 필답식으로 되어 있다.

이 검사는 언어 능력(verbal ability), 언어 추리(pictorial grouping), 추상 추리(figure grouping)의 3개의 서로 다른 하위검사로 구성되어 있어 아동의 능력을 분석적인 입장에서 측정할 수 있도록 되어 있다.

1 일반지능검사의 예

이 검사는 세 개의 하위검사에 60문항(언어능력; 각기 4개의 답지를 가진 25개의 문항, 언어 추리; 5개의 답지를 가진 15개의 문항, 추상 추리; 5개의 답지를 가진 20개의 문항)으로 되어 있다.

2 가형 제 1부 지시내용

위의 그림 중 첫째줄 그림을 보세요.
①번, 초가집을 찾으세요(2초 간격).
초가집에 ×표를 하세요(5초 간격).
다음 줄 그림을 보세요.
②번, 어두운 밤길에 들고 다니는 것을 찾으세요(2초 간격).
어두운 밤길에 들고 다니는 것에 ×표를 하세요(5초 간격).

(2) 인물화에 의한 지능검사

여러 가지의 지능검사 중에서도 인물화에 의한 지능검사(drawings as measures of intellectual maturity)는 아동이나 정신적 결함을 가진 사람의 지능 측정에 매우 유효한 방법으로 알려져 있다.

한국에서도 김재은이 1967년도에 표준화시킨 것이 있으며, 역시 1972년에 김재은 · 어광응 · 심동극 세 사람에 의해 인물화에 의한 간편지능검사가 표준화되어 소개된 것이 있다. 인물화에 의한 지능검사는 그 대상 연령이 3~12세까지 이므로 아동교육기관에서 아동의 지능측정에 많은 도움을 줄 수 있는 방법이 된다. 따라서 이 검사를 실시하고자 하는 교사는 검사실시 방법 및 채점방법을 잘 익힘으로써 이 검사를 손쉽게 시행할 수가 있다.

이 검사는 아동에게 남자상과 여자상을 그리게 하여, 그 자료를 주어진 척도에 각 문항별로 통과(pass)하느냐 통과하지 않느냐(fail)를 채점하여 통과한 원점수를 가지고 표준 점수와 백분위를 산출하게 되는데, 남자상과 여자상의 점수를 합하여 평균을 낸 것이 바로 지능지수 또는 정신연령(M · A)이 된다.

이 검사의 시행을 위하여 일반적으로 지시되는 내용은 다음과 같다.

"이제부터 우리 그림을 두 장 그려 보겠어요(종이를 펴서 일면을 가르키며). 이 편에다가는 남자를 그리는 거예요. 우리 아버지나 오빠를 생각해서 그리면 되지요? 그 다음 이 쪽에는(둘째 면을 가리키며) 여자, 어머니나 언니 또는 누나를 그려요. 그릴 때는 머리나 어디 한 곳만 그리지 말고 몸 전체를 그려야 합니다. 그럼 지금부터 한 번 잘 그려 보세요."

(3) K-WISC

K-WISC(Korean Wechsler Intelligence Scale for Children)는 이창우와 서봉연이 1974년 Wechsler가 1949년에 제작한 WIS를 바탕으로 한국에 맞게 표준화시켜 제작된 아동용 개인 지능검사이다.

이 지능검사는 5세에서 16세의 아동에게 실시할 수 있는데, 크게 언어성 검사와 동작성 검사로 나눠져 있다.

K-WISC는 다음과 같이 검사가 구성되어 있다.

1 언어성 검사

① 상식 문제(30문항)
② 이해 문제(14문항)
③ 산수 문제(16문항)
④ 공통성 문제(16문항)
⑤ 어휘 문제(40문항)
⑥ 숫자 문제(언어성 검사의 보충 검사로 사용)

2 동작성 검사

① 빠진 곳 찾기(20개 문항)
② 차례 맞추기(11개 문항)
③ 토막 맞추기(10개 문항)
④ 모양 맞추기(4개 문항)
⑤ 기호 쓰기(기호쓰기 A, B로 구성)
⑥ 미로 문제(동작성 검사의 보충 검사로 사용, 8개의 미로로 구성)

(4) PTI에 의한 지능검사

PTI(Pitorial Test of Intelligence)는 미국의 임상심리학자인 J. L. French가 1964년도에 제작한 그림지능검사이다. 이 검사에서는 '어휘 능력', '형태 변별', '상식 및 이해', '유사성 찾기', '크기와 수 개념', '회상 능력'을 3~8세 아동을 대상으로 측정하도록 되어 있다.

한국에서는 서봉연 · 정보인 · 최옥순이 1985년에 4～7세의 정상 · 장애 아동 모두에게 시행할 수 있는 K-PTI는 다음과 같은 검사도구로 구성되어 있다.

① 가로 · 세로 각 26cm의 문제 카드 125매
② 가로 · 세로 각 5cm의 보기 카드 15매
③ 검사지침서
④ 기록용지(종합평가 용지, 관찰기록용지, 검사채점 용지)
⑤ 검사도구 보관 가방 및 카드 받침대

(5) 한국 웩슬러 유아지능검사(Korea Wechsler Preschool and Primary Scale of Intelligence : K-WPPSI)

어린 시기의 지능검사는 영재성 또는 정신지체 등의 특성을 조기에 발견하여 적절한 교육적 조치를 취함으로써, 문제를 예방하거나 아동의 잠재적 능력을 고양하기 위해 실시하는 검사이다. 이 검사는 개인검사로서 3～7세 3개월 아동을 대상으로 실시할 수 있는데, 일관된 지능이론에 기초하여 3세에서 성인까지의 지능을 추적할 수 있다는 장점이 있으며, 지적 · 정의적 특성에 관한 진단에 사용한다.

언어성 검사와 동작성 검사로 나누어져 있는데, 언어성 검사에는 상식, 이해, 산수, 어휘, 공통성, 문장으로 구성되어 있으며, 동작성 검사는 모양맞추기, 도형, 토막짜기, 미로, 빠진곳 찾기, 동물 짝짓기로 구성되어 있다.

(6) 지능검사 결과의 활용

아동교육의 장에서 지능검사를 시행하였을 경우에는 그 수치에 너무 치우치는 잘못을 저질러서는 안 된다. 즉 지능의 수치를 가지고 아동 개개인의 모든 능력을 평가해서는 안 된다는 것이다. 왜냐하면 동일의 지능검사 도구라 할지라도 검사자의 검사도구에 대한 정확한 이해의 정도와 검사의 방법, 피검사자인 아동이 검사에 임할 때의 마음가짐이나 컨디션, 검사시의 검사 장소의 분위기 등의 여러 조건, 검사자와 피검사자의 래포 형성의 정도 등의 변수에 따라 수치의 차가 때에 따라서는 ±10～20 이상으로 나타날 수 있기 때문이다.

따라서 교사는 지능이 수치에 너무 민감한 반응을 보일 것이 아니라, 아동 개개인의 개인 내의 차가 어떠한가에 유념함으로써 그들을 대상으로 한 아동 교육 프로그램의 계획과 실천시에 활용하여야 한다.

또한 부모에게도 지능의 수치만을 전해 줄 것이 아니라 검사에 나타나 있는 하위영역, 즉 어휘능력이면 언어발달이란 측면에서 그 아동의 발달이 어떠하며 가정에서 어떤 방법으로 지도하는 것이 좋겠다는 등의 정보를 제공해 주는 것이 좋다. 또한 지능검사에서 나타난 결과는 아동들의 소그룹 활동을 위한 구성멤버의 선정에 좋은 자료로 활용할 수가 있다.

2) 학업 성취검사(기초학습 기능검사)

이 검사는 개인용 표준화 검사로서 아동의 학습 수준이 정상과 어느 정도 떨어지는가를 알아보거나, 학습진단 배치에서 어느 정도 수준의 아동 집단에 들어가야 하는가를 결정하기 위한 것이며, 구체적인 개별화 교수안을 짜기 위한 도구이다. 언어기능, 수기능, 정보처리기능이 복합된 일종의 배터리 형식을 취하고 있다.

이 검사의 대상 아동은 유치원부터 초등학교 6학년까지이며, 학년규준과 연령규준을 갖춘 개인용 학력검사라는 특징이 있다. 소검사는 정보처리, 셈하기, 읽기I(문자와 낱말의 재인), 읽기II(독해력), 쓰기로 구성되어 있다. 그 중 정보처리능은 모든 학습에 일반적으로 적용되는 기능이고, 언어기능과 수기능은 초기의 학교학습에서 획득되는 최소한의 기초학습의 성취를 나타낸다.

3) 성격검사

인간의 정서와 성격상을 측정하는 방법으로는 질문지법과 투사법(projective technique)으로 대별할 수가 있다. 이들 두 방법은 각기 그대로의 장·단점을 가지고 있다. M.M.P.I, Edward Personal Preference Schedule, Eysenck Personality Inventory, State-Trait Anxiety Inventory for Children과 같은 질문지법은 엄밀한 통계적 조작에 의해 선택된 질문 항목으로 구성되어 있는데,

대개가 '예', '아니오', '모르겠다'라고 답하게 되어 있고, 또한 그 질문의 내용이 피험자에게 해당되는 것인지를 자기가 판단하여 보고하게 되어 있다. 따라서 피험자가 질문에 답하기 위해서는 자기 자신을 잘 이해하고 있어야 함은 물론 자기의 결점이나 단점을 직관할 수 있는 용기가 필요하다. 만약에 자기 자신에 대해 올바르게 이해하지 못하거나 자기방어가 심한 사람에게 있어서는 자기 보고식 검사인 질문지법으로는 정서적 성격상의 부적응을 측정해 내는 데에는 많은 문제가 따르게 된다.

이에 비하여 TAT, CAT, Rorschach Test, Roenzweig Picture-Frustration Study, BGT와 같은 투사법은 검사자가 제시하는 자극에 정신이 팔려 자기 방어적이 아닌 반응을 하게 됨에 따라 피험자가 자기 보고식 판단을 하지 않기 때문에 피험자의 무의식 속에 억제되어 있는 성격의 경향을 파악하는 데 유효하게 사용될 수가 있다. 이와 같이 피험자에게 애매한 또는 구조화되지 않은 자극을 주어서 이것이 무엇으로 보이는가를 물어 그 대답 중에서 나타난 –투사된– 피험자의 정신 내부의 상태나 성격을 밝히는 방법이 바로 투사적 방법이다. 투사적 방법의 공통적인 특징은 검사자극이 불분명하고 체계화되어 있지 않다는 점이다. 이는 비체계화된 검사자극에 대한 일반적인 공통적인 의미가 없음을 뜻한다.

투사적 방법의 장점에 대해 박영숙은 다음과 같이 설명하고 있다(장선철, 2000에서 재인용).

첫째, 응답자에게 자극의 일정한 의미나 정답이 제시되지 않는다는 것이다. 응답자는 어떤 반응이 옳고 그르며 어떤 반응을 통하여 방어할 것인지를 알 수 없으므로 방어가 쉽지 않고 응답의 왜곡이 적다.

둘째, 개인의 독특한 반응이 나올 수 있도록 반응의 자유도가 넓어 개인의 독특한 문제가 제한 없이 반응될 수 있다.

셋째, 성격의 여러 차원에 대한 해석이 가능하므로 다요인적 해석이 내려진다.

이와 같은 투사법의 장점을 놓고 볼 때, 특히 문자를 아직 해독할 수 없는 아동들을 대상으로 성격검사를 할 때는 질문지법보다는 투사법이 보다 효율적임을 알 수가 있다.

투사적 방법은 크게 시각적 자극을 쓰는 것과 언어를 쓰는 것으로 다음과 같이 대별된다.

① **시각적 자극을 쓰는 것** : 애매한 기하학적 모양을 쓰는 Rorschach Test가 있으며, 인물의 구체적인 사물을 그린 TAT, 그리고 사람 얼굴의 사진을 쓰는 Szondi Test와 Picture Frustration Test 들이 있다.

② **언어를 쓰는 것** : Sentence Completion Test와 문장검사 등이 여기에 속한다.

(1) 주제통각 검사(Thematic Apperception Test : TAT)

투사법 중에서도 TAT는 개인의 성격 내용을 구명하는 데 유용한 방법으로 알려져 있다. TAT란 도판에 나타난 그림의 자극에 대해서 개인이 나타내는 공상을 분석하고 해석하는 방법이다. 도판에 나타난 인간생활의 모호한 그림에 대한 이야기를 피험자가 구성하는 과정에서 그들의 과거 경험과 직접적인 자극 내용, 그리고 현재의 욕망에 일치되게 해석하게 되어 개인이 갖고 있는 요구－압력 관계를 비롯하여 여러 가지 심리적 역동관계를 분석, 진단, 해석할 수가 있다.

따라서 TAT를 통하여 피험자가 가진 성격면에서의 우세한 동기, 정보, 감정, 복합과 갈등 등을 밝혀낼 수가 있다.

TAT에서 중요시되고 있는 상상과 공상에 관한 연구는 H. L. Brittain(1907)의 '상상력 연구'에서부터 시작이 된다. 그는 9장의 그림을 피험자에게 제시하여 자유롭게 이야기하도록 하여 종교적, 도덕적, 사회적 요소들을 분석하고 있다. Brittain 이후 W. Libby(1908), R. Clark(1926) 등이 공상에 의하여 아동기의 감정이 포함된 이야기와 소재를 그려낼 수 있다고 보고하고 있으나 주제 분석법(thematic method)을 통한 성격 연구가 시도된 것은 L. A. Schwartz(1932)에 의해서이다. 그는 죄인들의 정신과학적 면담을 위하여 도덕적 성격을 띤 8장의 그림을 제시하여 거기서 투사된 성격의 단면을 분석하고 있다.

이후 TAT는 C. D. Morgan과 H. A. Murray(1935)에 의해 '공상연구의 한 방법'으로서 최초로 소개되며, 이는 Murray(1938)의 성격이론과 결합을 보게 되고, 하버드 대학의 심리임상실(Harvard Psychological Clinic)을 중심으로 많은 발전을 가져오게 된다.

TAT 도판은 하버드 대학의 심리임상실의 연구원에 의해 제작되었는데, 3회의 개정을 거듭하여 Murray(1934)에 의해 TAT 해설이 발표되었으니 이것이 오늘날까지 전세계적으로 그대로 사용되고 있는 TAT-Harvard 도판이다. TAT-Harvard 도판은 남녀 공용, 남성용, 여성용, 3매의 아동 전용 도판을 포함하여 모두 31매로 되어 있다.

검사실시는 20매의 카드를 선정하여 성별 · 연령에 따라 2회에 나누어 검사하는데, 1회에 10매의 카드를 검사하게 된다.

반응의 기록은 피검사자의 반응 내용이 그대로 정확하게 빠짐 없이 기록되어야 한다. 질문은 피검사자가 응답한 내용이나 생략한 내용에 대해 검사자가 더 알고자 할 때 묻게 된다. TAT 도판 중 2매로 제시하면 다음과 같다.

▸도 판 1

한 소년이 바이올린 앞에서 무엇인가 골똘히 생각하는 모습의 그림이다.

▸도 판 7GF

한 여인이 책을 들고 앉아있는 곁에 소녀가 무릎에 인형을 놓고 딴 곳을 쳐다보고 있다.

TAT는 아동교육 및 일반학교 현장에서 학생의 성취 동기의 측정, 인간관계의 진단을 비롯하여 생활지도와 상담활동에 많은 도움을 주는데, 그것은 바로

TAT를 통하여 Id, Super-ego와 같은 Freud류의 개념이 밝혀졌기 때문이다. 장선철(2000)은 TAT가 아동의 성격검사에도 유용하게 쓸 수 있음을 나타내어 준다.

TAT란 주제의 분석을 기본으로 하고 있으며, 주제의 설정은 개인이 갖고 있는 요구-압력의 관계에서 나오는 것이다. 이런 요구-압력의 관계를 분석하는 방법으로 L. Bellak는 상상력을 발휘하는 자아기능의 과정에 비추어 자기의 자아기능의 가설에 입각한 TAT 진단법을 발전시키고 있는데, 그는 TAT가 분석에서 다뤄지는 항목으로 주제, 주인공, 주인공의 주요 욕구, 환경의 개념, 어떻게 인물이 보여지는가, 주요한 갈등, 불안의 양상, 갈등과 공포에 대한 주요 방어, 초자아의 적당도, 자아의 통합 등을 들고 있다.

한편, Bellak는 3세부터 10세 사이의 어린이들에게 실시하기 위하여 아동용 주제 통각검사(CAT : Children Apperception Test)를 만들었는데, 아동용 회화 통각검사(Korean CAT)를 제작하였다. Korean CAT는 한국의 아동들에게 익숙하지 않거나 주제가 중복되는 그림을 제외한 16개의 도판과 일본판 CAT 중에서 선정한 5개의 도판 등 모두 21개의 도판을 가지고 예비검사를 실시하여 선정된 표준판 9매와 CAT 보충판(CAT-S) 9매 등 총 18매의 도판으로 구성되어 있다. Korean CAT 도판 중 2매를 예로 제시하면 다음과 같다.

▶도 판 1

곰의 줄다리기 장면인데, 한 쪽에는 한 마리의 큰곰이 줄을 잡아당기고, 다른 한 쪽에는 큰곰과 새끼곰이 함께 줄을 잡아당기고 있는 그림이다.

▸ 보충도판 9

목욕탕에서 큰 고양이가 몸을 씻고 있는 장면을 작은 고양이가 문을 살며시 열고 들여다 보는 그림이다.

이 도판에 대한 반응으로는 새끼곰이 협력하고 있는 대상을 아버지나 어머니 중 어느 쪽과 동일시하고 있는지를 보게 되며, 또한 그림의 장면을 단순한 놀이로 보는가, 아니면 심각한 싸움으로 보아 이기고 지는 것에 관심을 나타내는가를 찾는 것이다. 그러므로 이 그림에서는 피험자가 양친 중 자기 자신의 공격성 정도를 발견하게 된다. 따라서 자립심에 대한 강한 충동도 줄다리기를 단순하고 온화한 놀이로 보기보다는 심각한 싸움으로 표현하는 데서 찾게 된다. 그밖에 줄 자체에 관심을 보이는 경우가 종종 있는데, 여기에서는 줄이 끊어지는 것과 뒤따르는 벌에 대한 공포 또는 거세 공포를 나타내는 것과 더불어 자위행위에 대한 상징적 반응을 나타낼 때도 있다. 이러한 반응의 예는 다음과 같다.

아빠 곰하고 엄마 곰, 아기 곰(피험자 자신으로 봄)이 줄을 당기고 놀아요. 심심해서 “우리 줄당기기 놀이 하자” 하고 시작했어요. 아빠 곰이 이겨서 엄마 곰과 아기 곰이 넘어졌어요. 줄이 끊어지면 아빠 곰이 줄을 다 가져올 거예요(7세, 남).

줄을 당긴다. 오른쪽 끈은 꼬리이고 왼쪽 끈은 손이다. 아빠와 자기 엄마가 있는데, 아기(자기)가 아빠 편을 들었는데도 엄마가 이겼어(5세, 남).

(2) **로르샤하 검사법**(Rorschach Test)

로르샤하 검사는 스위스의 정신과 의사인 H. Rorschach가 고안한 투사법에 입각한 성격검사이다. Ink-blot test라고도 불리우는 이 검사는 잉크방울을 종이 위에 떨어뜨리고 그 종이를 반으로 접으면 거기에 불규칙적이지만 좌우로 대칭적인 도형이 생기는 것을 이용하고 있다. Rorschach는 이런 방법으로 10매의 표준화된 잉크블롯(ink-blot)을 작성하였다. 그 중 5매는 흑색으로 되어 있고, 2매는 적색과 흑색으로, 나머지 3매는 여러 색깔로 구성되어 있다. 로르샤하 검사는 표준자극에 대한 피험자의 반응을 통하여 성격의 구조를 알아보는 방법이다.

검사에 대한 해석은 장소의 문제(전체－부분) 결정, 인자의 문제(운동 형태, 색채, 명암), 내용의 문제(물체), 기타의 문제(독창성－일반성) 등의 내용 분석을 통해 이루어진다.

지시를 할 때는 피검자의 긴장의 정도에 따라 지시를 주는 시간이나 방법이 달라지며 보통은 다음과 같이 한다.

"지금부터 당신에게 10매의 카드를 보여드리겠습니다. 이것은 잉크를 떨어뜨려 우연히 이루어진 모양이기 때문에 무엇으로 보여도 관계 없습니다. 이것이 당신에게 무엇으로 보여지는지 무엇과 같이 생각되는지 말씀해 주십시오. 그러면 지금부터 한 장씩 보여드리겠습니다. 될 수 있는 한 두 손으로 잡고 자유로이 봐 주십시오. 무엇으로 보여도 괜찮으니 무엇이 보이게 되면 주저함이 없이 그대로 말씀해 주십시오."

로르샤하 검사법은 사실 전문가 이외에도 다루기가 힘이 든다. 따라서 유치원 등 교육기관에서는 교사가 직접 사용할 수가 거의 없다.

〈카드 1〉

〈카드 2〉

〈카드 3〉

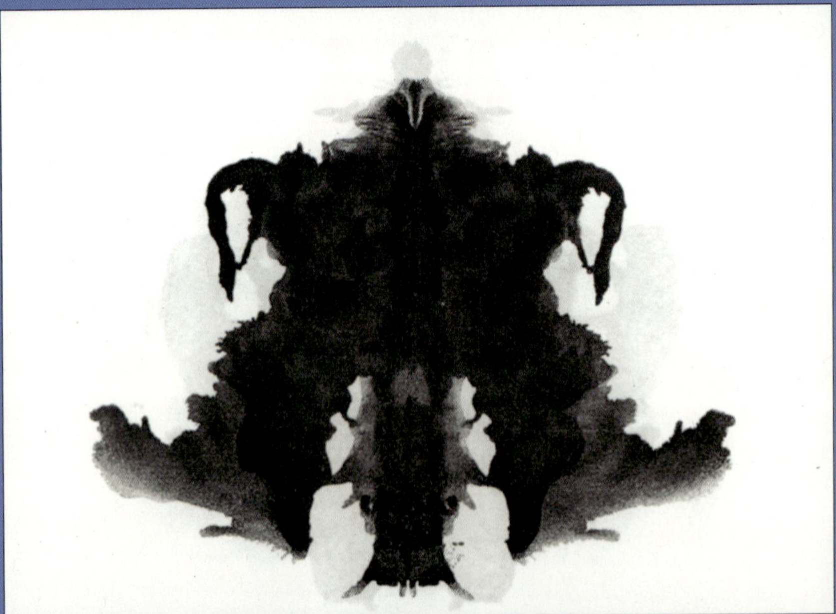

〈카드 4〉

〈카드 5〉

〈카드 6〉

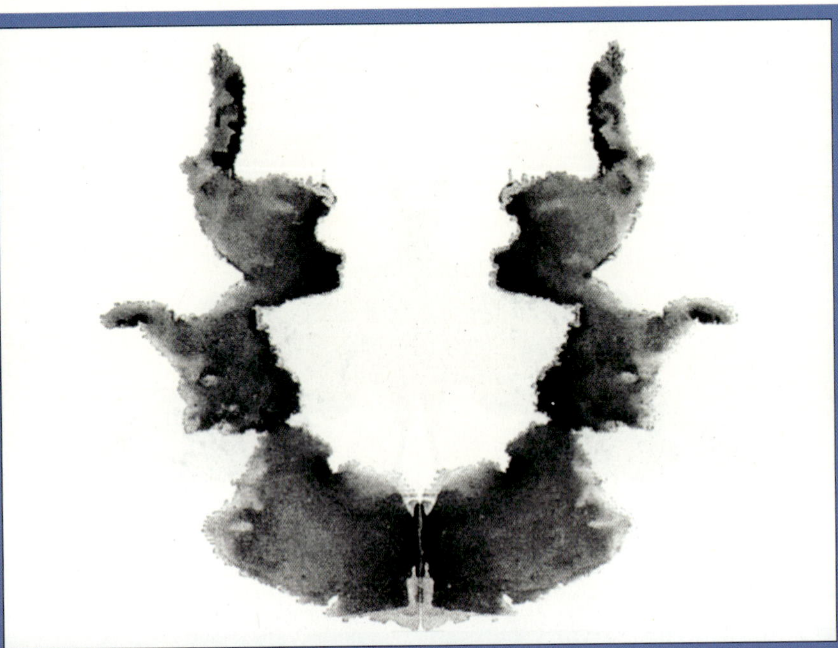

〈카드 7〉

〈카드 8〉

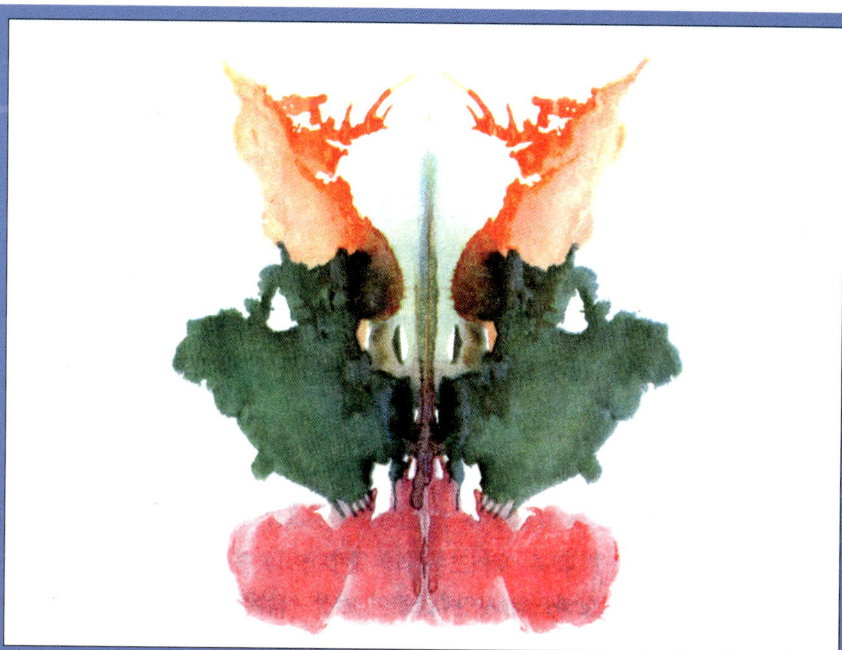

〈카드 9〉

〈카드 10〉

(3) 인물화 검사(Draw-A-Person Test : DAP)

투사적 검사법 중에서 체계화가 가장 낮아 보다 무의식적 깊이의 심리현상을 표현한다고 가정되는 인물화 검사는 1926년 F. L. Goodenough에 의해 『*Measurement of Intelligence by Drawings*』라는 책이 출판되면서 소개되었다. 초기에는 개념적 성숙 측정을 통한 지능평가방법으로 사용되었으나, 현재는 아동과 성인의 투사적 성격검사로써 특히 자아상(self-image)이 투사되는 검사법으로 임상에서 널리 사용되며 아동에게 사용될 때 특히 유용한 자료가 제공된다고 한다. K. Machover는 1949년 정신분석과 자아심리학에 근거하여 이 검사를 발전시켰고, 정신분석적 입장에서의 정신 신체의학에서 발전된 신체 각 기관과의 독특한 정서와의 관련성이 이 검사에 도입되고 있다. Sideny Levy는 인물화 검사가 자아개념, 주위환경의 인물, 이상적 자아상(ideal self-image), 습관과 정서, 검사자와 검사 상황에 대한 태도, 인생과 사회에 대한 피검사자의 전반적인 태도 등이 반영된다고 하였다.

인물화 검사의 실시과정은 매우 간단하다. $8\frac{1}{2}\times10$인치의 흰종이와 연필을 주고 "사람을 그려 봅시다"라고 지시해 준다. 만약 질문이 있을 경우에는 "원하는 대로 그리시오" 또는 "전체 모습을 그리시오"라고 응답할 뿐 자유로운 피검사자의 선택에 맡긴다. 한 장의 그림을 그리고 나면 그 그림과 반대되는 성의 인물을 한 장 더 그리게 하여 남자와 여자 두 사람의 인물을 성격이나 배경, 인물의 신분에 대해서 질문한다. K. Machover는 아동의 경우에는 다음과 같은 것을 물어볼 것을 요구하고 있다.

1 이름, 나이, 날짜, 학년

1. 지금 무엇을 하는 중인가? 2. 몇 살인가? 3. 결혼하였는가? 4. 어린아이가 있는가? 소년인가, 소녀인가? 5. 그가 하고 있는 일은? 6. 몇 학년인가? 7. 무엇을 하고 싶어 하는가? 8. 그는 친구가 있는가? 9. 그의 건강은? 10. 어떻게 보이는가? 11. 그의 몸에서 가장 좋은 부분은? 12. 그의 몸에서 가장 나쁜 부분은? 13. 그는 행복한가? 14. 무엇을 걱정하고 있는가? 15. 어떤 때 화를 내는가? 16. 신경질을 부리는 때가 있는가? 17. 가장 나쁜 버릇 세 가지는?

18. 좋은 점은? 19. 동무가 많은가, 적은가? 20. 다른 사람들은 그를 보고 무엇이라고 하는가? 21. 애들과 자주 나가 노는가? 22. 좋은 때라고 하는 것은? 23. 결혼할 것인가? 24. 몇 살에 결혼할 것인가? 25. 어떤 사람하고 결혼할 것인가? 26. 그의 세 가지 소망은? 27. 당신은 그를 보고 누구를 생각하는가? 28. 당신은 그를 좋아하는가? 29. 말하고 싶은 것이 있으면 무엇이나 말하시오.
(당신이 이 그림과 같다고 여기는 것이 있으면 번호에다 ∨표를 하시오.)

이와 같은 과정을 통해 짧은 시간에 간단하게 수행된 검사의 자료는 매우 유용하지만 신중하고 전문적인 지식과 해석이 요구된다. 채점방식이나 객관적 평가법이 발견되기 어렵기 때문에 검사의 타당도에 대한 비판이 되어 왔다.

그러나 아동교육의 현장에서 아동의 성격을 대략으로 파악하는 데는 이 방법이 큰 도움을 준다. 다음에 제시된 S. Levy의 해석법을 익혀나가면 교사는 아동 개개인의 대략적인 성격을 인물화를 통하여 추출해 낼 수가 있게 된다.

2 S. Levy의 인물학 해석법

① **인물의 순서** : 대부분의 경우 피검사자와 동일성 인물이 먼저 그려진다. 간혹 이성인물이 먼저 그려지는 경우가 있는데, 이 모든 경우에 동성연예자(homosexuality)라고 단정내리는 것은 위험하지만 대부분의 동성연애자가 이성을 먼저 그린다. 때로는 성 정체감(gender identity)의 혼돈이나 도착, 때로는 이성 부모에 대한 강한 애착과 의존 또는 이성에 대한 강한 애착과 의존의 표현이기도 하다.

② **그림의 크기** : 종이의 크기와 대비한 그림의 상대적 크기는 피검사자의 환경과의 관계가 암시된다. 인물의 크기가 작으면 개인은 위축되고, 작게 느끼고 있으며 환경의 요구에 대해 열등감과 부적당감(inadequate feeling)을 느끼는 경우이다. 인물의 크기가 크면 우울한 자아상, 공격적 태도로 환경과의 관계를 맺는 경우라고 볼 수 있다. 인물이 자아상을 나타내지 않고 이상적 자아상 또는 부모상을 반영하기도 한다. 부모상이 투사되는 경우 큰 인물은 강하고 능력있으며, 의지할 수 있는 부모상이거나 또는 위협적·공격적이고 벌을 내리는 부모상을 반영한다. 이상의 자아상에서 인물의 크기가 크면 열등감을 보상하려는 시도의 표현이다.

③ **그림의 위치** : 그림의 위치가 종이의 중앙보다 위에 위치하면 불안정한 자아상과 연관이 있고, 종이의 왼편에 위치하면 자아 의식적이며 내향적 성향(self-conscious, introversiveness)을 나타내며, 중앙보다 아래의 위치는 보다 안정된 상태 또는 우울감, 패배감을 나타낸다. 적절한 위치는 적응적인 자아중심적 경향과 관계가 있다.

④ **인물의 동작** : 인물이 매우 활발한 움직임을 보이는 경우는 운동 활동에 대한 강한 충동, 또는 불안정하여 안절부절한 상태, 정서장애의 조증상태를 나타낸다. 반대로 자세가 엄격하고 굳어 있어 움직임이 적으면 강박적인 억제의 표현이며 깊이 억압되어 있는 불안이 내재해 있음을 시사하고 있다. 앉아 있거나 기대고 있는 모습일 때는 활동력이 낮고, 정서적으로 메마른 상태(emotional exhaustion)를 표현해 준다. 매우 드물게 인물이 로봇이나 자동인형과 같은 모습일 때는 정신병적 상태를 시사해 주고 있다.

⑤ **왜곡이나 생략** : 신체부분이 왜곡되어 있거나 생략되어 있을 때 심리적 갈등이 그 부분과 관련이 있음을 나타낸다. 마찬가지로 신체의 부분이 과장되게 강조되어 있거나, 흐린 모습으로 나타날 때는 심리적 갈등이 잠재되어 있음을 시사해 준다.

⑥ **각 신체 부분들이 의미하는 상징** : 머리(head)는 자아개념과 관계가 있다. 따라서 강조되면 매우 공격적이거나 지적인 야심이 있거나 때로는 머리 부분의 신체적 고통과 관련이 되기도 한다. 머리가 맨 나중에 그려지는 경우에 대인관계에 장애가 있음을 시사하며, 신체부분은 희미한데 머리만 뚜렷할 때 보상적 방어책(compensatory defense)으로 공상에 의존하는 경우이다.

머리카락은 성적 생동력(sexual vitality)에 대한 추구를 나타내며, 머리카락이 지나치게 강조되면 성적 부적감(sexual inadequateness)의 표현이기도 하다.

입은 구강적 공격(oral aggression), 구강적 고찰(oral fixation)을 상징하며 이빨은 구강적 공격성의 한 표현이다.

눈은 보통 의사소통의 수단이 되므로, 만약 눈동자가 생략되었다면 자아 중심적, 자아도취적 경향(ego-centric, narcissistic)으로 해석된다. 눈이 크고 강조되어 있고, 응시하는 모습일 때는 대체로 망상(delusion)을 지니고 있는 경우이며, 눈을 감고 있다면 현실 접촉의 회피, 정신병적 상태로의 현실 철수(withdrawal)를 시사해 주고 있다. 흔히 정신분열증 장애자는 눈을 감고 있는 모습의 인물을 그린다.

코는 성기의 상징(phallic symbol)이며 성적 무력감이 있을 때 코가 흔히 강조되어 그려져 있다.

턱은 힘과 주도권(determination)에 대한 사회적 · 보편적 상징이며, 자아상의 인물에서 턱이 강조되면 강한 욕구, 공격적 경향, 무력감에 대한 보상적 강조와 관계가 있다.

귀는 크기와 모양이 왜곡이 중요하며 망상과 깊은 연관이 있다.

목은 충동통제를 상징하는 부분이며, 가늘고 긴 목은 충동통제의 어려움을 시사한다.

팔과 손에서 손이 생략되어 있으면 현실 접촉의 어려움, 죄책감을 엿볼 수 있으며, 손이 강조되어 있다면 현실 접촉의 불충분함에 대한 보상적 시도이거나 열등감에 대한 보상적 시도로써 조정하는 역할을 하려는 경향을 나타내며, 손이 희미한 경우도 대인접촉과 조작행동(manipulation)에서의 불안을 나타낸다. 팔의 방향이 신체에 가까이 붙어 있을수록 수동적 · 방어적이며, 신체에서 외부로 향하여 뻗쳐 있을수록 외부로 향하는 공격적 경향이 있거나 신체상의 문제가 있는 경우이다. 대체로 주먹을 쥔 손은 억제된 공격적 충동의 상징이다.

발과 다리에 지나친 관심이 향하거나 다른 부분보다 먼저 그려지면 실망이나 우울과 연관시켜 볼 수 있다.

단추는 의존적 · 아동적 열등감을 느끼는 성격에서 흔히 그려지며, 주머니 중에 특히 가슴부분에 붙은 주머니는 애정결핍과 박탈을 상징하며 아동적이고 의존적인 성격을 드러낸다.

다음의 분석규준표에 나타난 상징적 부호와 그 의미는 다음과 같다.

S : 자아 발동의 강대 · 남성적 · 적극적 · 낙천적 · 양성(陽性) · 자기 주장적
M : 자아 발동의 약소 · 여성적 · 소극적 · 비판적 · 음성(陰性) · 의존적
C : 정신 갈등 · 정신적 곤란 · 콤플렉스
F : 욕구좌절 · 초조
Sch : 일반적으로 정신병적 · 분열증적 · 우울병적 · 편집적 · 망상적
N : 일반적으로 신경증적 · 노이로제적 경향
PS : 조숙 · 복잡한 성적 흥미 · 병리적 성적 행동
B : 정신미발달
X : 정신적 장애(기질적 정신병 등)
Y : 신체적 장애(사지 장애 등)

(4) 집 · 나무 · 사람(House · Tree · Person : HTP) 검사

이 검사는 구체적 과제 그림검사로서 집, 나무, 사람을 그리게 한 후에 이를 해석하여 성격을 진단하며, 심리치료의 보조수단으로 사용한다. 집, 나무, 사람은 모든 피검사자들에게 친밀을 진단하며, 심리치료의 보조수단으로 사용한다. 집, 나무, 사람은 모든 피검자들에게 친밀감이 있고 주제이며 솔직하고 자연스러운 언어표현을 시킬 수 있는 자극이다.

이 검사는 지시를 이해할 수 있는 연령(대개 5세 이상된 아동)에게 실시하는데, 집, 나무, 사람을 그리도록 지시하고, 그려진 그림에 관한 질문을 던져 얻어진 여러 가지 정보로 심리진단을 내리는 투사법적 검사이다. 집, 나무, 사람 그림에 가정환경, self-image, 대인관계 및 중요한 타인과의 관계, 의존 욕구를 비롯한 다양한 의식적 · 무의식적 욕구, 성취 수준, 성적 · 사회성 발달상태, 정서상태, 정신병리적 측면 등이 반영된다고 가정한다. 여기에 가족 그림(kinetic family drawing : KFD)을 추가하여 가족관계와 가족 내에서 개인의 위치 등 가족 역동을 알아볼 수 있다.

우리나라에서는 아직 체계적인 진단 규준이 되어 있지 않기 때문에 주로 일본의 해석방법을 적용시켜 보는 수준이므로 맹목적인 해석보다는 문화적인 차이에 대한 주의가 필요하다.

4) 사회성숙도 검사

사회성숙도 검사는 개인의 성장 또는 변화가 적응행동에 미치는 영향이 크다는 것을 인식하고 적응행동을 측정하는 검사이다.

부모 또는 아동을 양육하는 사람들에게 질문을 통해 측정할 수 있기 때문에 아동이 검사장면에 직접 참여하지 않아도 되므로 아동이 검사장면에서 일으킬 수 있는 여러 가지 문제들을 미리 예방해 준다. 그러나 양육자의 보고에 의존해야 하는 검사이기 때문에 적응행동이 과대평가되거나 과소평가될 소지가 있어서 다른 검사와 함께 실시, 해석되는 것이 바람직하다. 검사문항을 행동 영역별로 검토함으로써 검사받는 아동의 영역별 행동수준을 측정할 수 있을 뿐만 아니라 수량화된 점수를 통하여 종합된 적응 행동수준을 평가할 수 있어서 프로그램의 계획 및 효과의 측정을 용이하게 해준다.

11개의 문항이 연령별 난이도 순으로 배열되어 있는 이 검사는 자조, 이동, 작업, 의사소통, 자기관리, 사회화에 관한 내용으로 되어있으며, 검사실시 대상은 0~30세이다.

5) 시지각 검사

(1) 시각-운동 통합발달검사 (Developmental Test of Visual-Motor Integration : VMI)

아동의 시각-운동 통합 발달정도를 측정하고, 특히 뇌손상 아동의 학습준비 평가도구로 사용한다. BGT가 정상적인 발달을 하는 5세에서 10세 사이의 아동을 대상으로 실시하지만, 장애아들은 생활연령이 많다고 하여도 시지각 발달이 지체될 수 있으므로 발달지체가 큰 장애아들에게 실시한다. 검사실시 대상 연령은 3~14세 아동이며, 검사는 24개의 기하학적 노형을 난이도 순으로 배열하고 묘사하게 구성되어 있다.

(2) **벤더-게스탈트 검사**(Bender-Gestalt Test : BGT)

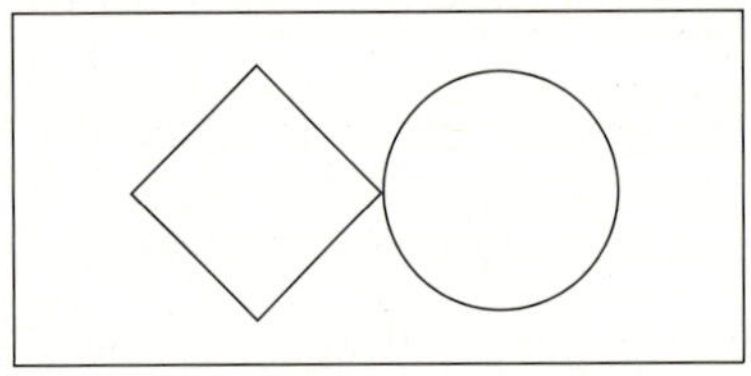

〈도형 A〉

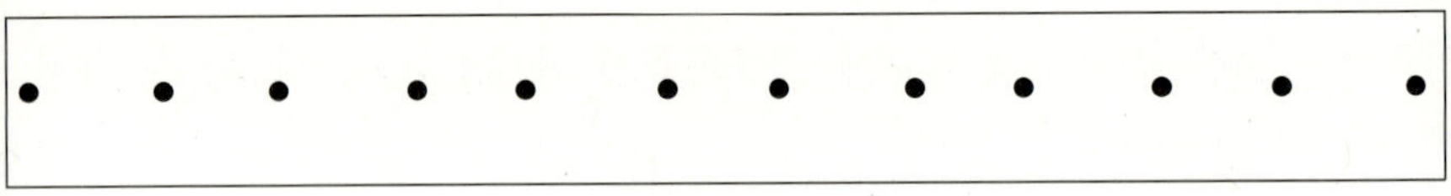

〈도형 1〉

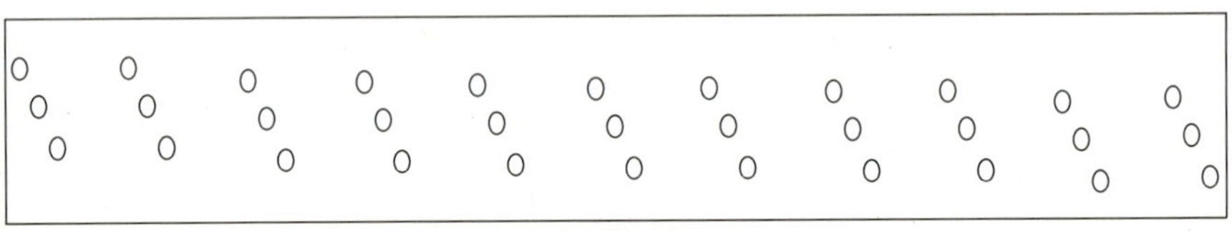

〈도형 2〉

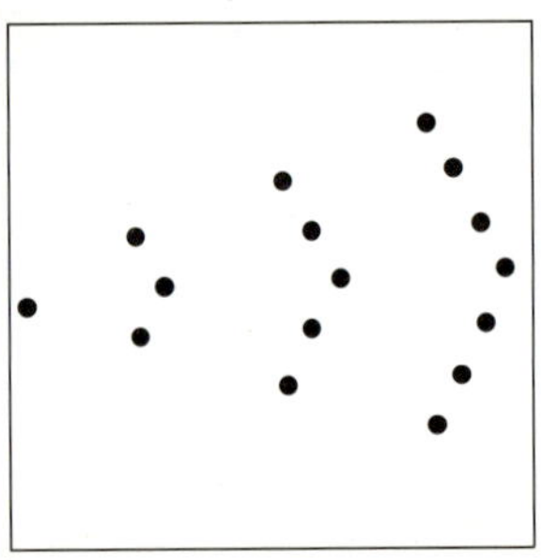

〈도형 3〉

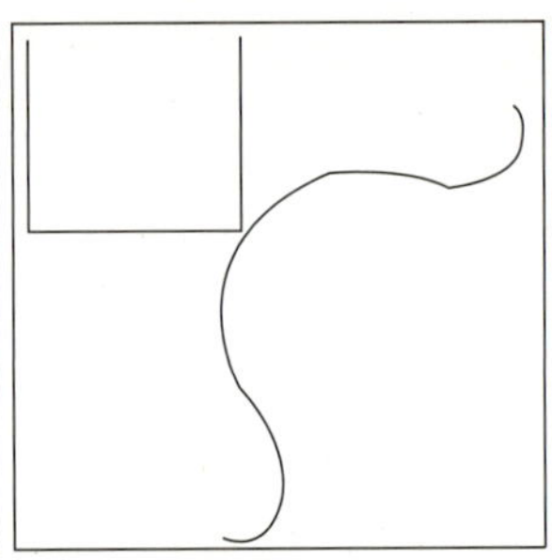

〈도형 4〉

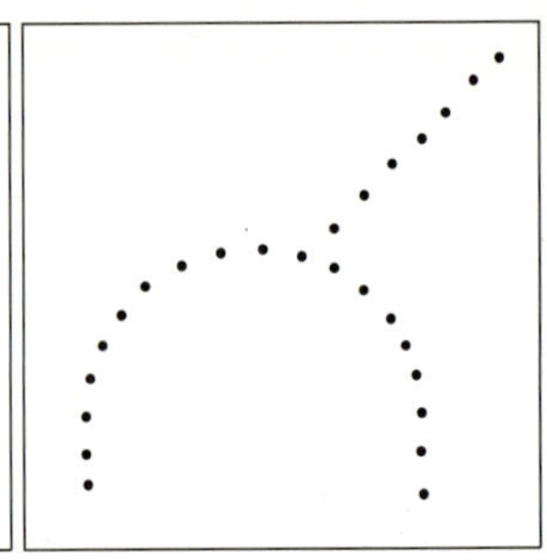

〈도형 5〉

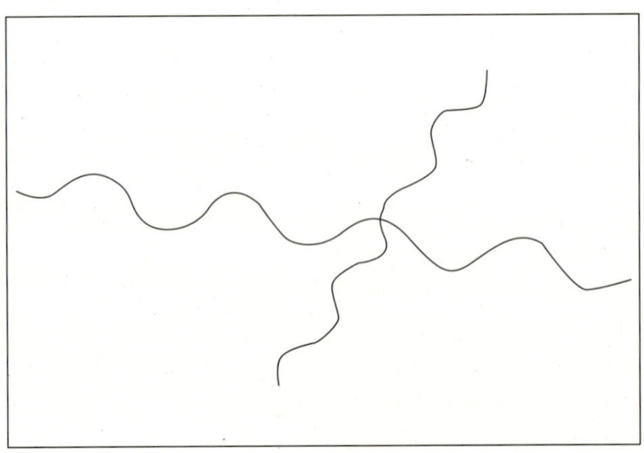

〈도형 6〉

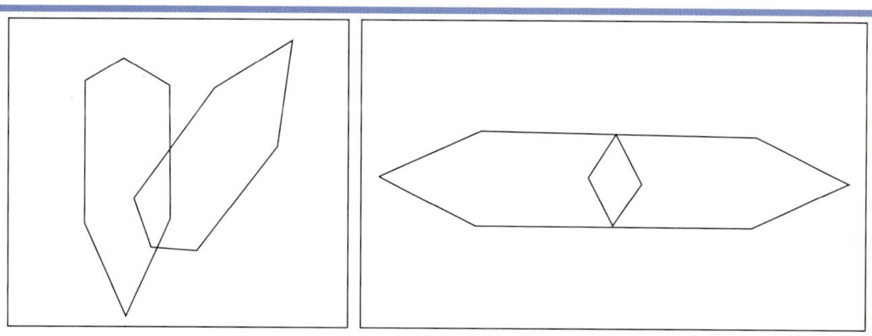

〈도형 7〉 〈도형 8〉

벤더-게스탈트 검사는 1938년 L. Bender가 Bellevue Hospital의 소아정신과 병동에서 아동의 성숙도를 측정하는 방법으로 시각과 운동협응에 대한 도형을 심리학자 Wertheimer가 지각실험에 사용하려고 했던 기하학적 도형 중 9개 도형을 선택하여 제작한 것이다. Bender는 이 검사를 사용하여 피검사자의 동작속도와 율동, 그림 형태의 특징에 관심을 두었고, 이 검사가 투사적 성격검사로 사용될 가능성을 발견하기에 이르렀으며, 현재는 교육과 임상장면에서 성인과 아동을 대상으로 성격, 심리적 과정, 정신장애, 기질적 장애 여부를 진단하는 데 쓰이고 있다.

6) 그 외의 검사

(1) 포테이지 아동발달 지침서

아동들의 발달상태를 점검하고 알맞은 교육지침을 찾아내기 위해 작성된 진단도구이자 지침서이다. 다른 진단도구와 달리 장애아동의 조기교육을 담당했던 교사와 학부모들의 경험을 토대로 하여 제작된 것이기 때문에 표준화된 검사를 실시하기 어려운 장애아의 진단 및 교육에 실용적이다.

(2) 한국판 아동 · 청소년 행동평가척도(Child Behavior Checklist : K-CBCL)

Achenbach와 Edelbroke(1983)의 CBCL을 표준화한 한국형 CBCL(오경자 · 이혜련, 1991)은 아동의 부모가 평정하게 된다. 이 조사표는 3점 척도로 '0'은 전혀 해당되지 않는 경우, '1'은 가끔 보였거나 심하지 않는 경우, '3'은 자주 보였거나 정도가 심한 경우를 나타낸다. 전체 113개 문항, 9개 범주로 구성되어 있으며, 아동의 행동 특성을 내면화 혹은 외면화 문제로 범주화하여 채점할 수 있다. 주로 문제행동에 대한 측정을 하는 것이므로, 그 총점이 높을수록 적응적이지 못함을 반영하며 임상적인 증후가 있음을 밝혀 준다.

(3) MIM(Marshak Interaction Method)

MIM은 부모와 아동을 관찰하여 평가하는 방법으로 부모와 아동 간의 상호작용 방식을 관찰하고, 현재 부모-자녀 관계의 긍정적인 측면과 부정적인 측면에 대해 평가할 수 있다. 많은 부모는 자신들의 상호작용 방식을 인식하지 못하고, 따라서 아동과의 상호작용 방식에 대해 자세히 설명하지 못한다. 그러므로 부모의 주관적인 보고에만 의존하기 보다는, 직접적으로 상호작용을 관찰함으로써 많은 정보를 얻을 수 있다.

MIM은 많은 과제로 구성되어 있으며, 과제는 아동의 발달수준에 따라 다양한 차원으로 구성되어 있다. 양육, 도전, 개입, 구조, 즐거움 등으로 구성되어 있고 치료놀이 계획에 MIM을 더 적합하게 하기 위해 수정될 수 있다(김태련, 재인용).

3 심리검사의 과정

다양한 상황에서 활용되는 심리검사는 여러 단계의 과정을 거쳐서 실시된다. 검사의 필요성을 확인하고 선택하여 검사를 실시한다. 검사의 결과를 채점하고 그 결과를 해석하여 활용하는 일련의 과정이 여기에 포함된다. 심리검사의 과정을 살펴보면 다음과 같다.

1) 검사의 필요성 확인

심리검사는 개인의 심리적 속성을 측정하는 표준화된 과정이다. 학교장면에서 이루어지는 심리검사는 일반적으로 학급단위, 학년단위, 혹은 학생 전체를 대상으로 실시된다. 어느 한 개인의 특성을 알기 위한 목적보다는 학생들의 전반적인 주제, 학생들 산의 비교 등이 목적이다. 특별한 경우 상담실에서 상담을 받는 도중에 필요성을 느껴 특정한 심리검사를 실시하는 경우도 있다. 이 경우는 상담교사가 자신의 전문적인 지식에 의해서 필요한 검사를 선정하고 실시하게 된다. 그 외에는 거의 모두 대단위로 검사를 실시하게 되고, 그 필요성은 학교장 혹은 상남교사가 확인한다.

2) 심리검사의 선택

심리검사는 상담이나 교육과정의 한 부분으로 간주해야 하며, 그것은 하나의 방해물로 보아서는 안 된다. 물론 검사를 대할 때 피검사자는 간혹 불안을 갖기도 한다. 특히 적성검사나 성취도검사는 실패에 대한 두려움 때문에 더욱 그러하다. 검사에 대한 불안은 상담의 전과성에 영향을 줄 수 있다. 흥미검사나 성격검사의 경우도 취약점이나 바람직하지 않은 특성들을 보여줄 수 있다. 따라서 검사의 위협적인 면을 감소시키기 위해서 상담자는 검사의 목적이 자기이해를 위한 정보를 제공하기 위한 것이며, 상담자가 내담자를 평가하기 위한 것이 아니라는 사실을 분명하게 해야 한다. 상담자는 내담자에게 어떤 결과가 나오더라도 그들을 수용할 것이라는 점을 전달해야 한다.

가능하면 내담자들은 상담장면에서 사용할 검사를 선택하는 데 있어서 적극적으로 참여해야만 한다. 내담자가 특정한 검사에 대하여 그 본질과 목적을 배우게 될 때 검사결과로부터 더욱더 많은 것을 얻을 수 있게 된다. 내담자가 검사의 유용성을 확신하게 되면 능력검사에서 그들이 최선을 다하고, 흥미검사나 성격검사에서 문항에 대하여 반응할 때 보다 정확하고 진실되게 할 수 있다. 검사의 사용을 결정하는 상황에 참여함으로써 내담자는 또한 방어함이 없이 검사결과나 그 해석을 보다 쉽게 받아들일 수 있다. 그들은 검사결과를 보다 객관적으로 받아들일 수 있게 된다.

검사를 실시하는 데 걸리는 시간이 간혹 어떤 검사를 실시할 것인가를 결정하는 데 중요 요인으로 작용한다. 검사의 가격도 제한된 예산을 가지고 운영하는 기관이나 상담소에서는 중요한 요인으로 작용한다. 검사지를 재사용할 것인가, 어떻게 채점할 것인가, 채점하고 해석하는 데 걸리는 시간, 컴퓨터 채점에 소요되는 경비 등 모든 요소들을 고려해야 한다.

3) 심리검사의 실시

심리검사의 주요 목적은 다른 상황에서의 행동을 추론하고 예언할 수 있는 표본행동을 얻기 위한 것이다. 표준화검사의 경우, 표본행동을 표준화된 조건하에서 표준화된 지시를 통하여 특정한 방법으로 얻어져야 한다. 검사를 실시하는 사람은 지시문에 익숙해야만 하고, 검사실시와 관련된 다른 측면에 대해서도 익숙해야만 한다. 검사실시에 필요한 지식은 어떤 검사냐에 따라서 다르다. 예컨대, 표준화된 학업적성검사는 비교적 덜 훈련받은 상태에서도 실시가 가능하다. 그러나 개인지능검사는 집중적인 수업과 실제적인 훈련을 통하여 검사실시에 필요한 지식과 기술을 습득한 경우에만 실시가 가능하다.

대부분의 검사실시 요강은 특정한 검사를 실시하는 데 필요하고 자세한 지시문을 포함하고 있으며 그것을 철저하게 따라야 한다. 표준화된 지시문 때문에 한 사람의 점수를 다른 사람 혹은 다른 집단의 점수와 비교할 수 있도록 해 주는 것이다.

검사를 실시할 때 검사자는 피검사자로부터 흥미와 협조를 이끌어내야 한다. 상담관계를 형성할 때 검사자는 피검사자에게 검사의 결과가 유용하고 그들이 시간을 허비하고 있지 않다는 사실을 확신시켜 주어야 한다. 노련하지 못한 검사자들은 간혹 검사자 역할의 중요성을 확실히 인식하지 못한다. 능력검사 혹은 적성검사에서 검사자는 피검사자들에게 지시문을 정확하게 따르고 그들이 할 수 있는 한 최대한으로 잘 수행할 것을 독려해야 한다. 어린아이들의 경우에는 검사는 게임처럼 제시되어야 한다. 흥미검사나 성격검사의 경우 무의미한 결과를 없애기 위하여 피검사자들이 솔직하게 응답하도록 해야 한다.

검사자는 현재 실시하고 있는 검사에 대하여 잘 알아야 한다. 검사에 대한 자신감이 온정적인 태도와 함께 나타나야 한다. 의자배치, 조명, 환기상태, 그리고 실내 기온 등 검사실의 상황이 검사를 실시하는 데 적합해야 한다. 소음이 없어야 하고, 방해를 받지 말아야 한다. 시간을 정확하게 엄수해야 하고 정확하게 측정되어야 한다. 검사실시 상황에서의 어떤 문제도 알려져야 하고 검사결과를 해석할 때 고려되어야 한다. 최근에는 가격이 싼 개인용 컴퓨터가 많이 보급되면서 컴퓨터에 의해서 검사를 실시하는 것이 보편화되었다.

컴퓨터에 의한 검사는 전통적인 지필검사와 비교하여 많은 이점을 갖는다. 예컨대, 검사를 실시하는 데 필요한 시간이 짧고, 검사수행에 대한 즉각적인 피드백, 더욱 표준화된 검사수행 과정, 행동이나 위계적 문제를 제시하는 새로운 유형의 문항 사용, 응답자의 사전 반응을 고려하여 응답자에게 적절한 검사절차의 활용(Wise & Plake, 1990) 등이다.

컴퓨터를 매개체로 하여 검사를 실시하기 위해서는 우선 피검사자가 컴퓨터에 익숙해야 하고, 또한 검사에 활용한 컴퓨터를 주기적으로 점검하여 언제나 기능을 잘 하도록 해야 한다. 만일에 피검사자가 컴퓨터에 익숙하지 않거나 혹은 컴퓨터에 이상이 생겨서 검사를 실시하는 도중에 문제가 발생한다든지 할 경우 그 결과는 피검사자의 능력이나 적성 혹은 성격특성을 올바로 나타내 준다고 말하기 어렵다.

4) 채 점

검사는 손이나 컴퓨터로 채점할 수 있다. 손으로 채점하는 경우에는 정답과 오답을 확인하기 위해서 답안지 위에 올려 놓을 수 있는 채점판을 보통 활용한다. 어떤 경우에는 피검사자 자신들이 답안지 후면에 있는 정답지를 활용하여 스스로 채점하기도 한다. 자기채점 답안지를 활용하는 검사지의 예로는 MBTI와 Kuder식 일반 흥미검사 등이 있다. 여러 가지의 검사를 실시할 경우 손으로 채점하는 것은 시간도 많이 걸리고 실수를 범할 수 있다. 손으로 채점할 경우 가능하다면 결과의 확실성을 위하여 다른 사람이 다시 채점해 보는 것이 필요하다. 손으로 채점하는 것과 비교하여 컴퓨터로 채점하는 것은 더욱 빠르고 정확하며 확실하다(Wise & Plake, 1990).

컴퓨터를 활용한 채점은 Strong 흥미검사나 Kuder 직업적성 검사 등과 같이 사실상 손으로 채점하는 것이 불가능한 검사에 이르기까지 정교한 채점 프로그램을 만들어 가능하게 되었다. 특정한 점수에 더하여 컴퓨터는 컴퓨터에 기억된 채점규칙이나 알고리즘(algorithms)에 의해서 검사의 결과를 해석할 수도 있게 되었다.

현재 우리 나라에도 컴퓨터의 보급이 폭발적으로 증가하면서 컴퓨터를 활용하여 채점하는 심리검사의 수가 증가하고 있다. 심리검사를 제작하여 판매하는 출판사 혹은 연구소에서 채점 프로그램을 개발하여 사용하는 경우도 있고 경우에 따라서는 심리검사를 많이 활용하는 기관에서 프로그램을 개발하여 사용하는 경우도 있고, 경우에 따라서는 심리검사를 많이 활용하는 기관에서 프로그램을 자체적으로 개발하거나 혹은 채점 프로그램을 구매하여 사용하는 경우도 있다. 예컨대, 한국행동과학연구소나 중앙적성출판사의 경우 그들이 개발하거나 제작하여 판매하는 심리검사에 대하여 채점 프로그램을 개발해서 컴퓨터를 활용하여 채점하고 그 결과를 해석하고 있다. 이처럼 채점과 결과해석에 컴퓨터를 활용할 수 있는 심리검사의 수가 증가하고 있다.

5) 결과 해석

심리검사란 심리적 특성을 수량화하는 과정으로서 사실상 그것은 직접적인 측정이 불가능한 특성들이다. 예를 들면, 지능, 자아강도, 사회적응 등 추상적인 구성개념들이다. 따라서 이러한 심리적 특성들을 수량화하였다 하더라도 그 결과를 어떤 규준에 맞추어 어떻게 해석하느냐에 따라 전혀 다른 결론에 도달할 수 있다. 결과의 해석은 심리검사에 대하여 전문적인 지식을 가진 사람에 의해서 이루어지는 것이 안전하다. 그렇지 못할 때에는 적어도 해당 검사에 대해서만이라도 전문적인 지식을 가진 사람이 결과를 해석하는 것이 바람직하다. 심리검사의 결과는 그것 하나만을 독립적으로 떼어 놓고 해석하는 것은 무리가 있다. 물론 심리검사가 만들어지는 과정에서 신뢰롭고 타당한 검사도구라는 사실을 확인하지만 그 검사만을 가지고 인간을 이해하고 설명하려는 것은 위험하다. 인간을 이해하는 방법은 매우 다양하고 또한 인간은 그만큼 복잡하다. 심리검사의 결과는 인간의 한 부분만을 설명해 주는 것이고, 그 결과를 보다 바르고 정확하게 해석하기 위해서는 가능한대로 다른 검사들을 통하여 그 결과를 보완해야 하고, 뿐만 아니라 다양한 인간이해의 방법을 동원하여 그 결과를 지속적으로 보완해야 한다. 심리검사의 결과는 최대한 신중하게 이해하고 해석하는 것이 바람직하다.

검사의 결과에 의해서 피검사자를 낙인찍지 않도록 주의해야 한다. 예컨대, 성격검사의 경우 단지 이론적으로 가정된 특성을 측정할 뿐이지 실재로 존재하는 특성을 측정하는 것은 아니다. 따라서 검사결과를 해석할 때 단정적 표현을 삼가야 한다. 왜냐하면, 심리검사의 결과는 충분한 검토를 거쳤다 하더라도 때로는 현실이 아닌 하나의 가설일 수 있으며, 이러한 가설의 타당성에는 언제라도 의문이 제기될 수 있기 때문이다. 검사의 결과는 언제나 그 검사가 보유하는 규준에 따라서 해석해야 한다. 많은 경우 심리검사는 규준집단 내에서의 상대적인 위치를 나타내 주는 점수로 요약된다. 예컨대, 성격검사에서 내향성 점수가 높게 나왔다면, 그 높은 점수는 단지 동년배 집단의 수준에 의해서 결정된 상대적 위치의 점수인 것이다. 비교할 대상집단이 달라지면 그 점수는 의미를 상실하게 된다. 결국 하나의 심리검사 점수는 규준집단에 의해서 의미가 주어지는 것임을 명심해야 한다.

6) 상담과 교육에의 활용

심리검사 실시의 목적은 한 인간의 복잡한 심리적 세계를 이해하고 보다 건강하고 행복한 삶을 살아갈 수 있도록 돕기 위한 것이다. 심리검사를 통하여 한 인간이 더욱 불행해진다면 그것은 심리검사 본래의 목적에 위배된다고 말할 수 있다. 다시 말하면 심리검사는 피검사자를 돕기 위한 과정에서 시행되는 전문적 작업이므로 이러한 목적에만 한정하여 심리검사 결과가 사용되어야 한다. 심리검사의 결과는 한 인간을 이해할 때 대략적인 판단의 자료로 활용해야 하며, 절대적인 의미를 부여하는 것은 위험하다. 예컨대, 지능지수를 마치 불변하는 지적 능력을 나타내는 수치로 믿는다면 대단한 오류를 범하는 것이다. 과거 학교상황에서 지능검사의 결과를 맹신하여 교사들이 지능지수가 낮게 나온 학생들을 둔재인 양 취급했던 적이 있다. 물론 현재는 많은 교사들이 지능지수에 대한 이해의 정도가 깊어져서 과거처럼 이러한 오류를 범하지는 않는다. 그러나 다른 많은 심리검사들에 대한 이해가 충분하지 못하기 때문에 이와 흡사한 오류를 범할 가능성은 여전히 존재하고 있다. 검사의 결과는 학생들을 보다 잘 이해하고 그들로 하여금 학과 선택이나 직업 선택에 필요한 객관적인 자료를 얻을 수 있도록 활용되어야 한다.

다양한 검사결과를 통해 학생들은 자신이 미처 파악하지 못했거나 혹은 충분한 주의를 기울이지 않았던 자신의 새로운 능력을 발견할 수도 있다. 검사자는 심리검사시 학생들에게 이러한 가능성을 알려줌으로써 학생들 스스로 자신을 객관적으로 이해하려고 하는 동기를 더욱 높이고 따라서 보다 정확한 자료들을 얻도록 할 수 있다. 심리검사의 결과는 피검사자에게 도움이 되는 방향으로만 쓰이고 활동되어야 하며, 결코 타인에게 불필요하게 공개되어서는 안 된다. 만일 검사의 결과가 타인에게 공개되어 그것이 악용된다면 심리검사 본래의 목적에 위배될 뿐만 아니라 윤리적인 문제까지도 포함하게 된다. 어떠한 이유에서든지 심리검사의 결과는 피검사자 본인에게 불리하게 활용되어서는 안 된다. 교육의 장면에서 검사를 활용할 때 본래의 목적을 성공적으로 달성하기 위해서 지켜야 할 일반적 원칙들을 박성수(1998)는 다음의 몇 가지로 정리하여 제시하였다.

첫째, 검사는 전체 교육활동에 통합된 것이어야 한다. 검사는 그 자체로서도 의미를 지닐 수 있다. 그러나 그 결과가 다른 교육활동과 연계를 갖지 못한다면 그 의미는 반감될 수밖에 없다. 검사는 단순히 정보나 자료를 얻기 위한 수단이 아니라 궁극적으로 교육의 목적을 충실히 성취하기 위하여 피검사자들을 보다 잘 이해하기 위한 것이다. 검사를 통하여 피검사자들을 잘 이해하고 그들에게 필요한 것들을 파악함으로 통합되어야 하며, 교육적 목적이 아닌 곳에 활용되어서는 안 된다.

둘째, 검사활동은 검사를 실시하고 그것을 활용한 사람들, 즉 교사, 상담전문교사, 교장 등이 모두 협력하여 공동으로 계획하여야 한다. 검사의 선정, 검사의 실시, 검사결과의 해석이나 활용 등은 전문적 지식을 갖춘 전문가에 의해서 이루어져야 한다. 그러나 그들 뿐만 아니라 학교 관계자들에게 검사에 대한 이해를 증진하고 협력할 수 있도록 하는 것은 활용효과를 높이는 데 대단히 중요한 일이다.

셋째, 검사활동은 포괄적으로 이루어져야 한다. 특히 검사를 해석하고 그 결과를 실제 교육장면에서 활용하고자 할 경우에는 한 영역의 능력이나 특성을 이해하려고 하기보다는 다양한 방법과 과정을 통하여 학생의 전체적 행동을 포괄적으로 이해할 수 있도록 노력해야 한다.

넷째, 검사활동은 계속적으로 이루어져야 한다. 어느 한 시기에 실시한 검사는 그 당시의 피검사자의 특성과 상태를 설명해 준다. 그 결과를 다른 시기, 다른 상황에 적용할 때에는 무리가 있을 수 있다. 학생들의 성장과 발달을 바르게 이해하기 위해서는 어느 한 시기에 그치지 않고 지속적으로 검사를 실시해야 한다. 그렇게 할 때 한 개인의 행동을 장기적이고 폭넓은 시각에서 이해할 수 있을 것이다.

다섯째, 검사활동의 목표는 학생, 교사, 그리고 학부모 등 관련된 모든 사람들에게 바르게 인식되어야 한다. 피검사자가 검사를 통하여 무엇을 얻을 수 있는지, 어떤 도움을 받을 수 있는지 정확하게 인식할 때 검사에 응하는 자세가 보다 진지할 것이다. 검사자도 그 목표가 명확할 때 검사의 선택과 실시, 그리고 해석에 이르기까지 목표와 일관되게 활동을 수행할 것이다. 그리고 검사의 목표가 지니고 있는 교육적인 의도가 각자에게 명백하게 이해될 때 검사활동을 위한 협조가 원활하게 이루어질 수 있고, 또한 검사 결과도 교육적으로 해석되고 활용될 수 있다.

여섯째, 검사활동은 체계적으로 이루어져야 한다. 검사는 준비에서부터 검사실시, 결과 해석 및 교육적 활용에 이르기까지 전문가의 지휘 하에 체계적으로 이루어져야 한다. 검사활동은 전문적 활동이기 때문에 그 책임은 반드시 이에 관한 전문적 훈련을 받은 사람이 담당하여야 한다. 많은 사람을 필요로 하는 상황에서는 책임을 받은 전문가가 교사 혹은 도와줄 사람들을 충분히 교육시킨 후에 활용해야 한다. 심리검사는 검사자가 제공하는 상황에 의해서 영향을 받을 수 있기 때문에 가능한 검사자는 표준화된 환경을 제공해야 하며, 책임을 맡은 전문가는 이러한 점을 염두에 두어야 한다. 심리검사, 교육심리학 등에 대한 포괄적인 이해가 없이 검사 활동을 지휘하는 것은 위험하고 경우에 따라서는 해로운 결과를 초래할 수도 있다.

상담영역에서의 가장 기본적 쟁점 중의 하나는 치료관계에서의 상담자라는 인간의 중요성에 관한 것이다. 내담자들에게 자신을 정직하게 직시하며, 자신이 변하고자 하는 반향을 선택하라고 하기 때문에, 상담자 자신도 같은 방식으로 상담자 자신의 생활을 탐색해야 한다. 상담자는 자신에게 다음과 같은 질문으로 계속 자문해 보아야 한다. 자신만의 독특한 방식을 찾으려고 노력하는 사람에게 내가 무엇을 해줄 수 있는가? 내가 남에게 하라고 하는 바로 그 행동을 나는 내 자신의 생활에서 실천하고 있는가?

상담자는 광범위한 이론적·실제적 지식을 획득하고, 그 지식을 내담자를 위해 사용할 수도 있어야 한다. 따라서 상담자는 심리학의 이론에 정통하고, 진단이나 면접기술을 배웠다고 해서, 그것만으로 효과적인 조력자가 될 수 있다고 생각해서는 안 된다. 상담자가 내담자의 성장이나 변화를 촉진시키려고 하면, 먼저 상담자 자신이 자기의 선택이나 결정을 탐색하고, 자신이 자신의 성장 잠재력을 무시해 왔던 방식을 인식하기 위해서 노력하므로, 자기 자신의 생활에서 성장을 도모하려는 의지가 있어야 한다.

자신이 가르치는 방식과 조화를 이루는 생활을 하여, 내담자에게 적극적인 모델이 되려는 의지가 상담자를 치료적 인간으로 만드는 바로 그것이다.

기사거리

당신 아이 심리검사 믿을 만한가요?

초 · 중 · 고교에서는 다양한 심리검사를 시행하고, 그 자료를 바탕으로 진로 · 진학 상담을 한다. 〈시사IN〉은 학교에서 널리 쓰이는 심리검사에 심각한 오류가 있다는 제보를 받았다. 복수의 심리학 연구자가 '오류를 의심할 만한 수치'라고 지적했다.

초 · 중 · 고교에 재학 중인 자녀를 둔 학부모라면, 학년이 바뀔 때마다 자녀가 가져온 각종 검사용지를 본 경험이 있을 것이다. 학교 현장에서는 진로 · 적성 · 지능 등을 측정하는 다양한 심리검사를 시행하고, 그 자료를 바탕으로 진로와 진학 상담을 한다.

심리검사 자료에는 유용한 정보가 많이 담겨 있다. 변호사와 엔지니어 중에서 어떤 직업이 더 어울릴지, 수리능력과 언어능력 중 어떤 재능이 더 큰지, 인문계 · 자연계 · 예체능계 중 어떤 방향으로 진로를 잡는 것이 좋을지 등. 심지어 심리검사 결과가 학생의 진로에 영향을 끼치기도 한다.

신뢰할 만한 검사를 설계하는 일련의 과정을 '표준화'라고 부른다. 표준화를 위해서는 표본 집단을 대상으로 테스트용 심리검사를 실시해 설계 단계의 편향과 오류를 잡아내야 한다. 비용과 품이 많이 드는 작업이다.

표준화되지 않았다는 것은, 어디에 어떤 오류가 더 숨어 있을지, 검사 전체의 신뢰성을 판단할 수 없다는 뜻도 된다. "표준화가 되지 않은 심리검사를 출시한다는 건, 신약 개발로 치면 FDA(미국 식품의약국) 승인이 떨어지지 않은 약을 시중에 판 거나 마찬가지다."

[시사IN, 천관율 기자, yul@sisain.co.kr]

Chapter 07

아동정신건강 지도 (사례부분)

1 _ 공격적 행동을 하는 아동

2 _ 위축된 행동을 하는 아동

3 _ 틱장애를 보이는 아동

4 _ 신체장애를 가지고 있는 아동

5 _ 정서가 불안한 아동

6 _ 시설에 있는 아동

7 _ 자위행동을 하는 아동

8 _ 학대받은 아동

Chapter 07

아동정신건강 지도(사례부분)

1 공격적 행동을 하는 아동

1) 공격적 행동의 지도

아동들은 자신의 행동에 대해 인지하는 수준이 성인의 수준과 다르다. 공격적 행동을 함에 따른 타인에 대한 배려나 자신의 감정조절하는 방법이 미숙하고 그 행동을 잊어버리는 경우가 대부분이다. 아동들의 공격적 행동을 지도할 때에는 공격행동이 일어나고 즉시 하는 것이 효과적이다. 그러나 아동이 다른 또래들이 지켜보는 가운데 지도를 받는 것보다 개별적인 지도가 더욱 효과적일 수가 있다. 공격적인 행동을 보이는 아동을 지도할 때 유의해야 할 점은 아래와 같다.

① 아동의 행동 이해하기
② 아동의 기질 이해하기
③ 환경의 재구성
④ 모델링 역할
⑤ 관심 가져주기
⑥ 기타

2) 사 례

민수는 7세 남아로 유치원에서 친구들과 심할 정도로 많이 싸움을 하고, 조금만 자신의 물건을 만지거나 혹은 자신이 좋아하는 물건을 친구가 가지고 놀기라도 하면 달려가 친구를 발로 차거나 얼굴을 치고 심지어 물어서 친구를 크게 다치게 하였다. 선생님의 보고에 의하면, 민수의 갑작스러운 행동으로 수업의 진행이 어려우며 잠시라도 고개를 돌리면 친구를 괴롭히고 있어서 부모들의 항의도 많다고 한다. 민수를 위해 선생님이 옆에서 다독여 주고 과자를 주거나 관심을 더 주기도 하였지만, 오히려 그것이 더 역효과였다고 한다. 부모님도 민수의 이러한 행동을 고칠 수가 없다고 하였다.

상담 결과 민수의 부모님은 맞벌이 부부로 갓난아기였을 때부터 친조부모의 손에 의해 키워졌고, 늘 부모의 얼굴은 저녁에 잠시 보거나 거의 못보는 경우가 많았다고 한다. 한번은 밥을 잘못 먹고 얹혀서 병원에 입원을 하였는데 그 이후로 아이가 사나워졌다고 한다. 아동의 심리검사와 부모와의 면담으로 아동은 부모의 관심을 필요로 하였고, 부모는 민수에 대해 아동을 돌보지 못한 심리적 부담으로 인해 아동이 원하는 일이나 물건을 쉽게 주었다고 보고되었다. 아동이 떼를 쓸 때면 늘 민수가 원하는대로 해주었다고 보고되었다.

민수에게는 테라플레이 치료활동이 전개되었다. 민수의 과잉적인 행동을 통제하고 자신의 행동을 스스로 조절할 수 있는 구조화 활동과 어머니와의 애착경험의 부재로 인한 심리적 불안감을 안정시켜주기 위해 양육활동을 중심으로 총 12회기가 이루어졌으며, 매 회기마다 가정에서도 민수의 행동에 관심을 가지고 또한 규칙적인 아동의 행동의 조절을 위해 어머니와의 상담이 이루어졌다.

2 위축된 행동을 하는 아동

1) 위축된 행동을 하는 아동의 지도

아동이 자신감을 가지고 행동할 수 있도록 지도하여야 한다. 부모나 교사는 아동의 발달적 특성을 고려하여 아동의 수준에 맞는 행동을 기대하고 강화를 주어야 한다. 자신감을 가지고 행동하기 위해서는 자신이 소중한 존재임을 먼저 알도록 하여야 하는데, 항상 아동에게 관심을 가지고 있다는 표현을 해주고 격려를 해주어야 한다. 아동의 행동이 제한이 되어 있는 경우, 신체적 미숙으로 인해 위축행동이 일어날 수 있으므로 아동의 신체발달을 고려한 영양상태와 건강상태를 체크할 필요가 있다.

2) 사 례

정원이는 아주 작은 아이였다. 또래들에 비해 아주 작은 키와 체구, 심지어 말소리 조차도 들리지 않을 정도로 아주 작은 엄지공주 같은 아동이었다. 반면에 정원이의 어머니는 보통보다 큰 체구에 목소리, 정언이가 뒤에 숨으면 머리카락도 보이지 않을 정도였다. 정원이의 인지수준은 보통수준이었으나 행동수준은 자신의 나이인 8세에 비해 훨씬 더 미숙하였다.

정원이의 어머니는 상담과정에서 담임선생님의 권유로 오기는 했으나 자신의 아이가 왜 상담을 받아야 되는지 모르겠다며 상담을 재촉하였다.

상담결과 정원이의 신체적 미숙은 음식을 잘 먹지 못하였는데, 심리적으로 불안하고 이의 상태도 좋지 않아 보여 먼저 어머니께 아동의 이치료를 의뢰하였다. 치료는 정원이가 마음속에 담고 있는 모든 것들을 해소시킬 수 있도록 놀이치료를 실시하였으며 상담과정에서 정원이가 어머니에 대해 큰 두려움을 가지고 있었다. 너무도 큰 어머니 앞에서 계속 작아졌던 정원이는 가정에서의 아버지 모습처럼 점점 작아졌던 것이었다. 그림을 그리면 항상 어머니를 먼저 그리고, 아버지와 자신을 같은 크기의 작은 모습으로 구석진 곳에 보이지 않을 정도로 그렸던 정원이가 치과를 다니면서 음식을 잘 먹게 되고 놀이치료를 진행하면서 감추어졌던 자신의 고민과 불안을 해소시키면서 그림의 크기가 아버지와 어머니가 같은 크기로 변화하고 자신의 모습도 점점 중앙으로 나오면서 "선생님, 저 이번 주 일요일에는 아빠가 함께 놀아준데요"라고 아주 자랑스럽게 이야기를 하였으며, 학교에서도 친구들 사이에서 인기있는 친구가 되었다고 보고되었다.

3 틱장애를 보이는 아동

1) 틱장애를 보이는 아동의 행동지도

일반적으로 불안하거나 주변 환경이 변화하게 되면 행동에 있어 여러 가지 증상으로 나타나게 된다. 대부분의 틱행동은 그러한 원인에 의해 일어나는 경우가 대부분이며 틱행동에 대한 지적을 하거나 행동을 수정하기 위해 계속적인 반응을 보이는 것은 오히려 그 행동을 자극시킬 수 있다. 따라서 아동이 틱행동을 보일 때 그 행동에 관심을 두지 않거나 아동의 관심을 다른 쪽으로 유도하도록 지도하여야 한다. 아동이 가진 유전적인 원인으로 인하여 틱현상을 보일 수 있으므로 병원에서 전문적인 검사가 요구되며, 이 때에는 약물이나 기타 치료가 병행하여 이루어질 수 있다.

2) 사 례

호철이는 7세로 반복적인 눈깜빡 현상으로 일상생활에 있어 뾰족하거나 튀어나온 부분을 보면 눈이 아프다고 호소하고, 아파트에서 떨어지면 어떤 기분일까 하면서 할머니에게 묻는 과정에서 문제의 심각성을 인지하고 상담을 의뢰하게 되었다. 초기 상담에서 주양육자인 할머니와 어머니가 함께 내원하였으며 할머니의 양육방식과 어머니의 양육방식에는 차이가 있었다. 호철이는 부모의 경제적인 상황으로 인해 조부모와 부모가 함께 올해부터 생활하게 되었으며 어머니는 아동에 대해 지나친 기대를 하고 있었다. 초기 면담과 그림검사로 아동은 자신에 대한 존재감이 낮고 자아감은 높게 나타났다. 어머니는 아동에게 아주 엄격하고, 반면에 조부모는 아동에게 지나치게 호의적인 태도를 보였다. 검사결과 아동은 시력에 문제가 있었으며 병원에서 치료를 받으면서 바늘에 대한 두려움이 있었다.

아동이 반복적인 눈깜빡 현상을 의식하지 않도록 치료활동을 동적인 활동으로 전개하였다. 아동의 관심을 활동에 집중하도록 활동이 이루어지자 활동시간에 틱현상이 없었다. 그리고 아동에게 활동을 제시할 때 아동의 수준보다 낮게 제시를 하여 아동이 자신감을 가지도록 하였고 점차 아동의 수준에 적합한 활동을 전개하였다. 또래관계에 대해서도 방과후 축구모임을 만들어 활동을 하게 하였다. 그 결과 날아오는 공에 대한 두려움이 사라지고 틱현상이 줄었다고 모(母)가 전달하였다. 할머니와 어머니가 아동에게 일관성 있는 양육태도를 제공하도록 부모교육이 이루어졌고 아버지도 회기에 참여하였다. 아버지는 부모교육 후로 아동과 함께 놀아주고 아동의 발달적 특성에 관심을 가지게 되었다고 보고되었다.

4 신체장애를 가지고 있는 아동

1) 신체장애를 가지고 있는 아동의 지도

신체장애를 가지고 있는 아동들은 자신의 행동을 스스로 조절하거나 규제하는 능력이 부족하여 또래와 상호작용하는 데 어려움을 겪을 수 있다. 이들에게는 자신의 행동을 스스로 조절할 수 있는 능력을 부여하는 것과 자신감을 가질 수 있도록 지도하는 것, 함께 또래들이 이들의 행동을 이해하고 함께 생활할 수 있는 활동들이 전개되어져야 한다. 신체적 장애를 가지고 있는 아동들이 인지적인 특성이 또래 아동들과 같을 수도 있고, 혹은 중복적인 장애로 인해 다른 발달적 특성에 있어 차이가 있을 수 있다. 부모와 교사는 이러한 아동의 개인적인 발달적 특성을 고려하여 개인에 적합한 교육적 지도가 이루어져야 한다. 그리고 부모교육을 실시하여 장애를 가지고 있는 아동에 대한 특성을 부모들에게 알려 아동들이 장애아동에 대한 이해가 이루어지고 모방활동이 이루어지지 않도록 하여야 한다.

2) 사 례

민칠이는 선척적인 소아마비로 인하여 걸음걸이에 있어 일반아동과 차이를 보였다. 그러한 이유로 유치원에서 또래들이 민철이의 행동을 모방하게 되었고 함께 하는 놀이에 참여를 하지 못하여 유치원에 가기 싫어하며 가정에서는 공격적인 행동을 보였다. 어머니는 아동이 일반 아동과 함께 어울리게 하기 위해 아동이 원하는 것은 대부분을 들어주었다고 하였다. 민철이는 집에서는 난폭꾼이었으나 유치원에서는 구석에서 친구들과 어울리지 못하고 구경만 하였다고 교사가 전했다. 또래들이 아동의 걸음걸이를 놀리면서 아동의 행동은 점점 더 거칠어졌다고 한다.

민철이에게는 신체적인 결함을 인정할 수 있도록 자신의 신체적 특성을 이해하는 활동을 중점으로 활동이 전개되었다. 초기에는 자신의 신체에 대한 자긍심을 가질 수 있도록 신체에 대한 개입활동이, 중기에는 아동의 신체부분을 이용한 도전적인 활동이, 그리고 종결에서는 자신의 신체를 조절하면서 활동을 즐길 수 있는 활동이 제공되었다. 더불어서 부모교육을 통해 어머니에게 유치원의 교사와 함께 다른 아동들의 부모와 함께 부모교육 시간을 통하여 민철이의 특성에 대해 알리고, 다른 또래들이 함께 어울려서 활동할 수 있는 프로그램을 전개할 수 있도록 하였다. 부모는 아동의 한계를 인정해야 한다. 이러한 부모역할 훈련 프로그램도 함께 제공되어 현재 민철이는 놀이터에서 친구들과 함께 느리지만 즐거운 신체활동을 한다고 보고되었다.

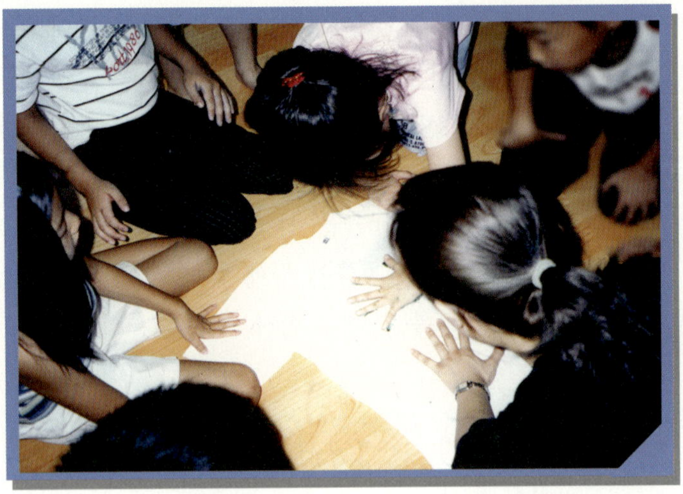

5 정서가 불안한 아동

1) 정서가 불안한 아동의 지도

정서가 불안한 아동에게는 먼저 심리적인 안정을 가질 수 있도록 배려를 하여야 한다. 아동의 불안을 인정하여 주고 긍정적인 태도로 대해 주어야 한다. 부모의 지나친 기대에 부응하지 못하여 아동이 불안한 마음을 나타낼 수도 있다. 이에 부모나 교사는 아동의 기대행동에 적합한 과제를 제시하도록 하여야 하고, 비록 실패하더라도 격려를 해주어 아동이 위축감을 느끼지 않도록 하여야 한다. 아동의 행동에 민감한 반응을 보여주고 긍정적인 강화를 주어 아동이 긍정적인 사고를 지닐 수 있도록 지도하여야 한다. 아동의 정서를 불안하게 하는 심리적이고 환경적인 요인이 있다면 그 원인을 찾아내어 지도해야 한다. 부모와 교사의 지속적인 관심과 배려, 그리고 긍정적이고 인정해주는 언어적·신체적 보상으로 격려해주어야 한다.

2) 사 례

경미는 유치원을 졸업하면서 교사와의 분리를 어려워하면서 초등학교에 와서는 어머니와의 분리를 불안해하면서 등교거부가 일어난 경우이다. 혼자있는 것을 극도로 싫어하고 동생과 갈등관계에 있으며 순종적인 경향이 있으나 남동생과의 관계에서는 적대감이 강했다. 상담결과 어머니는 아동의 출산으로 자신의 활동에 지장을 준다고 생각하여 짜증이 많이 났고, 아동을 3세 경부터 구타를 하였다고 하였다. 또한 아동이 혼자 집에 있는 경우가 많았다고 보고되었다.

경미는 분리불안이 있는 것으로 간주되고 부모로부터의 배척이 오래되어 타인에 대한 불신이 형성되었으며, 이로 인해 유치원 교사와의 애착관계가 이루어졌고 그 분리가 불안한 증세로 보였다. 엄격한 어머니에 대해 순종적인 행동이 이루어졌으며 경미의 자아감은 아주 낮게 측정이 되었다.

경미에게는 어머니의 심리적 불안정과 욕구불만의 원인을 탐색하고 자각할 수 있도록 도와주는 것이 필요하며, 아동에게도 신뢰감을 형성할 수 있는 억압된 정서표현을 도와줄 수 있는 놀이치료가 진행되었다.

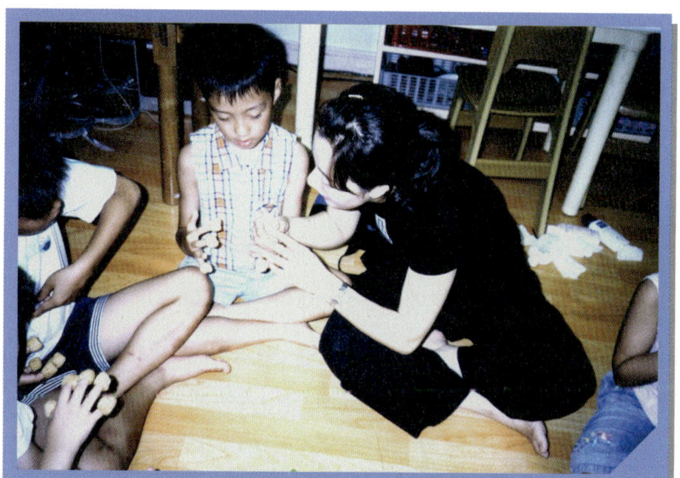

6 시설에 있는 아동

1) 시설에 있는 아동의 지도

시설에 있는 아동들은 또래들과 잘 어울리지 못한다. 특히 자신의 환경이 또래들과 다르다는 것을 인지하면서 자신의 상황을 직시하지 못하고 왜곡하며 이를 부정적인 활동으로 전개한다. 시설에 있는 아동들은 집단생활로 인해 자신이 하고자 하는 행동에 제약이 많으며 창조적인 활동에도 제한을 받게 된다. 이들에게 강한 규제는 더 힘든 상황을 불러일으킬 수 있다. 따라서 시설에 있는 아동들을 지도할 때에는 이러한 환경을 고려하여 아동들이 자신의 행동과 사고를 자유롭게 할 수 있도록 배려하는 지도가 필요하다.

2) 사 례

ㅎ재단에 있는 아동들은 다양한 배경으로 시설에 입소가 되었다. 처음 만나던 날 아동들은 치료자에게 돌을 던지고 외면하며 활동을 할 때에도 그들 집단 내의 한 아동의 눈치를 보면서 활동을 하였다. 아동들이 활동을 할 때 제약을 많이 받는 것이 공간과 복장이었다. 집단으로 활동이 전개되었기 때문에 보다 넓은 공간으로 이동하였고 함께 청소하는 과정에서 아동들의 집단 응집력이 증가하였다. 아동들이 자존감이 낮고 자신감이 없으며 타인에 대한 배려가 부족한 면을 중점으로 활동을 전개하였다. 먼저 신체에 대한 자존감을 높이기 위해 아동과 신체활동을 많이 하였으며 활동에 대해 강화를 적극적으로 부여하였다. 자신이 소중하고 가치있는 아동임을 알려주기 위해 한 명씩 돌아가면서 칭찬릴레이 활동을 하였는데, 아동들에게 폭발적인 인기를 얻었으며 활동이 끝난 후에도 칭찬릴레이가 진행되었다. 아동들의 웃음소리가 커지고 눈치를 보는 활동이 눈에 띄게 감소하였다. 좁은 공간에서 활동에 제약을 많이 받는 것을 감안하여 바깥활동과 자신의 움직임을 조절하고 다양한 구조적이고 도전적인 활동을 전개하였다. 활동을 통해서 아동들 간 서열이 무너지고

서로에 대한 신뢰 뿐 아니라 치료자와의 관계도 증가되었다. 활동이 끝난 후 치료자가 모퉁이를 돌아갈 때까지 손을 흔들기도 하였으며 활동이 시작되는 시간에 미리 밖으로 나와 기다리기도 하였다.

7 자위행동을 하는 아동

1) 자위행동을 하는 아동의 지도

자위행농은 아동들에게 자연스럽게 일어날 수 있는 행동으로 아동이 수치스러움을 느낄 정도로 야단을 치거나 죄책감을 느끼게 해서는 안 된다. 많은 부모들과 교사들은 아동의 자위행동을 목격하고 어떻게 지도하여야 하는지에 대해 혼란을 가지고 있다. 이 때에는 아동의 관심을 다른 곳으로 전환시킬 수 있노록 활농을 제공하여 주거나 올바른 성교육을 통해 아동의 신체의 중요성을 지도하여야 한다. 많은 부모와 교사들이 올바른 성교육을 제시하여 주지 못하고 아동들이 성에 대한 질문을 할 때에도 지지적인 해답을 제시해주지 못하고 있다. 아동들이 속옷을 입은 부분은 소중하며 다른 사람이 만져서도 보아서도 안 되는 소중한 곳임을 알려주어야 한다. 아동이 자신의 행동이 나쁜 것이 아니라 자연스러운 것이며, 그러나 나쁜 병균이 몸을 아프게 할 수 있다고 지도하여야 한다.

2) 사 례

민경이는 유치원에서 교사에 의해 잦은 자위행동이 목격되어 의뢰되었다. 아동의 부모도 아동의 자위행동을 목격하고 심하게 야단쳤다고 한다. 그래서 아동의 자위행동이 없어졌다고 부모는 생각하였으나 실제 아동은 부모가 보지 않는 유치원이나 구석에서 지속적으로 자위행동을 하다가 교사에게 발견된 것이었다.

아동이 받은 죄책감을 감소시켜 주기 위해 좋은 느낌과 싫은 느낌에 대해 알려주었다. 그리고 아동의 관심을 다른 외부로 전환시켜 주기 위해 아동이 좋아하는 다른 활동을 전개하였다. 신체적 에너지를 많이 사용하게 하여 아동의 성기에 대한 관심을 줄였으며, 혹시 아동의 자위행동이 목격되더라도 지나친 관심을 주지 않도록 부모교육이 진행되었다. 유치원에서도 교사가 아동이 활동에 전념할 수 있도록 앞자리에 앉도록 배려해 주었고, 성교육시간을 통해 신체의 중요성에 대해 지도하도록 부탁하였다. 이 후 아동의 자위행동은 감소하였고 또래들과의 상호작용이 증진되었다고 보고되었다.

8 학대받은 아동

1) 학대받은 아동들의 지도

먼저 학대받은 아동들은 자신이 학대받았다고 말을 하지 않을 뿐 아니라 계속적인 학대에 대한 우려로 숨기는 경우가 많다. 이에 교사나 주변 사람들은 아동의 행동이 평소와 다르거나 행동에 있어 제약이 있을 경우 민감하게 살펴보아야 한다. 학대받은 아동들은 자존감이 낮고 위축되어 있으며 타인에 대한 경계심이 높아 사회적 관계를 형성하는 데 어려움을 겪게 된다. 이에 학대받은 사실이 있다면 아동이 그 사실을 알리도록 하여야 한다. 자신의 몸은 스스로 지킬 수 있어야 한다고 지도되어져야 한다. 중요한 것은 학대받은 아동들이 자신이 받은 학대를 다음 세대 혹은 타인에게 행하지 않도록 자신의 불쾌한 감정들을 해소시켜 주어야 한다는 것이다.

2) 사 례

나라는 아버지로부터 계속적인 신체적 학대와 언어적·정서적 학대로 자존감이 낮고, 가족화 그림에서는 아버지를 빼고 그림을 그렸으며 인지적인 수준도 또래에 비해 낮아 있었다. 아동의 얼굴에 신나를 뿌리면서 아동은 급작스러운 정서적 문제를 일으켰으며 아버지로부터 격리되어 어머니와 동생과 함께 생활하고 있었다. 아동은 자신이 쓸데없고 귀찮은 아이라고 낙인찍고 있었다. 그리고 동생 또한 문제가 심각하였다. 자신의 행동을 조절하지 못하고 타인에게 공격적이거나 방해를 주고도 죄책감을 느끼지 못하였다. 유치원도 자주 결석하고 냄새가 나는 옷을 입고 있었으며 손과 발이 청결하지 못하였다. 초기활동에서는 아동이 자존감을 회복할 수 있는 활동을 전개하였는데, 아동은 자신의 신체에 대해 언급할 때에 "저는 못생겼어요", "친구들이 싫어해요"라는 말을 많이 사용했다. 중기활동에는 아동이 긍정적인 타인인식이 이루어지도록 지도하였다. 신체에 대한 언급에서는 "선생님, 저 알통 나왔어요, 보랠요?"라고 하며 자신의 팔을 보여 주었으며, 거울을 보고 "선생님, 저 정말 이뻐요?"라고 묻기도 하였다. 종결활동으로 어머니와 동생이 활동에 함께 참여하여 애착관계를 증진시켰다. 그리고 유치원에서 교사가 아동에게 관심을 가지고 긍정적인 보상이 이루어질 수 있도록 배려가 이루어졌다. 아동의 어둡고 처져있던 어깨가 밝은 얼굴과 활발한 또래활동으로 이루어졌고, 동생과의 관계에서도 서로 의지하고 도움을 청할 수 있도록 지도하였다. 그리고 어머니의 적극적인 아동들에 대한 관심이 이루어지도록 정기적인 부모교육이 실시되도록 유치원에 의뢰하였다.

기사거리

소풍과 나들이 많은 요즘, ADHD 아이의 부모 더욱 주의해야

건강보험공단이 밝힌 자료에 따르면 2013년 ADHD 환자는 총 5만 8천121명으로, 이중 10대 미만은 1만 6천679명, 10대 환자는 3만 8천307명으로 전체의 90%가 넘는 비중을 차지했다.

특히 눈에 띄는 것은 10대 이하의 남자 환자 수다. 10대 미만과 10대 남자 환자수만 더한 결과 85%가 넘는 4만 4천351명으로 집계됐다.

ADHD 증상은 주로 유아기부터 아동기에 많이 나타나는 추세로 크게 주의력 결핍, 과잉행동, 충동성을 보인다. ADHD는 특히 초등학교 입학 시에 과잉행동이 드러나는데 고학년이 될수록 과잉행동은 점차 사라지는 편이지만 주의력 결핍이나 충동성의 문제로 남아 조용한 ADHD로 진행되는 경우도 많다.

ADHD 자가진단은 아이가 수업시간에 집중력 문제로 선생님에게 지적 받는 일이 자주 있을 때, 상황에 맞지 않게 과도하게 흥분할 때, 조용히 참여하는 놀이나 시간에 어려움을 느낄 때, 말이 너무 많을 때, 자신의 물건들을 자주 잃어버릴 때, 외부 소리와 자극에 산만해질 때, 주변 사람의 일을 방해하거나 간섭할 때로 진단해 볼 수 있다.

ADHD의 원인은 두뇌의 전면에 위치한 전전두엽과 관련이 깊다. 전두엽에서 운동과 관련된 부위를 제외한 나머지 부위를 전전두엽이라고 하는데 이 부위는 두뇌 중의 두뇌로써 특히 앞쪽 이마에 해당하는 배외측 전전두피질은 계획을 세우고 스스로 동기를 부여하는 곳이다.

이러한 전전두엽의 발달은 경험, 정서, 정보, 운동, 영양 등 다양한 요소에 의해 좌우되는데, ADHD 증상이 나타나는 아이들에게는 일관된 피드백, 즉 부모의 이성적인 훈육이 필요하다.

ADHD 동반 증상으로 40프로 이상이 강박장애와 학습장애가 나타나고, 30프로는 우울증, 불안장애, 20프로는 틱장애 등 이상 운동패턴이 나타나기 때문에 부모의 세심한 관찰과 양육이 치료시 절대적이다.

한편 목동 000한의원은 부모상담과 미술놀이 심리치료를 통해 엄마의 마음과 아이의 정서적, 행동적 문제를 안정감, 성취감, 자존감에서 찾을 수 있도록 전문 상담사가 개인의 성격과 상황을 파악하여 맞춤 상담치료를 진행한다.

[한국경제TV, 윤지연 객원기자, beauty@beautyhankook.com]

참고문헌 Reference

강봉규(1992), 교육심리학, 서울 : 형설출판사.

______(2000), 심리검사의 이론과 기법, 서울 : 동문사.

고려대학교 부설 행동과학연구소(2000), 심리척도 핸드북, 서울 : 학지사.

고미영(2004), 이야기치료와 이야기사례, 청록출판사.

곽효정(2002), 아동의 자아존중감과 사회성 향상을 위한 미술치료 효과에 대한 사례연구, 한남대학교 교육대학원 석사학위논문.

국립교육평가원(1997), 유치원교육 수행평가의 이론과 실제, 서울 : 국립교육평가원.

김경희(1990), 아동정신병리학, 서울 : 학문사.

김계현(1998), 상담심리학, 서울 : 학지사.

김계현 · 김동일 · 김봉환 · 김창대 · 김혜숙 · 남상인 · 조익환(2000), 학교상담과 생활지도, 서울 : 학지사.

김동일(2003), 특수아동상담, 서울 : 학지사.

김순혜(2004), 현대아동상담, 서울 : 학지사.

김영숙 · 이재연(1998), 아동을 위한 상담이론과 방법, 서울 : 교육과학사.

김유숙(2000), 가족상담, 서울 : 학지사.

김윤옥 외(2006), 아동상담론, 서울 : 형설출판사.

김윤옥(2003), 특수아동상담입문, 문음사.

김재은(1993), 유아 문제행동의 특징과 지도방법, 서울 : 국민서관.

______(1988), 아동의 심리요법, 서울 : 배영사.

______(1989), 인물화에 의한 간편지능검사, 서울 : 교육과학사.

김청자(2006), 아동상담심리, 서울 : 태영출판사.

김춘경(2004), 아동상담이론과 실제, 서울 : 학지사.

김춘옥(2006), 아들러 아동상담, 서울 : 학지사.

김충기 외(2002), 현대상담이론과 실제.

김충기(2000), 진로교육과 진로상담, 서울 : 동문사.

김태련 외(2005), 테라플레이 놀이치료, 서울 : 학지사.

김태호(1991), "외국상담이론과 연구결과의 한국사회에서의 적용". 대학상담연구, 제2권 1호, 29-38.

김현희 외(2003), 독서치료의 실제, 서울 : 학지사.

김희경 · 이정숙(1993), 문제아 임상심리학, 서울 : 교문사.

노안영 역(1996), 펄스의 게슈탈트적 자기치료, 서울 : 학지사.

민영순(1984), 상담심리학 신론, 서울 : 숙명여자대학 문과대학.

박경애(1997), 인지 · 정서 · 행동치료, 서울 : 학지사.

박성수(1985), 생활지도, 서울 : 정민사.

______(1991), 유아의 행동지도, 서울 : 계몽사.

박성연 · 이숙 편역(1997), 아동지도, 서울 : 중앙적성출판사.

박재황(1990), "Relationship of culture and attributional style to anticipations about counseling". 대학상담연구, 제1권 제1호, 89-103.

서봉연 외(1985), 한국판 PTI 실시요강, 서울 : 중앙적성출판사.

성영혜(2000), 치료놀이, 서울 :형설출판사.

송영혜 역(1997), 놀이치료 원리, 대구 : 대구대학교 출판부.

안영진(2000), 신 유아발달 총서, 서울 : 도서출판 정일.

______(2000), 아동심리의 발달과 이해, 서울 : 도서출판 정일.

유미숙 지음(1999), 놀이치료이론과 실제, 상조사.

이근후 역(1988), 가족상담의 이론과 실제, 서울 : 삼일당.

이숙 외(2004), 아동상담, 서울 : 양서원.

이장호(1982), 상담심리학 입문, 서울 : 박영사.

______(1991), 상담심리학 입문, 서울 : 박영사.

______(1995), 상담면접의 기초, 서울 : 중앙적성출판사.

이재연 · 서영숙 · 이명조(1990), 아동상담과 치료, 서울 : 양서원.

이재연 · 이옥 역(1993), 아동문제 - 사례와 분석, 서울 : 교육과학사.

이형득 외(1990), 상담의 이론적 접근, 서울 : 형설출판사.

장선철 외(2000), 유아생활지도, 서울 : 동문사.

장선철(1995), 유아부적응 행동의 이해와 지도, 서울 : 창지사.

______(1997), 특수교육, 서울 : 동문사.

______(2005), 특수아동상담, 서울 : 태영출판사.

전국대학카운슬러협의회(1990), 상담의 이론과 실제, 서울 : 중앙적성출판사.

정보인(1997), 행동수정을 통한 어린이 문제행동지도, 서울 : 중앙적성출판사.

정원식 · 박성수(1978), 카운슬링의 원리, 서울 : 교학도서.

최경숙 · 신현옥 편역(1987), 아동행동지도, 서울 : 교문사.

탁진국(1998), 심리검사, 서울 : 학지사.

한국 교육학 연구사 편찬위(1973), 한국 교육학 연구사(1945-1972). 한국교육학회, pp. 107-115.

한국대학상담학회편(1993), 상담의 이론과 실제, 서울 : 중앙적성출판사.
한국미술치료학회(1994), 미술치료의 이론과 실제, 대구 : 동아문화사.
한국카운슬러협회(1985), 변천하는 사회 성장하는 청소년, pp. 91-97.
현정환(2003), 아동문제행동의 이해와 지도, 서울 : 창지사.
현정환 · 후쿠시아 오사미 공저(2002), 상담이론 그리고 연습, 서울 : 창지사.
홍강의(1982), "유아자폐증과 아동기 전반적 발달장애아의 치료". 정신의학보, Vol. 6, No. 9.
_____(2005), 소아정신의학, 서울 : 중앙문화사.
황영숙(2002), 아동중심 놀이치료, 서울 : 창지사.

Abe, J. S. & Zanc, N. W.(1990). *Psychological maladjustment among asian and white American college students : Counseling for confounds*. Journal of Counseling Psychology, 37, 437-444.
Achenbach, T. M.(1974). *Developmental psychopatholohy*. New York : Ronald Press.
Allan, J.(1988). *Inscapes of the child's world*. Dallas, TX : Spring Publishing.
Allen, F.(1934). *Theraputic work with children*. American Journal of Orthopsychiatry, 4, 193-202.
______(1942). *Psychotherapy with children*. New York : Norton.
American association for counseling and development(1988). *Ethical standards (rev. ed)*. Alexandria, V.A. : Author.
American Psychiatric Association(1994). *Diagnostic and statistical manual of mental disorders(Forth edition-revised)*. Washington, D.C. : The American Psychiatirc Association.
American psychological Association(1981). *Ethical principles of psychologists (rev. ed.)*. Washington, D.C. : Author.
Ann M. Jernberg(1999). *Theraplay*. California : Jossey-Bass Inc.
Aponte, H. J. & WINTER, J. E(1987). *The person and practice of the therapist : Treatment and training*. In M. Baldwin & V. Satir(Eds). The use of self in therapy(pp. 85-112). New York : Haworth Press.
Asher, S. R., and Gottman, J. M.(1981). *The Development of Children's Friend-ship*, Cambridge University Press.

Atkinson, D. R. & Gin, R. H.(1989). *Asian-American cultural identity and attitudes toward mental health services*, Journal of Counseling Psychology, 36, 209~211.

Atkinson, D. R., Morten, G., & SUE, D. W.(Eds.)(1989). *Counseling American minorities : A cross-cultural perspective(3rd ed.)*. Dubuque, I.A. : William C. Brown.

Axline, V. M.(1947). *Play Therapy*, Boston : Houghton Mifflin Co.

____________.(1947). *Nondirective play therapy for poor readers*. Journal of Consulting psychology, 11, 61-69.

____________.(1966). *Play therapy procedures and results*. American Journal of Orthopsychiatry, 25, 618-626.

Axline, V.(1969). *Play therapy*. Boston : Hough-Mifflin.

Baldwin, D. C., Jr(1987). *Some philosophical and psychological contributions to the use of self in therapy*. In M. Baldwin & V. Satir(Eds.), the use of self in therapy(pp. 27-44). New York : Haworth Press.

Baldwin, M.(1987). *An interview with Carl Rogers on the use of self in therapy*. In M. Baldwin & V. Sair(Eds.), The use of self in therapy(pp. 45-52). New York : Haworth Press.

Baldwin, M., & Sair, V.(Eds.)(1987), *The use of self in therapy*. New York : Haworth Press.

Bandura, A.(1977). *Social Learning Theory*. Englewood Cliffs, N. J: Prentice-Hall.

Bates, C. M., & brodsky, A. M.(1989). *Sex in the therapy hour*. New York : Guilford Press.

Bauth, L. G., & Robinson, E. H., III(1987). *An introduction to the counseling profession*. Englewood Cliffs. M. J. : Prentice-Hall.

Bellak, L.(1971). *The Thematic Apperception Test and The Children's Apperception Test in Clinical Use*, New York : Grune and Statton.

Benesch, K. F., & Ponterotto, J. G.(1989). *East and West : Transpersonal psychology and cross-cultural counseling*. Counseling and Values, 33, 178-181.

Berg, B.(1982). *The chinging family game*. Dayton, OH : University of Dayton Press.

Brammer, L. M., & Schostrom, E. L.(1977). *Therapeutic Psychology-Fundamentals of Counseling and Psychotherapy*, 3rd ed., New Jersey Prentice-Hall Inc.

Brammer, L. M., & Schostrom, G. H.(1977). *Theories of counseling(3rd ed.)*. Englewood Cliffs, N. J. : Prentice-Hall.

Brown, Duane., Books, L.(1991). *Career Counseling Techniques*, Boston ; Allyn and Bacon.

Bugental, J. F. T.(1987). *The art of the psychotherapist*. New York : Norton.

Burks, H. M. & Stefflre, B(1979). *Theories of counseling(3rd ed.)*. New York : Mcgraw-Hill.

Burks, H.(1978). *Imagine*. Huntington Beach, C. A. : Arden.

Campell, M. B.(1968). *Neurological allergy*. Review of allergy, 22, 80-89.

Casas, J. M.(1986). *Falling short of meeting the counseling needs of racialethnic minorities* : The status of ethical and accreditation guidelines. Unpublished manuscripy, University of California at Santa Barbara.

CHARLES L, THOMPSON 외(2003) 천성문 외 옮김, 아동상담의 이론과 실제.

Clark, M. M.(1986). *Personal therapy : A review of empirical research*. Professional Psychology : Research and Practice, 7, 541-543.

Creative Health Services(1983). *The Self-Esteen Game*. South Bend, IN : Csikszentmihalyi, M.(1976). What the play says about behavior. Ontario Psychologist, 8, 5-11.

Davison, G. C. and Neale, J. M.(1978). *Abnormal Psychology, 2nd ed.*, New York : John Wiley and Sons Inc).

Erickson E.(1964). *Childhood and society, 2nd ed.* New York : Norton.

Esman, A.(1983). *Psychoanalitic play therapy*. In C. E. Schefer & K. J. O'Connor(Eds.), Handbook of play therapy 21-64. New York : Wiley.

Evangeline Munns(2000). *Theraplay*. NJ : Book-mart Press.

Freud, A.(1946). *The psychoanalytic treatment of children*. London : Imago.

________.(1965). *The psychoanalytical treatment of children*. New York : International Universities Press.

Freud, A.(1968). *Indication and contraindiactions for the Child analysis*. Psychoanalytics Study of child, 23, 37-46.

Gardner, R. A.(1973). *The talking, feeling, doing game*. Cresskill, N. J. : Creative Therapeutics.

____________.(1979). *Mutual storytelling technique*. In C. Schaefer(Ed.). The Therapeutic Use of Child s Play, Northvale, N. J.

George, R. H. & Cristiani, T. S.(1991). *Theory, methods, and processes of counseling and psychotherapy(3rd ed.)*. Englewood Cliffs, N. J. : Prentice-Hall.

Ginott, H.(1959). *The theory and practice of "theraputic intervention" in child treatment*. Journal of Consulting Psychology. 23, 160-166.

________.(1961). *Group psychotherapy with children : The theory and practice of play therapy*, New York : McGraw-Hill Books.

Glanz, E. G.(1974). *Guidance : foundations principles and techniques(2nd ed.)*. Bostion : Allyn and Bacon.

Guerney, L.(1983). *Play therapy with learning disabled children*. In C. E. schaefer & K. L. O'Conner(Eds.). Handbook of play therapy(pp. 419-435). New York : John Wiley & Sons.

Hansen, J. C., Stevic, R. R., & Warner, R. W.(1977). *Counseling(2nd ed.)*. Boston : Allyn and Bacon.

Hug-Hellmuth, H.(1921). *On the technique of child analysis*. International Journal of Psychoanlysis, 2, 287.

KATHRYN GELDARD 외(2004). 천성문 옮김 아동상담, 중앙적성출판사.

Klein, M.(1932). *The psychoanalysis of children*. London : Hogarth Press.

________.(1955). *Psychoanalytic technique*. American Journal of Orthopsychiatry, 25, 223-237.

Landreth, G. L.(1991). *Play Therapy : The art of the relationship*. Texas : Accelerated Development Inc.

Lebo, D.(1955). *The development of play as a form of therapy : From Rousseau to Rogers*, American Journal of Psychiatry, 112, 418-422.

Levy, D.(1938). *Release therapy in young children*. Psychiatry, I. 387-389.

________.(1939). *Release therapy*. American Journal of Orthopsychiatry, 9, 713-736.

Loomis, E. A.(1957). *The use of checkers in handling certain resistances in child therapy and child analysis*. Journal of the Americans Psychoanalytical Association, 5, 130-135.

Lowenfeld, M.(1935). *Play in childhood*. London : Gollancz.

___________.(1938). *The theory and use of play in the psychotherapy of childhood*. Journal of Mental Science, 84. 1057-1058.

Magoon, T. M.(1980). *Counseling psychology in the year 2000*. Counseling psychologist, 4, 26-28.

Mead, G. H.(1934). *Mind, self, and society*. Chicago : University of Chicago Press.

Meeks, J.(1970). *Children who cheat at games*. Journal of Child Psychiatry, 9, 157-174.

Moustakas, C.(1955). *Emotional adjustment and the play therapy process Journal of Genetic Psychology*, 86, 79-99.

__________.(1959). *Psychotherapy with children : The living relationship*. New York : Harper and Row.

Nugent, F.(2000). *Introduction to the Profession of Counseling, 3rd Ed.*, New Jersey : Merrill Imprint of Prentice-Hall.

O'Connor, K.(1991). *The Play therapy primer*. New York : Wiley.

Patterson, C. H.(1980). *Theories of counseling and psychotherapy(3rd ed.)*. New York : Harpper & Row Publishers.

Piaget, J.(1962). *Play, Dreams, and imitation in childhood*. New York : Rutledge.

Rank, O.(1936). *Truth and reality and will therapy*. New York : Knopf.

Redl, F. and Wineman, D.(1951). *Children who hate*. New York : Free Press.

Redl, F.(1958). *The impact of game ingredients on children's play behavior*. Proceeding of the Fourth Conference on Group Processes, 4, 33-81.

Rogers, C. R.(1939). *The clinical treatment of the problem child*. Boston : Houghton Mifflin.

Rogers, C.(1979). *On becoming a person*. Boston : Houghton Mifflin.

Root, M. P.(1985). *Guedelines for facilitating therapy with Asian American clients*. Psychotherapy, 22, 349-356.

Schaefer, C. & O'Conner, K.(1983). *Handbook of play therapy*. New York : Wiley.

Schaefer, C.(1979). *Theraputic use of child's play*. New York : Aronson.

Schelling, T. C.(1960). *The strategy of conflict*. New York : Oxford University Press.

Shoben, E. J., Jr.(1962). *The Counselor's theory as a personal trait*. Personnel and Guidance Journal, 40, 617-621.

Solomon, J.(1938). *Active play therapy*. American Journal of Orthopsychiatry. 8(3), 479-498.

State University(1971). *Dissertation abstracts International*, 32, 3689A.

Sullwold, E.(1982). *Treatment of children in analytic psychology*. In M. Stein(ed.), Jungian Analysis 235-255. La Salle, IL : Open Court.

Sutton-Smith, B. and Roberts, J. M.(1971). *The cross-cultural and psychological study of games*. International Review of Sport Sociology, 6, 79-87.

Taft, J.(1933). *The dynamics of therapy in a controlled relationship*. New York : Macmillan.

Tyler, L.(1969). *The Work of Counselor(2nd ed.)*. New York : Appleton.

Walz, G. & Benjamin, A.(1978). *Change agent strategy for counselor's functioning as consultants*. Personnel and Guidance Journal, 56, 331-334.

Wenar, C.(1982). *Psychopathology from infancy through adolescency*. New York : Random House.

Wiersma, W.(2000). *Research Methods Education*, 7th Ed., Boston : Allyn & Bacon.

Wrenn, C. G.(1951). *Student personnel work in college*. New York : Ronald Press.

___________.(1962). *The Counselor in a changing world*. Washington, D. C. : American Personnel and Guidance Association.

Zakich, R. and Monore, S.(1979). *Reunion*. Placentia, C. A. : The Ungame Company.

Zakich, R.(1975). *the Ungame*, Anaheim, C. A. : The Ungame Company.

Zigler, E. and Child, I. L.(1956). *Scialization*. In G. Lindzey and E. Aronson(Eds.), Handbook of Social Psychology Reading, M. A. : Addison-Wesley.

찾아보기 Index

용 어

영문

ㅁ

ㅂ

ㅅ

ㅇ

인 명

저자 소개

안영진(安榮珍)

전) 한양여자대학교 부속 한양유치원 원장
한양여자대학교 부속 한양아동심리교육센터 초대 센터장
현) 한양여자대학교 유아교육학과 교수, 교육학박사

2008. 3. 교육과학기술부장관(연구) 표창장
2008. 12. 한국직업능력개발능력개발원장상

■ 논문

유보통합에 대비한 사립유치원의 바람직한 운영 모델안 연구. 유치원 연합회. 2015
유보통합에 대비한 사립유치원의 정보공시 방법론적 제안. 유치원 연합회. 2015
누리과정에 기초한 인성교육활동을 통한 유아 인성 행동변화와 친사회성 행동변화와의 관계. 한양여자대학 논문집. 2015
다중지능 강점영역과 유아의 정서지능과의 상관관계분석. PECERA. 2010
다중지능에 기초한 프로젝트 스펙트럼에 따른 유아의 강점 구체화와 부모인식 변화과정 고찰. 한국영유아보육행정학회. 2007
유아의 사회적 능력발달 교육활동자료. 교육인적자원부. 2000 외 40여 편.

■ 저서

새 누리과정에 따른 유아사회교육. 교육과학사. 2015
누리과정에 따른 생활지도 및 상담. 창지사. 2015
아동상담. 동문사. 2015
유아발달. 정민사. 2015
부모교육. 나경. 2014
영아발달. 나경. 2014
다중지능에 의한 유아교육프로그램 평가: 한국적 스펙트럼 프로젝트의 활동과 평가 2. 창지사. 2011
다중지능에 의한 유아교육프로그램 평가: 한국적 스펙트럼 프로젝트의 이론과 활동편. 창지사. 2010
인성교육. 창지사. 2010
신 교육심리학. 정민사. 2010
가치로운 삶을 위한 리더십. 정민사. 2009 외 40여 권.

저자 인지

이론과 실제
아동상담

초판 1쇄 인쇄 / 2015년 8월 20일
초판 1쇄 발행 / 2015년 8월 28일

저 자 / 안 영 진
발행인 / 이 중 수
발행처 / **동 문 사**

서울특별시 서대문구 홍제원 1길 12
(홍제동 137-8)
Tel : 02)736-3718(대), 736-3710, 3720
Fax : 02)736-3719
등록번호 : 제9-17호
가격 : 18,000원

ISBN : 978-89-8251-767-9(93370)
E-mail : dong736@naver.com
www.dongmunsa.com